信息科学技术学术著作丛书

视觉智能与交通环境感知

李学伟　刘宏哲　著

科学出版社

北　京

内 容 简 介

交通环境感知是实现智能驾驶的关键，我国驾驶环境的复杂性和不确定性给环境感知带来很多困难。本书从车外环境和车内环境两方面对交通环境感知的相关问题进行了研究。全书共 11 章，介绍了神经网络及其优化方法的基础知识，并进一步介绍了基于深度神经网络的驾驶环境感知中的关键问题，包括交通场景中的行人、地面标志线、交通信号灯及车辆的目标检测任务，以及车内驾驶员的疲劳驾驶检测任务，涉及的主要技术包括数字图像处理、深度神经网络、视觉认知与计算等方面。

本书可供高等院校视觉智能、交通环境感知应用等相关专业高年级本科生和研究生阅读，也可供相关领域的研究人员、工程技术人员阅读参考。

图书在版编目（CIP）数据

视觉智能与交通环境感知/李学伟，刘宏哲著. —北京：科学出版社，2024.5

（信息科学技术学术著作丛书）

ISBN 978-7-03-078419-3

Ⅰ. ①视… Ⅱ. ①李… ②刘… Ⅲ. ①计算机视觉-应用-汽车驾驶-自动驾驶系统 Ⅳ. ①U463.61-39

中国国家版本馆 CIP 数据核字（2024）第 080682 号

责任编辑：姚庆爽 / 责任校对：崔向琳
责任印制：赵 博 / 封面设计：无极书装

科 学 出 版 社 出版
北京东黄城根北街 16 号
邮政编码：100717
http://www.sciencep.com

保定市中画美凯印刷有限公司印刷
科学出版社发行 各地新华书店经销

*

2024 年 5 月第 一 版 开本：720×1000 1/16
2025 年 1 月第二次印刷 印张：13 1/2
字数：272 000
定价：120.00 元
（如有印装质量问题，我社负责调换）

"信息科学技术学术著作丛书"序

21世纪是信息科学技术发生深刻变革的时代，一场以网络科学、高性能计算和仿真、智能科学、计算思维为特征的信息科学革命正在兴起。信息科学技术正在逐步融入各个应用领域并与生物、纳米、认知等交织在一起，悄然改变着我们的生活方式。信息科学技术已经成为人类社会进步过程中发展最快、交叉渗透性最强、应用面最广的关键技术。

如何进一步推动我国信息科学技术的研究与发展；如何将信息技术发展的新理论、新方法与研究成果转化为社会发展的推动力；如何抓住信息技术深刻发展变革的机遇，提升我国自主创新和可持续发展的能力？这些问题的解答都离不开我国科技工作者和工程技术人员的求索和艰辛付出。为这些科技工作者和工程技术人员提供一个良好的出版环境和平台，将这些科技成就迅速转化为智力成果，将对我国信息科学技术的发展起到重要的推动作用。

"信息科学技术学术著作丛书"是科学出版社在广泛征求专家意见的基础上，经过长期考察、反复论证之后组织出版的。这套丛书旨在传播网络科学和未来网络技术，微电子、光电子和量子信息技术、超级计算机、软件和信息存储技术、数据知识化和基于知识处理的未来信息服务业、低成本信息化和用信息技术提升传统产业，智能与认知科学、生物信息学、社会信息学等前沿交叉科学，信息科学基础理论，信息安全等几个未来信息科学技术重点发展领域的优秀科研成果。丛书力争起点高、内容新、导向性强，具有一定的原创性，体现出科学出版社"高层次、高水平、高质量"的特色和"严肃、严密、严格"的优良作风。

希望这套丛书的出版，能为我国信息科学技术的发展、创新和突破带来一些启迪和帮助。同时，欢迎广大读者提出好的建议，以促进和完善丛书的出版工作。

中国工程院院士
中国科学院计算技术研究所原所长

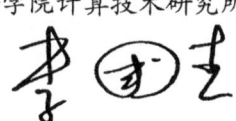

前　言

当前，汽车的发展已经达到前所未有的高度，车辆驾驶系统的自动化与智能化已成为人工智能研究领域的一个热点。中国驾驶道路的复杂性和不确定性决定了车辆驾驶环境感知将是智能驾驶汽车发展过程中亟待解决的技术难题。智能驾驶未来的研究目标是任意道路的无人驾驶。由于我国交通环境复杂，作者认为距离真正意义上的无人驾驶，从政策、交通基础设施和技术上还有很长的一段路要走。

驾驶环境中的复杂性与不确定性问题可以概括为三个方面，分别是人(驾驶员)行为的复杂性(驾驶习惯)和不确定性(性格、情绪)、车(车况)的复杂性(车辆动力学、物理性质)和不确定性(磨损情况、车辆故障等)，以及路(驾驶中的交通路况)的复杂性(路口、隧道、匝道)和不确定性(极端天气、行人侵入、车辆违规并线等)。同时，驾驶员驾驶车辆行驶在公路上，"人""车""路"三个子系统之间互相关联相互影响，构成了更为复杂和不确定的交通驾驶环境。这些问题都给驾驶环境感知带来极大的困难。

北京联合大学从 2012 年开始在智能驾驶领域开展研究，联合李德毅院士全国智能车研究课题组，在北汽电动汽车 EV150 上研发北京第一辆无人驾驶智能国产电动车"京龙 2 号"，并在全国科技周作为北京十大科技成果展出，参与并完成的智能驾驶郑开公路测试任务，首次实现我国城际开放道路无人驾驶汽车的公开测试。本书作者多年深耕于认知计算及其在无人驾驶领域中的应用研究，特别是在复杂交通驾驶环境中的感知和认知的应用实践。书中实例都是研究团队多年的科研成果总结。出版本书的目的是，希望较为全面地将交通环境感知任务中的特点，发展现状和技术框架，以及原理进行梳理，与同行研究人员进行分享和交流。

本书相关研究得到李德毅院士和戴琼海院士的大力支持和指正，在此深表感谢。北京联合大学北京市信息服务工程重点实验室的徐冰心老师、潘卫国老师、代松银老师和徐成老师也参与了本书的撰写和修改工作，在此一并表示感谢。同时，还要感谢参与本书编写和整理工作的李超、田锦、魏威、王永森、郑伟成、张弛、郝帅征、秦振、赵汇、严超、马绍津。

本书的出版得到北京市教育委员会"智能移动平台视觉场景理解创新团队"项

目(BPHR20220121)和"北京联合大学人才强校优选计划"项目(BPHR2020DZ02)的资助。

人工智能技术飞速发展，计算机视觉领域同样方兴未艾，限于作者水平，书中难免存在不妥之处，敬请广大读者批评指正。

作　者

目　　录

第1章 绪 论

1.1 人 工 智 能

人工智能(artificial intelligence，AI)是研究和开发用于模拟、延伸和扩展人的智能的理论、方法、技术及应用的一门技术科学。

人工智能有着广阔的应用前景，如智能机器人、对弈游戏、语音识别、图像识别、自然语言处理和专家系统等。自其诞生以来，无数科研工作者不断完善和发展人工智能的理论和技术，使人工智能的应用领域不断扩展。目前，很多人工智能技术已经应用到实际生产生活中，极大地提高了生产效率，丰富了人们的生活。

早在人工智能被正式提出之前，图灵就讨论过机器是否可以有人一样的思维，并提出图灵测试。直到今天，图灵测试依然是衡量机器智能的准则之一。图灵测试的内容是让人和机器分别处在两个独立的房间内，让他们直接对话，但不能互相看见对方，如果人不能分辨跟他对话的是人还是机器，就认为机器达到了人类的水平。图灵测试是 1950 年提出的，但现在看来依然富有挑战性。在一些专业领域，人工智能技术得到了较好的施展，但要想让人工智能真正达到人类的水平，还有很长的路要走。

2017 年 7 月，国务院印发《新一代人工智能发展规划》，指出人工智能的迅速发展将深刻改变人类社会生活、改变世界。人工智能技术的发展进入新阶段，是国际竞争的新焦点，是经济发展的新引擎，带来社会建设的新机遇。我国在人工智能技术方面有一定的基础，但原创性理论较少，关键设备还受制于人。面对新形势、新需求，我们必须主动求变应变，牢牢把握人工智能发展的重大历史机遇，紧扣发展、研判大势、主动谋划、把握方向、抢占先机，引领世界人工智能发展的新潮流，让人工智能技术服务社会经济发展，支撑国家安全，带动国家竞争力的整体跃升和跨越式发展。

1.2 视 觉 智 能

视觉智能又称机器视觉(machine vision，MV)或计算机视觉(computer vision，CV)。在人工智能的众多应用领域中，视觉智能是其中的一个重要方向，即赋予视觉传感器智能的处理能力，代替人眼来做测量和判断。视觉智能通常分为底层视觉和高层视觉两类。底层视觉主要起到图像预处理的作用，如图像分割、图像特征提取。高层视觉是对处理过的图像进行分析和理解[1]。

实现计算机视觉智能的步骤一般是首先由图像获取设备将被拍摄物体转换为图像信号，传输给专用的图像处理系统处理并转化为数字信号；然后传输到数字图像处理系统，对提取像素的分布、亮度和颜色等信息进行运算，获得期望的目标特征；最后将目标特征的判断结果传输给控制单元，执行相应的动作。

视觉智能是目前运用最广泛的人工智能技术之一。工业生产中的视觉智能技术可用于工件缺陷检测、几何测量等[2]。生活场景中常见的应用有条码识别、人脸识别、文字识别和辅助驾驶等。目前，研究人员正致力于把视觉智能技术用于更加复杂、综合性更强的场景中，如图像理解、图像生成和自动追踪定位等。

国外视觉智能技术应用较为成熟，在半导体、电子、汽车和食品等行业都有广泛的应用。国内相关技术虽然起步稍晚，但是发展迅速。随着中国制造业的产业升级，对产品检测和质量的要求不断提高，将极大地促进视觉智能技术的发展[3-7]。

1.3　交通场景环境感知

1.3.1　交通场景的定义

交通场景主要涉及行人、路面行驶的车辆和道路交通标志，非常复杂。任意两个交通场景都不相同，任意两个路口的路况、行人和车流也不相同，因此交通场景是一个极其复杂的系统。这给交通场景理解带来极大的挑战。交通场景中的复杂性问题可以概括为三个方面，分别是行人的复杂性，包括人流的大小和远近、行人行为的不确定性等；路面行驶车辆的复杂性，包括车辆切入、切出、超车，甚至是违规驾驶等随机且多变的驾驶行为；路面的复杂性，包括在路口、隧道、匝道、极端天气、光照影响和路面交通标志的磨损和遮挡等。同时，人、路面行驶的车辆和道路三者之间互相关联、相互影响。这都成为交通场景理解的关键问题和难点，需要进一步加以研究。

1.3.2　交通场景中的视觉认知

在现有的视觉认知算法中，为达到交通场景理解的目的，目标识别是核心任务之一，如道路及道路边沿识别、车道线检测、车辆识别、车辆类型识别、行人识别、交通标志识别、障碍物识别与避让等。视觉认知计算可以很好地解决这些目标的识别问题。基于视觉的交通目标识别系统利用摄像头观测驾驶场景，从实时视频信号中自动识别出目标，为实时智能驾驶提供判别依据。由于城市路况复杂,基于传统模式识别的目标检测方法有局限性,使基于视觉的智能驾驶技术难以得到突破。为了弥补视觉计算技术的不足,多采用雷达系统和导航系统作为补充,但是这会显著增加成本。由于城市道路的建筑物遮挡、隧道信号屏蔽、导航精度等问题,雷达与导航的组合依然达不到预期效果。

基于视觉计算的交通场景语义理解作为一个重要的研究方向受到国内外各研究机构的广泛关注。人们对图像场景理解的研究始于 20 世纪 60 年代初,初期主要以计算机视觉为载体,通过计算机模拟人类视觉或灵长类动物视觉开展研究。当前,基于视觉计算的智能驾驶场景语义理解已成为全新的研究领域,主要涉及道路场景的图像分割、道路场景目标检测等方面。该领域已吸引了全球众多知名研究机构、院校和企业,推动着视觉计算领域的快速发展[8-11]。

1.4　本 章 小 结

随着计算机视觉技术的发展,采用卷积神经网络(convolution neural network, CNN)、深度学习算法和视觉计算等人工智能技术可以通过学习感知路面标志和车辆等目标,进行目标检测和交通场景理解,从而大幅度提升相关算法的准确性。海量交通场景数据的开放、众多基础工具的开源、产业链的更新迭代,以及高性能的人工智能计算芯片、专用摄像头研发和优秀的深度学习算法等技术的进步,使基于视觉计算的交通场景理解具有良好的研究基础,对提升城市交通场景理解算法的识别精度,更好地发展智能驾驶辅助技术和主动安全技术都具有重要的学术价值。

参 考 文 献

[1] 王飞. 机器视觉技术发展及其工业应用. 电子技术与软件工程, 2018, (16): 246-248.

[2] 陈方涵, 赵光宇, 蒋仕龙. 基于机器视觉系统的半透明薄膜缺陷检测及厚度测量研究. 光电子·激光, 2018, 29(7): 746-753.

[3] 欧阳智, 肖旭. 机器视觉在智能制造中的应用. 大数据时代, 2018, (3): 3.

[4] 成文. 基于机器视觉技术的机械制造自动化技术应用研究. 科技展望, 2017, (4): 146.

[5] 王风云, 郑纪业, 唐研, 等. 机器视觉在我国农业中的应用研究进展分析. 山东农业科学, 2016, 48(4): 139-144.

[6] 卞正岗. 机器视觉技术的发展. 中国仪器仪表, 2015, (6): 40-42.

[7] 袁清珂, 张振亚, 吴晖辉, 等. 基于机器视觉系统的自动检测系统设计与开发. 组合机床与自动化加工技术, 2014, (11): 119-121.

[8] LeCun Y, Bengio Y, Hinton G. Deep learning. Nature, 2015, 521(7553): 436-444.

[9] Girshick R, Donahue J, Darrell T, et al. Rich feature hierarchies for accurate object detection and semantic segmentation//Proceedings of the IEEE Conference on Computer Vision and Pattern

Recognition, Columbus, 2014: 1-21.

[10] He K, Zhang X, Ren S, et al. Spatial pyramid pooling in deep convolutional networks for visual recognition. IEEE Transactions on Pattern Analysis and Machine Intelligence, 2015, 37(9): 1904-1916.

[11] Ren S, He K, Girshick R, et al. Faster R-CNN: Towards real-time object detection with region proposal networks//Advances in Neural Information Processing Systems, Montreal, 2015: 91-99.

第 2 章 神 经 网 络

2.1 感 知 机

感知机[1]是神经网络和支持向量机(support vector machine，SVM)的基础，是一种二分类的线性分类模型。其输入为实例的特征向量，输出为实例的类别，类别取 1 和 −1 两种。感知机模型是神经网络结构的基础，也是深度神经网络模型的基础。

感知机由两层神经元构成，其结构如图 2-1 所示。输入层接收到外界输入的信号后传递给输出层。输出层是 M-P 神经元。感知机接收多个输入信号，输出一个信号。x_1、x_2 是输入信号，y 是输出信号，w_1、w_2 是权重。图中的○称为神经元或者节点。输入信号被送往神经元时，会被分别乘以固定的权重(w_1、w_2)。神经元会计算传送过来的信号的总和，只有当这个总和超过某个阈值 θ 时，才会输出 1，称为神经元被激活，即

$$y = \begin{cases} 0, & w_1 x_1 + w_2 x_2 \leqslant \theta \\ 1, & w_1 x_1 + w_2 x_2 > \theta \end{cases} \tag{2-1}$$

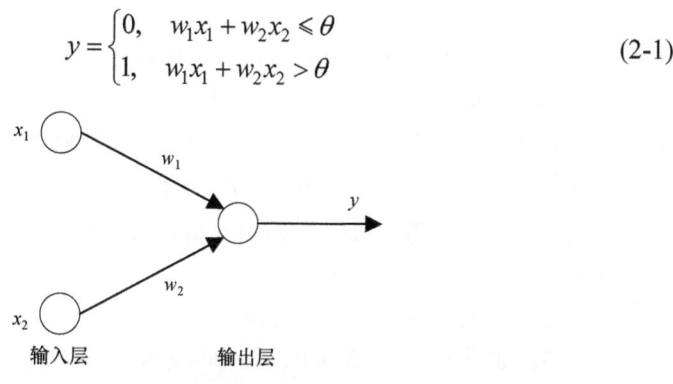

图 2-1　感知机结构

感知机是最简单的线性二分类模型，如果要处理的数据是线性可分的，那么该模型能取得很好的效果；反之，该模型不能收敛。以二维平面为例，如果要分类的数据点能被一条直线分开，直线的一侧是正类，另一侧是负类，则说明数据是线性可分的。感知机就是为了确定这条直线 $wx + b$。当 $wx + b$ 运算结果大于或等于 0 时为 1，反之为−1，为此引入 sign 函数，即

$$\text{sign}(x) = \begin{cases} 1, & x \geqslant 0 \\ -1, & x < 0 \end{cases} \tag{2-2}$$

感知机的训练过程就是确定 w 和 b，从而确定一个平面分离正类和负类。在训练过程中，我们需要注意那些被误分类的点。例如，本来是正类，却被感知机分为负类。下式判断该点是否被误分类，即

$$L(w,b) = -\frac{1}{\|w\|} y_i(wx + b) \tag{2-3}$$

如果 $wx + b > 0$，y_i 为 -1，则整个式子大于 0，该点被误分类。如果 $wx + b > 0$，y_i 为 $+1$，则整个式子小于 0，被正确分类。如果不考虑 $\frac{1}{\|w\|}$，式(2-3)则是感知机的损失函数。如果有 M 个点，则损失函数为 $-\sum\limits_{(x_i,y_i)\in M} y_i(wx_i + b) > 0$，对于给定的训练集 T，求解参数 w、b 的过程就是求解损失函数极小值的过程。感知机的算法是由误分类驱动的，首先选取一个超平面 w_0、b_0，采用随机梯度下降(stochastic gradient descent，SGD)最小化上式，则损失函数的梯度为

$$\nabla_w K(w,b) = -\sum\limits_{x_i\in M} y_i x_i$$
$$\nabla_b L(w,b) = -\sum\limits_{x_i\in M} y_i \tag{2-4}$$

每当有一个点被分类错误的时候，就更新参数。我们知道，w 控制的是直线的斜率，b 控制的是直线的平移，对 w 和 b 进行更新就是控制直线的旋转和平移。具体学习算法如下，其中 η 为学习率，控制的是旋转和平移的角度。

输入：训练数据集 T，学习率 $\eta(0 < \eta \leqslant 1)$。

输出：w、b，感知机模型 $f(x) = \text{sign}(wx + b)$。

步骤 1：选取初值 w_0、b_0。

步骤 2：在训练集中选取数据 (x_i, y_i)。

步骤 3：如果 $y_i(wx_i + b) \leqslant 0$：$w \leftarrow w + \eta y_i x_i, b \leftarrow b + \eta y_i$。

步骤 4：转步骤 2，直到训练集中没有误分类点。

2.2　基于梯度下降的学习方法

神经网络的非线性会导致损失函数非凸，使其无法全局收敛，这意味着神经网络的训练过程通常是迭代的方式。基于梯度优化策略，仅使代价函数达到一个非常小的值，而不是保证全局收敛。

用于非凸代价函数的 SGD 无法保证全局收敛，并且对参数的初始值很敏感。对于前馈神经网络，将所有的权重值初始化为小随机数是很重要的。偏置可以初始化为零或者小的正值。大多数现代的神经网络使用最大似然来训练。这意味着，代价函数就是负的对数似然，与训练数据和模型分布间的交叉熵等价。这个代价函数可以表示为

$$J(\theta) = -E_{x,y \sim \hat{p}_{\text{data}}} \log p_{\text{model}}(y \mid x) \tag{2-5}$$

使用最大似然导出代价函数的优势是，它可以减轻为每个模型设计代价函数的负担，明确一个模型 $p(y \mid x)$ 则可以自动地确定一个代价函数 $\log p(y \mid x)$。最大似然估计的交叉熵代价函数有一个不同寻常的特性，即当它被应用于经常遇到的模型时，通常没有最小值。如果模型可以控制输出分布的密度，例如通过学习高斯输出分布的方差参数，那么它可能对正确的训练集输出赋予极高的密度，将导致交叉熵趋向负无穷。正则化技术可以提供不同的方法来修正学习问题，使模型不会通过这种方式获得无限制的收益。

一种简单的输出单元是基于仿射变换的输出单元。仿射变换不具有非线性。这些单元往往称为线性单元。给定特征 h，线性输出层产生一个向量，因此 $\hat{y} = w^{\mathrm{T}}h + b$ 的线性输出层经常用来产生条件高斯分布的均值，即

$$p(y \mid x) = N(y; \hat{y}, I) \tag{2-6}$$

梯度下降示意图如图 2-2 所示。梯度下降算法沿着函数的下坡方向(导数反方向)直到最小。在实际应用中，我们要优化的函数可能含有许多不是最优的局部极小点，或者还有很多处于非常平坦区域内的鞍点。因此，我们通常寻找使函数非常小的点，但这在任何形式意义下并不一定是全局最小。

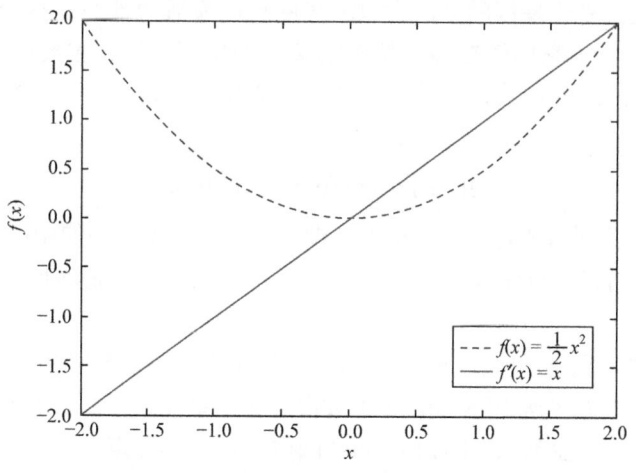

图 2-2 梯度下降示意图

和其他的机器学习模型一样，为了使用基于梯度的学习方法，必须设计一个代价函数，并且定义如何表示模型的输出。代价函数是基于输出层的输出而言的，我们要尽量让输出和由训练集定义的经验分布之间的差距越小越好。一般而言，使用训练数据和模型预测间的交叉熵作为代价函数。

假设对同一个随机变量 x 有两个单独的概率分布 $P(x)$ 和 $Q(x)$，我们可以使用 KL 散度(Kullback-Leibler divergence，库尔贝克-莱布勒散度)来衡量这两个分布的差异，即

$$D_{KL}(P \| Q) = E_{X \sim P} \left(\log \frac{P(x)}{Q(x)} \right) = E_{X \sim P}(\log P(x) - \log Q(x)) \tag{2-7}$$

一个与 KL 散度密切联系的量是交叉熵，即 $H(P,Q) = -E_{X \sim P}(\log Q(x))$，针对 Q 最小化交叉熵函数等价于最小化 KL 散度。

2.3　隐层单元

隐层单元的设计是研究热点，但是目前还没有明确的指导性原则。整流线性单元(rectified linear unit，ReLu)是隐层单元极好的激活函数选择，此外也有许多其他类型的激活函数可以选择，但是决定何时使用哪种类型的激活函数是困难的事(尽管整流线性单元通常是一个可接受的选择)。通常不可能预测出哪种隐层单元工作得最好。首先设定某种隐层单元可能表现良好，然后用它组成神经网络进行训练，最后用验证集评估它的性能。

整流线性单元的激活函数表达式为 $g(z) = \max\{0, z\}$。但是该激活函数的一个缺陷是不能通过基于梯度的方法学习那些使它们激活为零的样本。整流线性单元的各种扩展保证了它们能在各个位置都接收到梯度。三个主要的扩展为绝对值整流单元[2]、渗漏整流线性单元、参数化整流线性单元。这三个扩展都是基于当 $z < 0$ 时使用一个非零的斜率 a，即

$$g(z, a) = \max(0, z) + a \min(0, z) \tag{2-8}$$

绝对值整流通过固定 $a = -1$ 得到，即 $g(z) = |z|$，用于图像中的对象识别。渗漏整流线性单元将 a 固定为一个约 0.01 的小值。参数化整流线性单元将 a 作为学习的参数。

在引入整流线性单元之前，神经网络使用式(2-8)或者双曲正切激活函数作为激活函数。式(2-9)常用 Sigmoid 函数作为输出单元，预测二值型变量取值为 1 的概率。与分段线性单元不同，Sigmoid 函数在其大部分定义域内都饱和——当 z 取绝对值很大的正值时，它们饱和达到一个高值；当 z 取绝对值很大的负值时，

它们饱和达到一个低值，并且仅当 z 接近 0 时，它们才对输入强烈敏感。Sigmoid 函数的广泛饱和性使基于梯度的学习变得非常困难。当使用一个合适的代价函数抵消 Sigmoid 函数的饱和性时，它们作为输出单元可以与基于梯度的学习兼容，即

$$g(z) = \frac{1}{1+e^{-z}} \tag{2-9}$$

$$g(z) = \tanh(z) \tag{2-10}$$

当必须使用 Sigmoid 函数时，双曲正切激活函数通常要比 Sigmoid 函数表现得更好。在 $\tanh(z)=0$ 的意义上，它更像是单位函数，因为 tanh 在 0 附近与单位函数类似。

2.4　反向传播算法

反向传播(back propagation，BP)算法[2]适用于多层神经网络，它建立在梯度下降的基础上。BP 网络的输入输出关系实质上是一种映射关系，即一个 n 维输入 m 维输出的 BP 神经网络可以实现从 n 维欧几里得空间向 m 维欧几里得空间有限域的连续映射。这一映射具有高度非线性。它的信息处理能力源于简单非线性函数的多次复合，因此具有很强的函数拟合能力。这是 BP 算法得以应用的基础。

BP 算法的学习过程由正向传播过程和反向传播过程组成。在正向传播过程中，输入信息通过输入层经隐藏层，逐层处理并传向输出层。如果在输出层得不到期望的输出值，则取输出与期望误差的平方和作为目标函数，然后转入反向传播，逐层求出目标函数对各神经元权值的偏导数，构成目标函数对权值向量的梯度，并作为修改权值的依据。网络的学习在权值修改过程中完成。误差达到期望值时，网络学习结束。

在深度神经网络中，如 CNN 等结构包含两类参数，即超参数和可调整参数。超参数指需要预先设定的初始化参数，如网络层数、激活函数、卷积核大小等。可调整参数指模型训练过程中不断调整的参数，主要包括隐藏层的权重和偏置项等。可调整参数直接决定模型输出结果的精度，因此深度神经网络模型训练的目的是得到最佳的模型参数组合。常用的模型训练方法是 BP 算法。

BP 算法可分为三个步骤。

① 前向传播。将样本数据输入网络，从输入层经过逐层计算传送到输出层，得到相应的实际输出结果。

② 反向计算第 L 层神经元 i 的误差项，表示损失函数对神经元输出值的偏导数。

③ 根据优化算法计算每个神经元参数的梯度，并更新每个参数。

2.5 本 章 小 结

感知机是二分类的线性分类模型，其输入为实例的特征向量，输出为实例的类别。感知机属于判别模型，对应于输入空间(特征空间)，将实例划分为正、负的分离超平面。感知机模型是神经网络的基础，也是深度学习网络模型的基础。基于梯度下降优化，可以使代价函数达到一个非常小的值。在神经网络中，隐层单元的设计是一个非常活跃的研究领域，目前还没有明确的指导性原则。BP 算法是一种建立在梯度下降法的基础上的适用于多层神经网络的学习算法。

参 考 文 献

[1] Minsky M, Papert S. Perceptrons: An Introduction to Computational Geometry. Cambridge: MIT Press, 1969.

[2] 周志华. 机器学习. 北京: 清华大学出版社, 2016.

第 3 章　卷积神经网络

3.1　网络的基本部件

CNN 由一个输入层、多个隐藏层、一个输出层构成[1]。最基本的 CNN 隐藏层包含特征映射层和池化层。特征映射结构一般使用卷积操作实现。相同特征映射层的神经元共享权重，可以减少 CNN 中的参数。每层卷积后都设置一个池化层来计算局部平均值并再次提取特征。这种特色结构可以减小特征分辨率。CNN 的池化层可以辨别位置、尺寸变化和扭曲不变性的图像。CNN 具有在网络局部共享权重的结构，因此在语音辨识、图像识别等领域具有优势。CNN 的结构布局更接近真实的生物神经网络，可以通过多维输入和权重共享的方式减少参数量，降低分类过程的复杂度。

3.1.1　卷积层

卷积层用来对数据进行特征提取，它的每个神经元连接到前一层相邻位置的多个神经元。卷积核尺寸决定连接到前一层区域的范围。卷积层含有数个卷积核。卷积核的每个单元都有自己的权值和偏量。浅层卷积能够提取图像的颜色、形状、边界曲线等信息，但是特征图中包含的语义信息会很少，而深层的特征图包含丰富的语义信息。卷积操作如图 3-1 所示。

在输入一张图片后，CNN 并不能准确地将特征与原图进行匹配，而是在原图中的所有位置尝试，也就是把特征看作过滤器。这个匹配过程就是卷积操作。卷积核在处理输入的特征时进行矩阵元素乘法求和并叠加偏差量，即

$$Z^{l+1}(i,j) = (Z^l \otimes w^{l+1})(i,j) + b = \sum_{k=1}^{K_l} \sum_{x=1}^{f} \sum_{y=1}^{f} (Z_K^l(s_0 i + x, s_0 j + y) w_k^{l+1}(x,y)), \tag{3-1}$$

$$(i,j) \in \{0,1,\cdots,L_{l+1}\}, L_{l+1} = (L_l + 2p - f)/s_0 + 1$$

其中，求和部分是求解一次交叉相关性；b 为偏差量；Z^l 和 Z^{l+1} 为第 $l+1$ 层的输入与输出；L_{l+1} 为 Z_{l+1} 的尺寸；$Z(i,j)$ 对应特征图中的像素点；K 为特征图通道数；f、s_0、p 分别为卷积核大小、卷积步长、填充大小。

卷积层中的卷积核尺寸、步长、填充大小是 CNN 的超参数，控制卷积层输出特征图的大小。卷积核的尺寸可以设置为小于输入尺寸的任意值，更大的卷积

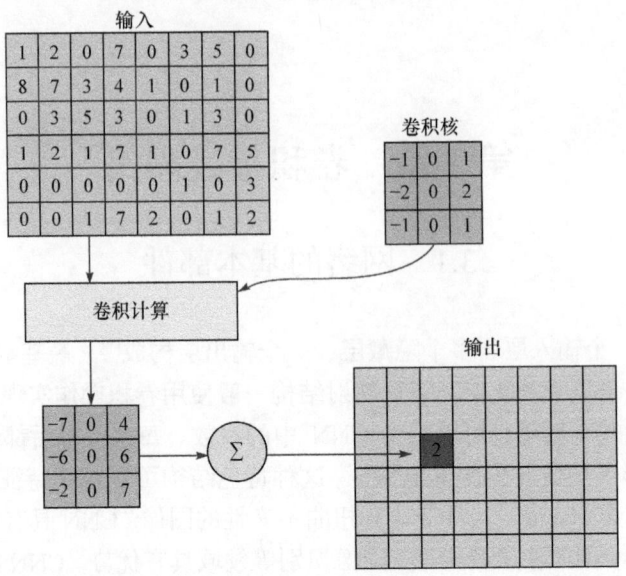

图 3-1　卷积操作

核能够提取的特征更复杂。步长决定卷积核相邻两次扫过特征图时的距离(即当步长为 n 时,下一次扫描会跳过 n-1 个像素)。设输入图像的尺寸为 $K = W \times W \times N$、卷积核的大小为 F、步长为 S、填充为 P 像素、卷积核的通道数为 M,经过卷积后的图像尺寸 K_1 为

$$K_1 = (W - F + 2P/S + 1) \times (W - F + 2P / S + 1)M \tag{3-2}$$

3.1.2　池化层

池化层主要用于对卷积层输出的特征图进行特征选择和信息过滤,可以有效地缩减矩阵的尺寸,进一步减少参数量,加快运算并防止过拟合。池化层中有预设的池化函数。池化函数使用特征图相邻域的统计信息代替特征图中单个点的计算结果。池化层中有多种不同的池化函数,其中最大池化[2,3]和平均池化[4]是最常用的。它们都以损失特征图中的部分信息或尺寸为代价保留图像的背景、纹理等信息。最大池化会将图像划分为多个目标区域,在每个目标区域中使用区域内的最大值代表其特征,而平均池化是使用区域内的平均值代表其特征。CNN 中有了池化层的加入,可以缩小图像尺寸,减少计算量。在池化层中,设输入图像的尺寸为 $K = W \times W \times N$、卷积核的大小为 F、步长为 S,经过池化操作后的图像尺寸 K_2 为

$$K_2 = [(W - F) / S + 1] \times [(W - F) / S + 1] \times N \tag{3-3}$$

3.1.3　激活函数

激活函数在神经网络的神经元上运算，会将神经元的输入映射到输出端。图 3-2 所示为激活函数结构图。感知机对接收的所有输入求和，在通过激活函数时会增加非线性因素，对隐藏层的输出做非线性映射。使用激活函数，神经网络可以将输入映射到任何复杂的输出上。这意味着，我们想到的任何过程都可以用 CNN 中的函数计算。使用激活函数能够提高神经网络性能，使其可以学习复杂的物体和数据，并可以表示输入输出间任意复杂函数的映射。其中 Sigmoid、tanh、ReLu 是最常见的激活函数。

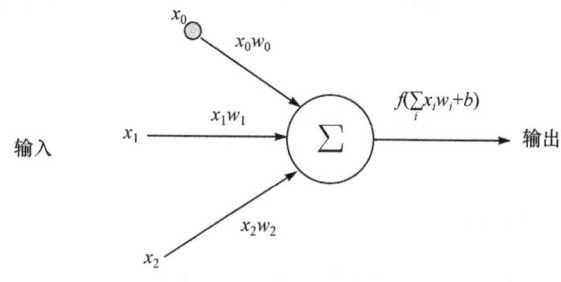

图 3-2　激活函数结构

Sigmoid 函数也称逻辑斯谛(logistic)函数，可以将输入映射到(0, 1)，其几何形状是一条 Sigmoid 曲线。Sigmoid 曲线单调连续，十分适合作为输出，并且容易求导。但是，Sigmoid 函数具有软饱和性，当输入在饱和区域时，它的导数就会趋于零，容易出现梯度消失的问题。Sigmoid 函数的表达式为

$$f(x) = \frac{1}{1 + \mathrm{e}^{-x}} \tag{3-4}$$

tanh 为双曲正切函数，会将输入映射到(-1, 1)，即

$$\tanh(x) = \frac{\sinh(x)}{\cosh(x)} = \frac{\mathrm{e}^x - \mathrm{e}^{-x}}{\mathrm{e}^x + \mathrm{e}^{-x}} \tag{3-5}$$

tanh 也具有软饱和性，它的输入以零为中心，收敛速度要快于 Sigmoid，但是仍然容易产生梯度消失的问题。

ReLu 是分段线性函数，具有单侧抑制性。对于线性函数而言，其表达能力更强，对于非线性函数而言，ReLu 在非负区间的梯度为常数，因此可以防止梯度消失现象发生，使收敛速度更稳定。ReLu 函数的表达式为

$$\mathrm{ReLu}(x) = \begin{cases} x, & x > 0 \\ 0, & x \leqslant 0 \end{cases} \tag{3-6}$$

3.1.4 全连接层

在 CNN 中，全连接层对提取的特征进行非线性组合并输出。全连接层通常位于隐藏层的最底层部分，每个节点都会连接上一层的所有节点，使其能够综合地处理特征。全连接层能够融合在卷积层和池化层中，辨别不同物体间的特征差异。它将经过卷积层、池化层等的输出结果串联起来，在 CNN 中具有分类器的作用。在训练模型时，全连接层根据训练样本得到权重。在结果识别时，根据训练得到的权重和经过卷积池化层等计算得到的结果加权求和，把结果预测值的最大值作为辨识结果。全连接层的神经元一般使用 ReLu 作为激活函数提升 CNN 的性能。最底层的全连接层的输出可以用 Softmax 进行分类。该层也称为 Softmax 层。

3.2　经典网络模型

3.2.1　Alex-Net 网络模型

现代意义上的深度卷积神经网络(deep convolutional neural networks，DCNN)源于 Alex-Net [5]网络。这个网络相比卷积网络最显著的特点是，层次加深、参数规模变大。Alex-Net 网络结构如图 3-3 所示。

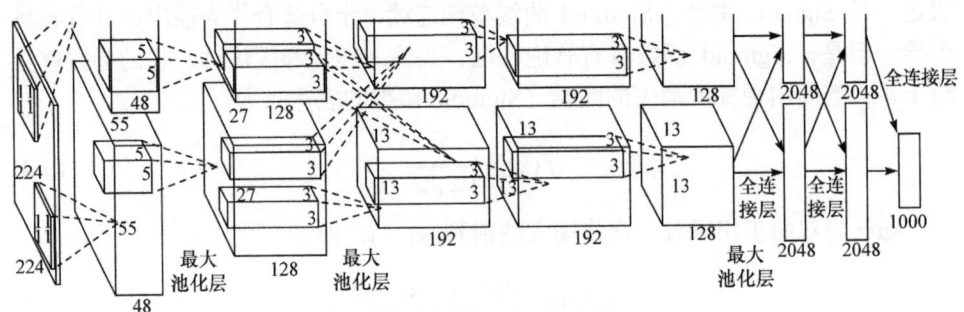

图 3-3　Alex-Net 网络结构

AlexNet 中包含几个比较新的技术点，首次在 CNN 中成功应用 ReLu、随机失活机制(Dropout)和局部响应归一化(local response normalization，LRN)层等。同时，AlexNet 使用图形处理单元(graphics processing unit，GPU)进行运算加速。

AlexNet 把 CNN 的基本原理应用到很深、很宽的网络中。AlexNet 主要用到如下新技术。

① 使用 ReLu 作为 CNN 的激活函数，并证明其效果在较深的网络超过 Sigmoid。同时，可以解决 Sigmoid 在网络较深时的梯度弥散问题。

② 训练时使用 Dropout 随机忽略一部分神经元来避免模型过拟合。Dropout 虽然有单独的论文论述，但是 AlexNet 将其实用化，并通过实践证实了它的效果。在 AlexNet 中，最后几个全连接层使用 Dropout。

③ 在 CNN 中使用重叠的最大池化。此前的 CNN 普遍使用平均池化，AlexNet 全部使用最大池化来避免平均池化的模糊化效果。同时，AlexNet 让步长比池化核的尺寸小。这样池化层的输出之间会有重叠和覆盖，从而提升特征的丰富性。

④ 提出 LRN 层，对局部神经元的活动创建竞争机制，使其中响应比较大的值变得相对更大，并抑制其他反馈较小的神经元，增强模型的泛化能力。

⑤ 使用统一计算设备架构(compute unified device architecture, CUDA)加速深度卷积网络的训练，利用 GPU 强大的并行计算能力，处理神经网络训练时大量的矩阵运算。AlexNet 使用两块 GTX 580 GPU 进行训练，单个 GTX 580 只有 3GB 显存，这限制了可训练的网络的最大规模。因此，AlexNet 分布在两个 GPU 上，在每个 GPU 的显存中储存一半神经元的参数。因为 GPU 之间通信方便，可以互相访问显存，而不需要通过主机内存，所以同时使用多块 GPU 也是非常高效的。同时，AlexNet 的设计让 GPU 之间的通信只在网络的某些层进行，可以控制通信的性能损耗。

⑥ 数据增强，随机地从 256×256 的原始图像中截取 224×224 大小的区域及其水平翻转的镜像，相当于增加了 $2×(256–224)^2=2048$ 倍的数据量。如果没有数据增强，仅靠原始的数据量，参数众多的 CNN 会陷入过拟合，使用数据增强可以大大减轻过拟合，提升泛化能力。进行预测时，则是取图片的四个角加中间共 5 个位置，并进行左右翻转，一共获得 10 张图片，对它们进行预测并对 10 次结果求均值。同时，AlexNet 提到对图像的 RGB 数据进行主成分分析(principal component analysis, PCA)处理，并对主成分做一个标准差为 0.1 的高斯扰动，增加一些噪声，使错误率再下降 1%。

3.2.2 VGG-Nets 网络模型

VGG-Nets[6]是 2014 年 ImageNet 竞赛定位任务第一名和分类任务第二名使用的基础网络。VGG 可以看作加深版本的 AlexNet，都是卷积层+全连接层。在当时看来这是一个非常深的网络了，因为层数高达十多层，但是以现在的目光来看 VGG 仍称不上是一个非常深的网络。图 3-4 所示为 VGG-Nets 网络模型。

为了解决权重初始化等问题，VGG 采用预训练的方式。这种方式在经典的神经网络中经常出现，就是首先训练一部分小网络，然后在确保这部分网络稳定后，再逐渐加深。图 3-4 从左到右体现的就是这个过程，并且当网络处于 D 阶段的时候，效果是最优的。因此，D 阶段的网络就是 VGG-16，E 阶段得到的网络是 VGG-19。这里 16 和 19 指的是卷积层和全连接层的总层数。图 3-5 所示为 VGG-16

的网络结构。

卷积网络设置

A	A-LRN	B	C	D	E
11 weightlayers	11 weightlayers	13 weightlayers	16 weightlayers	16 weightlayers	19 weightlayers
输入 RGB 图像(224×224)					
Conv3-64	Conv3-64LRN	Conv3-64 Conv3-64	Conv3-64 Conv3-64	Conv3-64 Conv3-64	Conv3-64 Conv3-64
最大池化层					
Conv3-128	Conv3-128	Conv3-128 Conv3-128	Conv3-128 Conv3-128	Conv3-128 Conv3-128	Conv3-128 Conv3-128
最大池化层					
Conv3-256 Conv3-256	Conv3-256 Conv3-256	Conv3-256 Conv3-256	Conv3-256 Conv3-256 Conv1-256	Conv3-256 Conv3-256 Conv3-256	Conv3-256 Conv3-256 Conv3-256 Conv3-256
最大池化层					
Conv3-512 Conv3-512	Conv3-512 Conv3-512	Conv3-512 Conv3-512	Conv3-512 Conv3-512 Conv1-512	Conv3-512 Conv3-512 Conv3-512	Conv3-512 Conv3-512 Conv3-512 Conv3-512
最大池化层					
Conv3-512 Conv3-512	Conv3-512 Conv3-512	Conv3-512 Conv3-512	Conv3-512 Conv3-512 Conv1-512	Conv3-512 Conv3-512 Conv3-512	Conv3-512 Conv3-512 Conv3-512 Conv3-512
全连接层 FC-4096					
全连接层 FC-4096					
全连接层 FC-1000					
回归分类层 Soft-max					

图 3-4　VGG-Nets 网络模型

可以看出，VGG-16 的结构非常简洁，深度较 AlexNet 大，里面包含多个卷积层和最大池化层的结构，卷积过后输出图像的尺寸与输入是一致的。下采样完全由最大池化实现。

VGG 最后设置 3 个全连接层，卷积核的个数(卷积后的输出通道数)从 64 开始，然后每接一个池化层后其成倍地增加，分别为 128 和 256。VGG 网络的主要贡献是使用小尺寸的卷积核，及有规则的卷积-池化操作。

与 AlexNet 相比，可以看出 VGG-Nets 的卷积核尺寸还是很小的。例如，AlexNet 第一层的卷积层用到的卷积核尺寸是11×11，这是一个很大的卷积核。

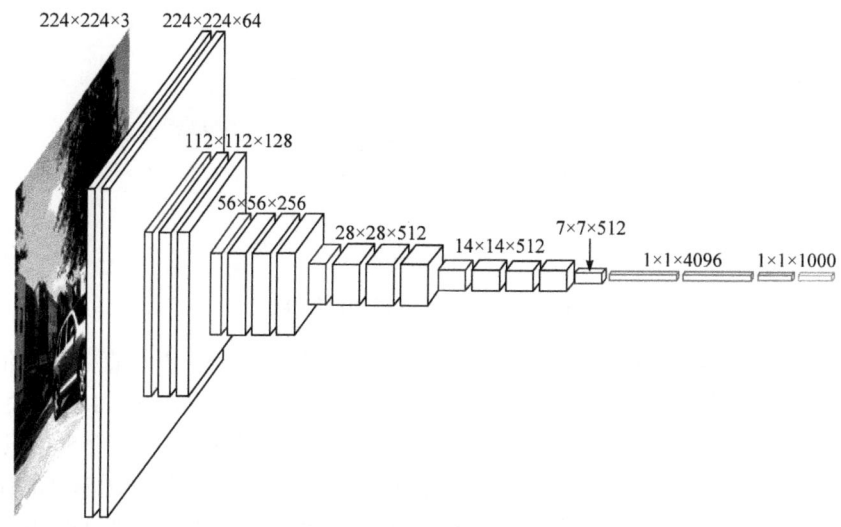

图 3-5　VGG-16 的网络结构

反观 VGG-Nets，用到的卷积核的尺寸都是 1×1 和 3×3 的小卷积核，可以替代大的卷积核尺寸。3×3 卷积核的优点是，多个 3×3 的卷积层比一个大尺寸卷积层有更多的非线性，使判决函数更具有判决性；多个 3×3 的卷积层比一个大尺寸的卷积层有更少的参数。假设卷积层的输入和输出的特征图大小均为 C，那么三个 3×3 的卷积层参数个数为 $3 \times (3 \times 3 \times C \times C) = 27CC$；一个 7×7 的卷积层参数为 $49CC$。因此，可以把三个 3×3 的卷积层看成一个 7×7 卷积层的分解(中间层有非线性的分解)。1×1 卷积核的优点是，在不影响输入输出维数的情况下，对输入进行线性变换，然后通过 ReLu 进行非线性处理，增加网络的非线性表达能力。

3.2.3　GoogLeNet 网络模型

GoogLeNet 是 2014 年 Szegedy 提出的一种全新的深度学习结构。此前的 AlexNet、VGG 等都是通过增大网络的深度(层数)获得更好的训练效果，但是层数的增加会带来很多负作用，如过拟合、梯度消失、梯度爆炸等。Inception 模块是 GoogLeNet 的基本模块，它从另一种角度来提升训练结果，能更高效地利用计算资源，在相同的计算量下能提取更多的特征，从而提升训练结果。

Inception 模块的结构如图 3-6 所示。整个 GoogLeNet 结构就是由多个这样的 Inception 模块串联起来的。Inception 结构的主要贡献有两个，一是使用 1×1 的卷积进行升降维，二是在多个尺寸上同时进行卷积再聚合。

GoogLeNet 的主要思想就是围绕以下两个思路。

① 深度，层数更深。为了避免梯度消失问题，GoogLeNet 采用 22 层，巧妙地在不同深度处增加两个损失量来保证梯度回传消失的现象。

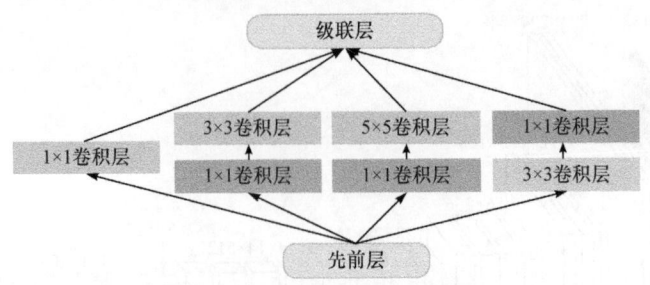

图 3-6　Inception 模块的结构

② 宽度，增加多种尺度卷积核。例如，1×1、3×3、5×5，以及直接最大池化，但是如果简单地将它们应用到特征图上，级联起来的特征图厚度将会很大。在 GoogLeNet 中，为了避免这一现象，提出的 Inception 模块在 3×3、5×5 卷积层之前和最大池化层之后分别增加上 1×1 的卷积核，可以起到降低特征图厚度的作用。

总结一下，GoogLeNet 采用 Inception 模块化(9 个)的结构，方便增添和修改。网络采用平均池化代替全连接层，参数量仅为 AlexNet 的 1/12，性能却优于 AlexNet。事实证明，可以将分类精度提高 0.6%。但是，实际在最后还是加了一个全连接层，主要是为了方便微调。为了避免梯度消失，网络额外增加 2 个辅助的回归分类层用于向前传导梯度。在实际测试的时候，这两个额外的回归分类层会被去掉。

3.2.4　残差网络模型

ResNet 残差网络[7]在 2015 年的 ImageNet 大规模视觉识别竞赛(ImageNet large scale visual recognition challenge，ILSVRC)中获得图像分类和物体识别的优胜。残差网络的特点是容易优化，能够通过增加相当的深度来提高准确率。其内部的残差块使用跳跃连接，可以缓解深度神经网络增加深度带来的梯度消失问题。

2015 年，何恺明推出的 ResNet 对网络结构做了创新，不再是简单地堆积层数。ResNet 在 CNN 的新思路是深度学习发展中里程碑式的事件。

如图 3-7 所示，x 是输入，$F(x)$ 是残差块在第二层激活函数前的输出。$F(x)$ 可以表示为 $F(x) = W_2\sigma(W_1 x)$，W_1 和 W_2 表示第一层和第二层的权重，σ 表示 ReLu 激活函数，最终残差块的输出为 $\sigma(F(x) + x)$。残差模块中的网络可以是全连接层，也可以是卷积层。设 $H(x)$ 是第二层网络在激活函数前的输出，x 是对应输出最优的输入，则没有残差模块的网络需要将其优化成 $H(x) = x$，而拥有残差模块的网络需要将其优化成 $F(x) = H(x) - x = 0$，后者的优化比前者简单。这也是残差提法的由来。

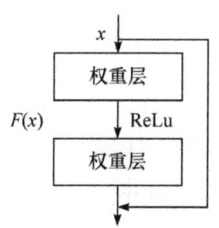

图 3-7 残差模块结构

我们都知道，增加网络的宽度和深度可以很好地提升网络的性能，深的网络一般都比浅的网络效果好。例如，一个深的网络 A 和一个浅的网络 B，A 的性能至少能跟 B 一样。因为即使把 B 的网络参数全部迁移到 A 的前面几层，而 A 后面的层只是做一个等价的映射，也能达到 B 的效果。一个典型的例子是 VGG。该网络就是在 AlexNex 的基础上通过增加网络深度来大幅度提高网络性能的。对于原来的网络，如果简单地增加深度，会导致梯度消失或梯度爆炸。该问题的解决方法是正则化，这样可以训练几十层的网络。

虽然通过上述方法能够训练了，但是又会出现退化问题，即随着网络层数增加，训练集上的准确率却饱和，甚至下降了。这不能解释为过拟合，因为过拟合应该表现在训练集上更好才对。退化问题说明，深度网络不能很简单地被优化。实验表明，通过浅层网络等同映射构造深层模型，深层模型并没有比浅层网络有等同或更低的错误率。这可能是因为深层的网络并不是那么好训练，也就是求解器很难去利用多层网络拟合同等函数。

3.3 经典目标检测网络

目标检测近年来取得了重要的进展，目前主流的算法主要分为两个类型。

① 二阶段(two-stage)方法，如区域卷积神经网络(region-based CNN，R-CNN)系列算法，其主要思路是先通过启发式方法、CNN、区域推荐网络(region proposal network，RPN)产生一系列稀疏的候选框，然后对这些候选框进行分类与回归。两阶段方法的优势是准确度高，缺点是检测速度较慢。

② 一阶段(one-stage)方法，如 YOLO(you only look once)[8-10]和 SSD(single shot multi-box detector)[11]。其主要思路是均匀地在图片的不同位置进行密集抽样，抽样时可以采用不同尺度和长宽比，然后利用 CNN 提取特征后直接进行分类与回归，整个过程只需要一步，所以其优势是速度快。均匀密集采样的一个缺点是训练比较困难，这主要是因为正样本与负样本(背景)极其不均衡，导致模型准确度降低。

3.3.1 基于 two-stage 的算法

基于 two-stage 算法首先提取候选区域,然后对候选区域进行类别判定和位置调整,最终将目标检测的结果输出。代表算法是基于区域提取的 R-CNN 系列算法,如 R-CNN[12]、SPP(spatial pyramid pooling,空间金字塔池化)-Net[13]、Fast R-CNN[14]、Faster R-CNN[15]等。

(1) R-CNN

2014 年,Girshick 等[12]提出基于候选区域提取的目标检测方法 R-CNN。与传统方法相比,其检测效果有很大程度的提升,成为基于区域提取的目标检测方法奠基之作。R-CNN 的检测流程是,首先获取输入图像,然后使用选择性搜索法获取大约 2000 个候选区域,并使用 CNN 提取每个候选区的特征,最后采用 SVM 对每个区域分类。图 3-8 所示为 R-CNN 算法流程图。

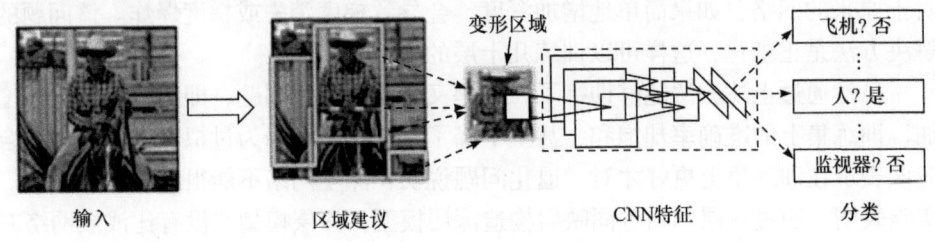

图 3-8　R-CNN 算法流程图

R-CNN 算法采用提取候选区域的方法将目标检测问题转化为区域分类问题,使算法更简单、扩展性更强,但是 R-CNN 算法仍然存在以下问题。

① 网络要生成约 2000 个候选区域并提取每个候选区特征,在此过程中 R-CNN 是分别进行卷积的,存在大量的重复计算,限制了检测性能。

② 在 R-CNN 算法中,候选区域需要经过变形缩放等处理作为 CNN 的输入。

③ R-CNN 使用传统方法生成候选区域,会极大地制约检测速度。

(2) SPP-Net

为了解决 R-CNN 算法对候选区域大小的限定,He 等设计了一种空间金字塔池化层,使 CNN 能够处理任意尺寸大小的候选区,解决只接受固定大小输入的问题。SPP-Net 空间金字塔结构如图 3-9 所示。SPP-Net 改进了 R-CNN 在提取候选框的特征过程中重复运算问题,可以提高算法的效率。但是,SPP-Net 仍然存在训练图像大小不同,采用的候选框感兴趣区域(region of interest, ROI)感受视野太大,不能通过反向传播有效更新权值等问题。此外,SPP-Net 训练过程仍然是多阶段训练,需要存储大量的特征。

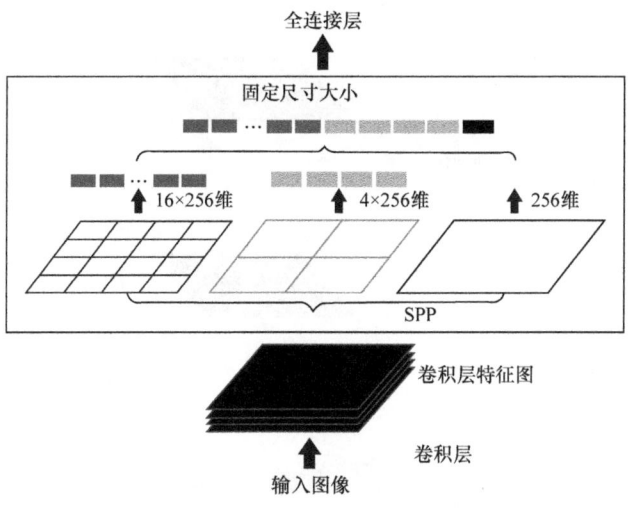

图 3-9　SPP-Net 空间金字塔结构

(3) Fast R-CNN

2015 年，He 等[13]提出基于 SPP-Net 改进的算法 Fast R-CNN。Fast R-CNN 首先使用选择性搜索方法在图片中获取约 2000 个 ROI，然后将整张图像送到 CNN 中提取特征，将 ROI 映射到 CNN 最后一层卷积的特征图上，利用 Softmax 损失函数和平滑的 L1 损失函数对分类概率和边框回归联合训练。Fast R-CNN 可以实现端对端的训练方式，但是仍然采用选择性搜索方法，会限制算法的速度。

(4) Faster R-CNN

为了解决 Fast R-CNN 算法的问题，Ren 等[15]提出 Faster R-CNN 算法。Faster R-CNN 算法使用区域候选网络(region proposal network，RPN)替代 Fast R-CNN 使用的选择性搜索算法。Faster R-CNN 算法有两个过程，第一个过程是获取候选区域的网络，第二个过程是基于区域提取的 Fast R-CNN 检测器。图 3-10 所示为 Faster R-CNN 算法框架。RPN 主要用来生成目标建议区域。RPN 首先生成一系列的锚框，并对其进行裁剪、过滤；然后用分类器判别属于前景目标还是背景，同时用边界回归框修正锚框，形成较准确的建议区域。Faster R-CNN 算法首先输入整张图像，对其进行卷积计算得到特征图；然后将特征图送入 RPN，获取候选框信息，根据候选区的特征信息对其分类识别；最后用回归器调整候选框的位置。

3.3.2　基于 one-stage 的算法

one-stage 算法经过一次训练就能完成特征共享，从而大幅度提高检测速度。典型的 one-stage 目标检测算法有 YOLO 系列算法、SSD 算法等。

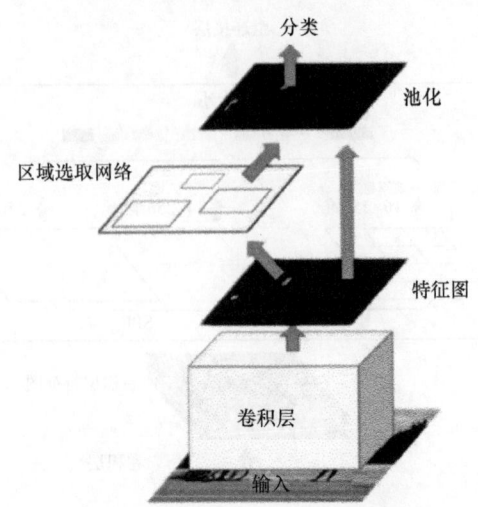

图 3-10　Faster R-CNN 算法框架

(1) YOLO

2016 年，Redmon 等[8]提出一种新的检测算法 YOLO。YOLO 算法先调整图片的尺寸，再把图片送入卷积网络，根据模型的置信度对结果进行处理。YOLO 算法用图片的全局信息进行预测，整体结构和检测流程都比较简单，因此检测速度较快。但是，YOLO 对目标的定位精确度很低、召回率不高，并且对距离近、尺寸小的物体检测效果也不好。此外，它的泛化性也很弱。图 3-11 所示为 YOLO 算法检测流程。

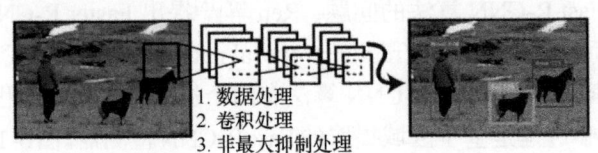

图 3-11　YOLO 算法检测流程

(2) YOLO9000

为了解决 YOLO 算法定位精度低、召回率不高等问题，2017 年 Redmon 等[9]提出改进的目标检测方法 YOLO9000。该算法可以同时检测 9000 个目标。由于训练目标检测算法的数据集中目标信息少、数据量小，而目标分类拥有大量的数据和丰富的目标信息，因此 YOLO9000 使用联合训练方法。这种方法可以将检测样本和分类样本混合到一起训练。其基本思路是，使用检测样本和分类样本的混合数据训练检测器，通过检测数据获得目标的精确位置，使用分类数据增加目标类别，提升网络的鲁棒性。

(3) YOLO v3

YOLO v3[10]使用 DarkNet-53 网络作为特征提取网络。DarkNet-53 网络借鉴 ResNet 的思想加入了残差模块，可以有效地预防深层网络梯度消失现象的产生。它的残差模块由两个卷积层和一个恒等映射构成。整个 YOLO v3 结构中没有池化层和全连接层。YOLO v3 增加了判断候选区域中是否包含目标的过程，从而减少检测误差。

(4) SSD

2016 年，Liu 等[11]提出 SSD 解决 YOLO 模型在目标定位中精准度低的问题。SSD 方法可以在一个网络中直接获取目标的位置信息和类别信息，因此检测速度特别快。在预测过程中，SSD 会对每个候选框中目标类别设置相应的分值，并通过调整候选框来与实际目标相匹配。SSD 还使用具有不同分辨率的目标特征向量进行预测，以达到检测多尺度目标的目的。SSD 算法具有简单高效，容易进行训练，以及易集成的优点。由于小目标在特征图中的尺寸很小，而且特征信息不明显，因此 SSD 算法对尺度小的目标检测效果依然不够好。此外，SSD 不同层的特征图都单独输入分类网络，存在同一目标被不同大小的框重复检测的问题。

3.4　本 章 小 结

本章介绍卷积神经网络的基本部件，包括卷积层、池化层、激活函数、全连接层，详细介绍经典的网络模型和目标检测模型。同时，介绍基于 two-stage 的算法和基于 one-stage 的算法。

参 考 文 献

[1] Lecun Y, Bottou L, Bengio Y, et al. Gradient-based learning applied to document recognition. Proceedings of IEEE, 1998, 86(11): 2278-2324.

[2] Tolias G, Sicre R, Jégou H. Particular object retrieval with integral max-pooling of CNN activations//International Conference on Learning Representations, San Juan, 2016: 1-12.

[3] Nagi J, Ducatelle F, Di Caro G A, et al. Max-pooling convolutional neural networks for vision-based hand gesture recognition//IEEE International Conference on Signal and Image Processing Applications, Kuala Lumpur, 2011: 342-347.

[4] Estrach J B, Szlam A, LeCun Y. Signal recovery from pooling representations//Proceedings of the International Conference on Machine Learning, Nha Trang, 2014: 307-315.

[5] Krizhevsky A, Sutskever I, Hinton G E. ImageNet classification with deep convolutional neural networks. Communications of the ACM, 2017, 60(6): 84-90.

[6] Simonyan K, Zisserman A. Very deep convolutional networks for large-scale image recognition//International Conference on Learning Representations, San Diego, 2015: 1-14.

[7] He K, Zhang X, Ren S, et al. Deep residual learning for image recognition//Proceedings of the IEEE Conference on International Conference and Pattern Recognition, Las Vegas, 2016: 770-778.

[8] Redmon J, Divvala S, Girshick R, et al. You only look once: Unified, real-time object detection//Proceedings of the IEEE Conference on International Conference and Pattern Recognition, Las Vegas, 2016: 779-788.

[9] Redmon J, Farhadi A. YOLO9000: Better, faster, stronger//Proceedings of the IEEE Conference on International Conference and Pattern Recognition, Hawaii, 2017: 7263-7271.

[10] Redmon J, Farhadi A. YOLOv3: An incremental improvement//Proceedings of the IEEE Conference on International Conference and Pattern Recognition, Salt Lake City, 2018: 1-6.

[11] Liu W, Anguelov D, Erhan D, et al. SSD: Single shot multibox detector// Proceedings of the European Conference on International Conference, Amsterdam, 2016: 21-37.

[12] Girshick R, Donahue J, Darrell T, et al. Rich feature hierarchies for accurate object detection and semantic segmentation//Proceedings of the IEEE Conference on International Conference and Pattern Recognition, Columbus, 2014: 580-587.

[13] He K, Zhang X, Ren S, et al. Spatial pyramid pooling in deep convolutional networks for visual recognition. IEEE Transactions on Pattern Analysis and Machine Intelligence, 2015, 37(9): 1904-1916.

[14] Girshick R. Fast R-CNN//Proceedings of the IEEE International Conference on International Conference, Santiago, 2015: 1440-1448.

[15] Ren S, He K, Girshick R, et al. Faster R-CNN: Towards real-time object detection with region proposal networks//Advances in Neural Information Processing Systems, Montreal, 2015: 91-99.

第4章 深度神经网络的优化方法

深度神经网络模型已经在图像分类、目标检测、语义分割等视觉任务中取得巨大的性能提升。这些应用都依赖神经网络成千上万的参数，以及具有强大性能的计算设备。然而，由于深度神经网络模型复杂、计算量巨大，会产生很多问题，一是训练模型十分困难，二是使用模型也很困难。训练上的困难指模型的训练周期非常长，短则数小时，长则数天，并且需要性能非常强大的机器和大量的数据。使用上的困难指现在很多实际应用场景并不具备很高的计算能力和存储条件，并且对实时性有硬性需求，例如在移动终端和驾驶环境中。这使深度神经网络很难实际部署到这些低存储、低功耗的小型设备上。因此，如何在保证现有神经网络模型性能不变的情况下，有效减小神经网络模型的计算量和存储空间就成为一个亟待解决的重要问题。

在传统的机器学习领域，可以将上述情况看成超参数的优化问题。经典的解决方案有贝叶斯方法、基于搜索的方法，以及梯度下降方法等。针对具体的网络结构，如 CNN 优化，则又有三类方法。第一类方法是在已有的网络结构基础上进行参数压缩，通过剪枝、量化、低秩分解等方式压缩模型大小，并保持精度。第二类方法是重新设计更加紧凑的网络结构，减小模型大小的同时不显著改变模型的性能。第三类方法是使用知识迁移，利用复杂模型中的知识指导紧凑模型的训练，提升紧凑模型的性能。

4.1 深度网络优化中的问题

优化问题是深度神经网络研究的核心。自神经网络模型引入几十年以来，多层神经网络的优化问题仍然是困难的，不能保证在多项式时间内找到最佳模型。在实际应用中，我们使用梯度下降的优化方法，通过尽可能多地迭代来找到足够好的局部最优解。

4.1.1 局部极小值

传统的机器学习会将目标函数设置为凸函数，从而降低优化问题的复杂度。这是因为凸优化问题可以简化为寻找一个局部极小值问题，即全局最小值。深度神经网络模型往往是非凸的。这样的非凸函数可能存在多个局部极小值。

由于模型可辨识性问题，神经网络和任意具有多个等效参数化潜变量的模型都具有多个局部极小值。如果一个足够大的训练集可以唯一确定一组模型参数，那么该模型称为可辨识的。带有潜变量的模型通常是不可辨识的，因为通过相互交换潜变量，我们能得到等价的模型。例如，考虑神经网络的第一层，我们可以交换单元 i 和单元 j 的输入权重向量和输出权重向量得到等价的模型。如果神经网络有 m 层，每层有 n 个单元，那么会有 $n!m$ 种排列隐层单元的方式。这种不可辨识性被称为权重空间对称性。

除了权重空间的对称性，很多神经网络还有导致不可辨识的其他原因。例如，在任意整流线性网络中，我们可以将输入权重和偏置扩大到原来的 α 倍，然后将输出权重变为 $1/\alpha$，保持模型等价。这意味着，如果代价函数不包括权重衰减这种直接依赖权重而非模型输出的项，那么整流线性网络的每一个局部极小点都在等价的局部极小值的 $m \times n$ 维双曲线上。

这些模型可辨识性问题意味着神经网络代价函数具有非常多的局部极小值，而这些局部极小值都有相同的代价函数值。如果局部极小值比全局最小值拥有更大的代价，那么将给基于梯度的优化算法带来极大的问题。

对于实际网络，是否存在大量代价很高的局部极小值，优化算法是否会碰到这些局部极小值，都是一些尚未解决的问题。多年来，局部极小值一直都是学术界的热点问题，有学者认为对于足够大的神经网络，大部分局部极小值都具有很小的代价函数，我们能不能找到真正的全局最小点并不重要，重要的是在参数空间中找到一个代价很小(但不是最小)的点。

很多人将神经网络优化中的所有困难都归结于局部极小值。一种能够排除局部极小值的检测方法是画出梯度范数随时间的变化。如果梯度范数没有缩小到一个微小的值，那么该问题既不是局部极小值，也不是其他形式的临界点。在高维空间中，很难明确证明局部极小值是产生问题的原因。许多并非局部极小值的结构也具有很小的梯度。

4.1.2　高原、鞍点和其他平坦区域

对于很多高维非凸函数，局部极小值(极大值)的个数都远少于另一类梯度为零的点数，即鞍点。鞍点附近的某些点比鞍点有更大的代价，而其他点则有更小的代价。在鞍点处，Hessian 矩阵同时具有正负特征值。位于正特征值对应的特征向量方向的点比鞍点有更大的代价，反之，位于负特征值对应的特征向量方向的点有更小的代价。我们可以将鞍点视为代价函数某个横截面上的局部极小点，同时也可以视为代价函数某个横截面上的局部极大点。

在低维空间中，多类随机函数具有局部极小值很普遍。在更高维空间中，局部极小值很罕见，而鞍点则很常见。对于这类函数 $f: R_n \to R$，鞍点和局部极小值的

数目比例的期望值随 n 呈指数级增长。我们可以从直觉上理解这种现象——黑塞 (Hessian)矩阵在局部极小点处只有正特征值。在鞍点处，Hessian 矩阵同时具有正负特征值。试想一下，每个特征值的正负号由抛硬币决定。在一维情况下，很容易抛硬币得到正面朝上一次获得局部极小点。在 n 维空间中，要抛掷 n 次硬币都正面朝上的难度是指数级的。

对随机函数，当我们到达代价较低的区间时，Hessian 矩阵的特征值为正的可能性更大。与抛硬币类比，这意味着，如果我们处于低代价的临界点，抛掷硬币正面朝上 n 次的概率更大。这也意味着，局部极小值具有低代价的可能性比高代价的可能性要大得多。具有高代价的临界点更有可能是鞍点。具有极高代价的临界点就很可能是局部极大值了。

以上现象出现在许多种类的随机函数中，那么是否在神经网络中也有发生呢？ Baldi 等[1]从理论上证明，不具有非线性的浅层自编码器只有全局极小值和鞍点，没有代价比全局极小值更大的局部极小值。他们还发现，这些结果能够扩展到不具非线性的更深网络上。这类网络的输出是其输入的线性函数，但它们仍然有助于分析非线性神经网络模型，因为它们的损失函数是关于参数的非凸函数。这类网络本质上是多个矩阵的组合。Goodfellow 等[2]精确解析了这类网络中完整的学习动态，表明这些模型能够捕捉到许多在训练具有非线性激活函数的深度模型时观察到定性特征。Dauphin 等[3]的实验表明，真实的神经网络也存在包含很多高代价鞍点的损失函数。Choromanska 等[4]提供了额外的理论论点，表明另一类与神经网络相关的高维随机函数也满足这种情况。

鞍点激增对于训练算法来说有哪些影响呢？对于只使用梯度信息的一阶优化算法，目前情况还不清楚。鞍点附近的梯度通常会非常小。此外，实验中的梯度下降似乎可以在许多情况下逃离鞍点。对于牛顿法，鞍点显然是一个问题。梯度下降旨在朝“下坡”移动，而非明确寻求临界点。如果没有适当的修改，牛顿法就会跳进一个鞍点。在高维空间中，鞍点的激增或许可以解释在神经网络训练中为什么二阶方法无法成功取代梯度下降。除了极小值和鞍点，还存在其他梯度为零的点。例如，从优化的角度看与鞍点很相似的极大值，很多算法不会被吸引到极大值。与极小值一样，许多种类的随机函数的极大值在高维空间中也比较稀少，并且可能存在恒值的、宽而平坦的区域。在这些区域，梯度和 Hessian 矩阵都是零。这种退化的情形是所有数值优化算法的主要问题。在凸问题中，一个宽而平坦的区间肯定包含全局极小值，但是对于一般的优化问题，这样的区域可能对应目标函数中一个较高的值。

多层神经网络通常存在像悬崖一样的大斜率区域。这是几个较大的权重相乘导致的。遇到斜率极大的悬崖结构时，梯度更新会很大限度地改变参数值，通常会跳过这类悬崖结构。

不管我们是从上还是从下接近悬崖，情况都很糟糕，因此可以使用启发式梯度截断来避免。其基本想法源自梯度，但是并没有指明最佳步长，只说明了在无限小区域内的最佳方向。当传统的梯度下降算法更新很大一步时，启发式梯度截断会影响减小步长，使其不太可能走出梯度近似为最陡下降方向的悬崖区域。悬崖结构在循环神经网络的代价函数中很常见，因为这类模型涉及多个因子相乘，其中每个因子对应一个时间步。因此，长时间序列会产生大量相乘的操作。

4.1.3　梯度消失和梯度爆炸

当网络结构变得极深时，神经网络优化算法面临的另一个难题就是长期依赖问题——变深的结构使模型丧失了学习到先前信息的能力，让优化变得极其困难。深层的计算图不仅存在于前馈网络，还存在于循环网络。因为循环网络要在很长时间序列的各个时刻重复应用相同的操作构建非常深的计算图，并且模型参数共享，这使问题更加凸显。

例如，假设某个计算图包含一条反复与矩阵 W 相乘的路径，那么 t 步后，相当于乘以 W^t。假设 W 有特征值分解 $W = V\text{diag}(\lambda) V^{-1}$，容易看出

$$W^t = (V\text{diag}(\lambda) V^{-1})^t = V\text{diag}(\lambda)^t V^{-1} \tag{4-1}$$

当特征值 λ_i 不在 1 附近时，若在量级上大于 1，则会爆炸；若在量级上小于 1，则会消失。梯度消失与爆炸问题指该计算图上的梯度因为 $\text{diag}(\lambda)^t$ 大幅度变化。梯度消失使我们难以知道参数朝哪个方向移动能够改进代价函数，而梯度爆炸会使学习不稳定。

循环网络在各时间步上使用相同的矩阵 W，而前馈网络则没有，所以即使使用非常深层的前馈网络，也能很大限度地避免梯度消失与爆炸问题[5]。

4.1.4　优化的理论限制

理论研究表明，我们为神经网络设计的任何优化算法都有性能限制[6,7]。通常这些结果不影响神经网络在实践中的应用。

一些理论结果仅适用于神经网络单元输出离散值的情况。然而，大多数神经网络单元输出光滑的连续值，使局部搜索求解优化可行。理论结果表明，存在某类问题是不可解的，但很难判断一个特定的问题是否属于该类。其他结果表明，寻找给定规模网络的一个可行解是很困难的，但在实际情况中，我们通过设置更多参数，使用更大的网络，能轻松找到可接受的解。此外，在神经网络训练中，我们通常不关注某个函数的精确极小点，只关注将其值下降到足够小以获得一个

良好的泛化误差。对优化算法是否能完成此目标进行理论分析是非常困难的，因此研究优化算法更现实的性能上界仍然是学术界的一个重要目标。

4.2　随机梯度下降

SGD 及其一系列变体可能是机器学习，特别是深度学习任务中使用最多的优化算法。该算法从数据生成的分布中提取一小部分独立同分布的 m 个样本，通过计算它们的梯度并求均值得到对于梯度的无偏估计。这一过程可以表示为

$$\theta^{(\tau+1)} = \theta^{(\tau)} - \eta \hat{g} \tag{4-2}$$

其中，θ 为参数；τ 为迭代次数；g 为梯度估计；η 为学习率。

SGD 中的一个关键参数是学习率。传统的 SGD 使学习率保持不变，而在实际应用中，很多方法会根据时间渐进地使学习率下降。在实验中，常常通过描述目标函数值随着时间的变化拟合学习曲线，从而通过测试的误差确定学习率。假如学习率设置得过小，学习过程会变得非常缓慢。如果初始的学习率设置得太低，那么学习曲线可能会固定在一个很高的代价值上。

学习率可通过实验和误差来选取，通常最好的选择方法是监测目标函数值随时间变化的学习曲线。使用线性策略时，需要选择的参数为 ϵ_0、ϵ_τ、τ。通常 τ 设为需要反复遍历训练集几百次的迭代次数，ϵ_τ 设为 ϵ_0 的 1%。对于 ϵ_0，若 ϵ_0 太大，学习曲线将会剧烈振荡，代价函数值通常会明显增加。温和的振荡是良好的，容易在训练随机代价函数时出现。如果学习率太小，那么学习过程会很缓慢。如果初始学习率太低，那么学习可能卡在一个相当高的代价值。通常，对于总训练时间和最终代价值，最优初始学习率在迭代 100 次左右达到最佳效果的学习率。因此，最好是检测最早的几轮迭代，选择一个比表现最佳的学习率更大的学习率，但是又不能太大，因为可能导致严重的振荡。

4.3　自适应学习率算法

神经网络研究人员很早就意识到，学习率肯定是难以设置的超参数之一，因为它对模型的性能有显著的影响。损失通常高度敏感于参数空间中的某些方向。动量算法可以在一定程度缓解这些问题，但这样做的代价是引入了另一个超参数。在这种情况下，自然会问有没有其他方法。如果我们相信方向敏感度在某种程度是轴对齐的，那么对每个参数设置不同的学习率，在整个学习过程中自动适应这些学习率是有道理的。

　　delta-bar-delta 算法[8]是一种早期训练适应模型参数各自学习率的启发式方法。该方法基于一个简单的想法，如果损失对于某个给定模型参数的偏导保持相同的符号，那么学习率应该增加。如果该参数的偏导变化了符号，那么学习率应减小。当然，这种方法只能用于全批量优化。

　　AdaGrad 算法独立地适应所有模型参数的学习率，缩放每个参数反比于其所有梯度历史平方值总和的平方根[9]。具有损失最大偏导的参数相应地有一个快速下降的学习率，而具有小偏导的参数在学习率上有相对较小的下降。在凸优化背景中，AdaGrad 算法具有一些令人满意的理论性质。然而，对于训练深度神经网络模型，从训练开始时积累的梯度平方会导致有效学习率过早或过量减小。AdaGrad 算法在某些深度学习模型上的效果不错，但不是全部。

　　均方根传递(root mean square propagation，RMSProp)算法[10]修改了AdaGrad 算法，在非凸设定下的效果更好，改变梯度积累为指数加权的移动平均。AdaGrad 算法旨在应用于凸问题时快速收敛。当应用于非凸函数训练神经网络时，学习轨迹可能穿过很多不同的结构，最终到达一个局部凸碗区域。AdaGrad 算法根据平方梯度的整个历史收缩学习率，可能使学习率在达到这样的凸结构前就变得太小。RMSProp 算法使用指数衰减平均来丢弃过去的历史值，使其能够在找到凸碗状结构后快速收敛。它就像一个初始化凸碗状结构的AdaGrad 算法实例。相比于 AdaGrad 算法，RMSProp 算法使用移动平均引入一个新的超参数 ρ，控制移动平均的长度范围。经验上，RMSProp 算法已被证明是一种有效且实用的深度神经网络优化算法。

　　Adam[11]是另一种学习率自适应的优化算法。Adam 这个名字派生自短语adaptive moments(自适应动量)。在早期算法背景下，它被看作结合 RMSProp 算法和具有一些重要区别的动量的变种。首先，在 Adam 中，动量直接并入梯度一阶矩(指数加权)的估计。将动量加入 RMSProp 算法最直观的方法是将动量应用于缩放后的梯度。结合缩放的动量使用没有明确的理论动机。其次，Adam 包括偏置修正，修正从原点初始化的一阶矩(动量项)和二阶矩(非中心的)的估计。RMSProp 算法也采用(非中心的)二阶矩估计，但是缺失了修正因子。因此，不像 Adam，RMSProp 算法二阶矩估计可能在训练初期有很高的偏置。Adam 通常被认为对超参数的选择相当鲁棒，尽管学习率有时需要从建议的默认值修改。

4.4　优　化　策　略

　　许多优化技术并非真正的算法，而是一般化的模板，可以特定地产生算法，或者并入其他不同的算法中。

批标准化是优化深度神经网络最有效的策略之一。它是一个自适应的重参数化的方法，能够解决训练深度模型时数据分布发生变化的问题。在深度网络训练的过程中，梯度下降会让每一层的参数发生变化，从而使每一层的结果分布产生变化，而后层网络需要不断适应前层的这种分布变化。这会导致整个网络的学习效率过低。同时，如果使用的激活函数是 Sigmoid、tanh 等饱和激活函数，则会使模型陷入梯度饱和区，造成梯度消失的问题。

批标准化提出一种几乎可以重参数化所有深度网络的方法，可应用于网络的任何输入层或隐藏层。设 x 是需要标准化的某层神经元的激活值，通过计算均值和方差，即

$$\mu = \frac{1}{m} \sum_i x_i \tag{4-3}$$

$$\sigma = \sqrt{\delta + \frac{1}{m} \sum_i (x - \mu)_i^2} \tag{4-4}$$

可得

$$\hat{x} = \frac{x - \mu}{\sigma} \tag{4-5}$$

经过这样的变换，形成均值为 0，方差为 1 的标准化分布，使每一层的数据分布都趋于稳定。但是，这样会使原有的数据信息丢失，降低神经网络的表达能力，因此引入两个可学习的参数 γ 与 β，最终的输出为

$$y = \gamma \hat{x} + \beta \tag{4-6}$$

新的参数通过梯度下降来学习，可以保证神经网络的表达能力。

预训练是深度神经网络优化学习过程中的另一个重要技术。它指在直接训练目标模型求解目标问题之前，先训练简单模型来求解简化问题，再训练复杂模型求解目标问题。如果模型太复杂难以优化，或者任务本身非常困难，直接训练模型来解决任务是个很大的挑战。不妨先训练一个较简单的模型来求解问题，然后使模型更复杂；或者先训练模型来求解一个简化的问题，然后转移到最后的问题进行微调。

预训练的策略可以看作迁移学习[12]思想的拓展。在实际任务中，可以先在图像分类数据集(如 ImageNet)上预训练一个网络作为骨架网络，将它的后面几层替换为新的网络模型，然后在新的数据集上进行联合训练来执行其他的任务(如目标检测、语义分割等)。

此外，还有一种扩展迁移学习思想的训练策略，称为教师-学生模型。这里的教师往往是一个参数量多且容易训练的模型，而学生网络则是一个紧凑且难以训

练的模型。教师网络在训练过程中为学生网络提供额外的监督信号，使学生网络更容易训练，并且能够提升学生网络的性能。教师-学生模型的结构如图 4-1 所示。

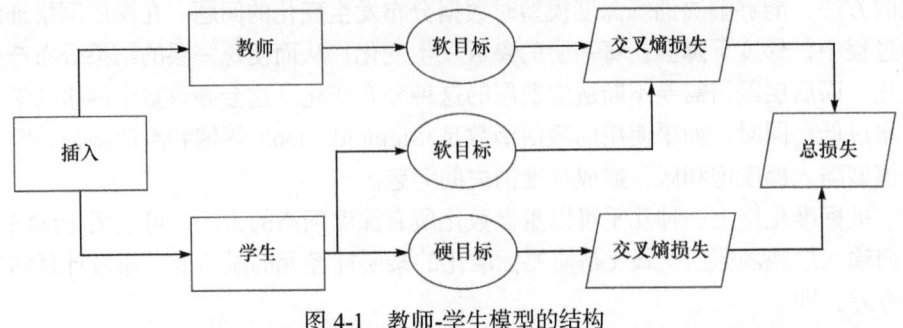

图 4-1　教师-学生模型的结构

4.5　本 章 小 结

优化一直是深度神经网络研究的重要问题。本章主要介绍深度神经网络优化中遇到的主要问题，包括局部极小值、梯度爆炸、梯度消失等，同时介绍常用的优化算法、自适应学习率算法和优化策略等。

参 考 文 献

[1] Baldi P, Hornik K. Neural networks and principal component analysis: Learning from examples without local minima. Neural Networks, 1989, 2(1): 53-58.

[2] Goodfellow I J, Vinyals O, Saxe A M. Qualitatively characterizing neural network optimization problems//International Conference on Learning Representations, San Diego, 2015: 15-35.

[3] Dauphin Y N, Pascanu R, Gulcehre C, et al. Identifying and attacking the saddle point problem in high-dimensional non-convex optimization//Advances in Neural Information Processing Systems, Montreal, 2014: 2933-2941.

[4] Choromanska A, Henaff M, Mathieu M, et al. The loss surfaces of multilayer networks//Artificial Intelligence and Statistics, San Diego, 2015: 192-204.

[5] Sussillo D, Abbott L F. Random walk initialization for training very deep feedforward networks//International Conference on Learning Representations, San Diego, 2015: 36-45.

[6] Blum A L, Rivest R L. Training a 3-node neural network is NP-complete. Neural Networks, 1992, 5(1): 117-127.

[7] Wolpert D H, Macready W G. No free lunch theorems for optimization. IEEE Transactions on Evolutionary Computation, 1997, 1(1): 67-82.

[8] Jacobs R A. Increased rates of convergence through learning rate adaptation. Neural Networks, 1988, 1(4): 295-307.

[9] Duchi J, Hazan E, Singer Y. Adaptive subgradient methods for online learning and stochastic optimization. Journal of Machine Learning Research, 2011, 12(7): 2121-2159.

[10] Hinton G, Deng L, Yu D, et al. Deep neural networks for acoustic modeling in speech recognition: The shared views of four research groups. IEEE Signal Processing Magazine, 2012, 29(6): 82-97.

[11] Kingma D P, Ba J. Adam: A method for stochastic optimization//International Conference on Learning Representations, San Diego, 2015: 46-60.

[12] Pan S J, Yang Q. A survey on transfer learning. IEEE Transactions on Knowledge and Data Engineering, 2009, 22(10): 1345-1359.

第 5 章　深度神经网络模型压缩

在神经网络方面，早在 20 世纪末，LeCun 等就使用神经网络成功识别了邮件上的手写邮编。至于深度学习的概念，则是 Hinton 等首次提出的。2012 年，Krizhevsky 等采用深度学习算法，以超过第二名采用传统人工设计特征方法准确率 10%的优势取得 ImageNet 图像分类比赛冠军。

此后的计算机视觉比赛奖项均被各种深度学习模型包揽。这些模型依赖具有数百，甚至数十亿参数的深度网络。传统中央处理器(central processing unit，CPU)对如此庞大的网络一筹莫展，只有具有高计算能力的 GPU 才能让网络得到相对快速的训练。例如，ImageNet 比赛用的模型使用一个包含 5 个卷积层和 3 个完全连接层的 6000 万参数的网络。通常情况下，即使使用当时性能顶级的 NVIDIA K40 GPU 来训练整个模型仍需要花费两到三天的时间。对于使用全连接的大规模网络，其参数规模甚至可以达到数十亿量级。为了解决全连接层参数规模大的问题，人们转而考虑增加卷积层，使全连接参数降低。但是，随之而来的负面影响便是大大增加了计算时间与能耗。

对于具有更多层和节点的神经网络，减少其存储和计算成本就变得至关重要，特别是对于一些实时应用，如自动驾驶。如何让深度模型在移动设备上运行，是模型压缩加速的一大重要目标。Krizhevsky 提出两点观察结论，即卷积层占据 90%~95%的计算时间和参数规模，有较大的值；全连接层占据 5%~10%的计算时间，95%的参数规模，并且值较小。这为研究深度模型的压缩与加速提供了统计依据。一个典型的例子是，具有 50 个卷积层的 ResNet-50 需要超过 95MB 的存储器，以及 38 亿次浮点运算。在丢弃一些冗余的权重后，网络仍照常工作，可以节省超过 75%的参数和 50%的计算时间。

5.1　深度网络模型压缩的研究现状

模型压缩的相关研究分为三类：首先是在保证模型精度的同时对已有的网络结构进行参数压缩，通过剪枝、量化、低秩近似等方式压缩模型；然后是重新设计更加轻量化的网络结构，在减小模型同时不牺牲模型的性能；最后是使用知识迁移(知识蒸馏)，通过提取复杂模型中的知识，指导简单模型的训练，提升简单模型的性能[1-3]。

1. 参数压缩

很多现有的神经网络模型具有大量的参数，而这些参数中往往存在不同程度的冗余。通过参数压缩方法可以在一定程度上消除冗余的部分。

神经网络参数压缩的第一种方式是剪枝，即通过设定阈值修剪神经网络中的连接，将一个复杂度很高的网络修剪为一个复杂度较低的网络，进而压缩模型的大小，在一定程度上解决过拟合的问题。文献[4]提出一种随机的剪枝方法，通过设定一个阈值，随机修剪不重要的连接，再重新训练网络，以达到参数压缩的目的。在实际应用中，随机剪枝的方法往往不能起到很好的效果，与之相对的是结构化剪枝。文献[5]通过对权重加稀疏正则进行剪枝，首先使用组稀疏方法对分组特征添加稀疏正则来修剪权重矩阵的列，然后通过排他性稀疏增强组间竞争。文献[6]提出一种对特征图通道进行剪枝的算法，通过给每个通道添加一个尺度因子，并对尺度因子添加稀疏正则，对通道进行剪枝。文献[7]通过最小绝对收缩与选择因子(least absolute shrinkage and selection operator, LASSO)回归对通道进行剪枝，并使用最小二乘来重构模型。文献[8]对网络训练过程中的梯度信息进行剪枝，可以加快网络的训练过程并减少过拟合。

权值量化是神经网络参数压缩的另一种重要方法，通过减少每个权重的比特数压缩原始网络。文献[4]在剪枝的基础上对权重进行聚类，将权重共享后进行霍夫曼编码，从而实现压缩。量化的极限形式是将每个权值都表达为一位，即二值化神经网络。文献[9]~[11]是二值化网络的一系列成果，其主要思想是将 CNN 的权值、激活函数和特征图进行二值化，并采用一位同或门运算代替矩阵点乘运算，降低计算量和存储空间。文献[12]对反向传播中的梯度实现了量化，将权值用一位表示，激活函数用两位表示，梯度用四位表示，进一步提高并行计算的效率。

低秩近似也是神经网络参数压缩的一种重要方法。对于深层的 CNN，其主要的计算量在卷积操作上。卷积核可以看成一个矩阵或张量，通过低秩分解的方法来减少矩阵或张量的运算量。对于二维矩阵，文献[13]研究了几种低秩分解方法，对二维矩阵进行奇异值分解(singular value decomposition, SVD)、三维张量转化为二维矩阵进行分解，以及单色卷积分解和聚类法低秩分解等，通过减少卷积核的冗余减少计算量，在 1%精度损失的条件下可以取得两倍加速效果。文献[14]采用张量分解法将一层复杂网络分解为五层相对简单的网络，使用非线性最小二乘来计算，从而以较低的性能损失实现较高的速度提升。文献[15]使用广义奇异值分解(generalized singular value decomposition, GSVD)对 CNN 的非线性单元进行分解，在增加极小分类误差的情况下实现 4 倍加速。其他方法还有 Tucker 分解[16]、Tensor Train 分解[17]，以及 Block Term 分解[18]等，也可以取得不错的模型压缩效果。

2. 设计更加紧凑的网络结构

相比于在已有的复杂网络基础上进行参数压缩，也可以直接设计一些更加轻量化的神经网络，通过改变网络结构和使用更加高效的计算方式使其比复杂网络更加紧凑，在保证网络性能的基础上大幅减少计算量和存储空间。

Lee 等[19]提出一种称作 Fire 的模块，它分为一个由 1×1 卷积核构成的压缩层，以及一个由 1×1 和 3×3 卷积核组成的扩张层。这种模块组成的神经网络 SqueezeNet 可以实现 50 倍压缩。进一步，使用深度压缩[1]将模型压缩至 0.5MB，可以达到 AlexNet 级别的性能。

Google 提出的 MobileNet[20]模型是专门针对移动端和嵌入式设备开发的轻量级 CNN。其核心思想是使用 Depthwise 卷积，将一个 $D×D×M$ 的卷积核分解为 $D×D×1$ 的逐通道卷积和 $1×1×M$ 的逐点卷积，其中 D 是卷积核尺寸，M 是通道数。对于 3×3 卷积核，计算量减小至 1/8~1/9。MobileNet V2[21]模型在此基础上引入残差结构，使用线性函数代替 ReLu 来减少特征损失，可以进一步提升 MobileNet 模型的性能。

ShuffleNet[22]模型使用分组卷积的方式减少计算量，但分组卷积的每一组只接收上一层的部分信息，而组间信息无法流通，因此使用通道混洗(channel shuffle)来打破组间隔阂，解决信息流通问题。

3. 知识迁移

神经网络模型压缩的思路是减小模型的体量，但往往小模型的精度与大模型的精度相比会下降。知识迁移的方法通过从大模型学到的知识指导小模型的训练，提升小模型的性能。文献[23]提出知识蒸馏(knowledge distillation，KD)的概念，构建了一种教师-学生网络，将学生模型的优化目标分为两部分：一部分是学生模型的硬目标，即学生模型输出的类别概率与真值的交叉熵；另一部分是学生模型与教师模型的软目标，即计算两个模型输出的类别概率交叉熵。将这两个优化目标进行组合，可以使学生模型模仿教师模型输出的概率分布，让学生模型在训练中的信息更丰富，从而提高学生模型的性能。

文献[24]认为仅通过让学生模型在输出端模仿教师模型的方法，来训练深层神经网络比较困难，FitNet 模型在网络中间层添加监督信号，先训练学生模型的前半部分参数，让网络中间层的输出也尽可能一致，再使用知识迁移的方法训练全体参数。文献[25]希望让学生模型模仿教师模型层与层之间的关系，通过层与层之间的内积定义教师和学生网络的层间关系，即 FSP(flow of solution procedure)矩阵，优化目标为教师与学生网络对应层之间 FSP 之差的 $L2$ 范数。文献[26]将知识迁移作为域自适应问题，通过匹配教师模型和学生模型特征图的激活分布实现知识迁移，使用最大平均差异(maximum mean discrepancy，MMD)定义损失函数，通过与其他知识迁移方法的结合可以达到很好的效果。

综上所述，神经网络模型压缩方法可以有针对性地去除参数的冗余，但仅针对特定的 CNN 且有很强的硬件环境依赖性[27]。与此同时，新型的网络结构层出不穷，需要一种能够广泛应用于不同神经网络，并且可以在各种硬件环境中部署的高效模型压缩方法。

5.2 网络模型的压缩策略

5.2.1 低秩近似

一个典型的 CNN 卷积核是一个 4D 张量，而全连接层也可以当成一个 2D 矩阵，低秩分解同样可行。这些张量中可能存在大量的冗余。所有近似过程都是逐层进行的，在一个层经过低秩滤波器近似之后，该层的参数就固定了，而之前的层已经用一种重构误差标准微调过。这就是压缩 2D 卷积层的低秩方法，如图 5-1 所示。

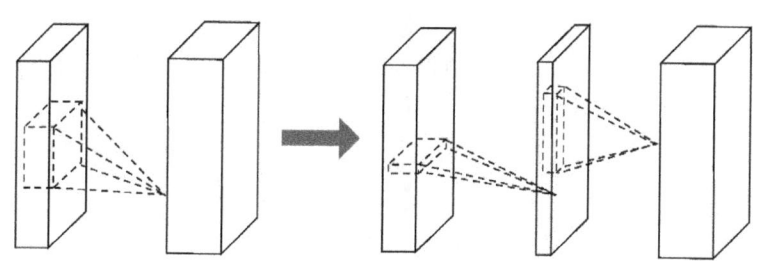

图 5-1 压缩 2D 卷积层的低秩方法

使用低阶滤波器加速卷积的时间已经很长了，例如高维离散余弦变换(discrete cosine transform，DCT)和使用张量积的小波系统分别由 1D DCT 变换和 1D 小波构成。学习可分离的 1D 滤波器由 Rigamonti 等提出。Jaderberg 提出使用不同的张量分解方案，在文本识别准确率下降 1%的情况下可以实现 4.5 倍加速。

一种扁平结构将原始三维卷积转换为 3 个一维卷积，参数复杂度由 $O(XYC)$ 降低到 $O(X+Y+C)$，运算复杂度由 $O(mnCXY)$ 降低到 $O(mn(X+Y+C))$。

低阶逼近是逐层完成的。完成一层的参数确定后，根据重建误差准则对上述层进行微调。这是压缩二维卷积层的典型低秩方法。按照这个方向，Lebedev 提出核张量的典型多项式(canonical polyadic，CP)分解，使用非线性最小二乘计算。Tai 提出一种新的从头开始训练低秩约束 CNN 的低秩张量分解算法。它使用批量标准化(batch normalization，BN)转换内部隐层单元的激活。一般来说，CP 和 BN

分解方案都可以从头训练 CNN。

低秩方法适合模型压缩和加速，但是低秩方法的实现并不容易，因为它涉及计算成本高昂的分解操作。目前的方法都是逐层执行低秩近似，无法执行全局参数压缩，因为不同的层具备不同的信息。此外，分解需要大量的重新训练以达到收敛。

5.2.2　量化与二值网络

网络量化通过减少表示权重的比特数来压缩原始网络。Gong 等对参数值使用 K-means 量化。Vanhoucke 等使用 8 bit 参数量化，在准确率损失极小的同时实现大幅加速。Han 提出一套完整深度网络的压缩流程，首先修剪不重要的连接，重新训练稀疏连接的网络；然后使用权重共享量化连接的权重；最后对量化的权重和码本进行霍夫曼编码，进一步降低压缩率。三阶段压缩方法示意图如图 5-2 所示，包含修剪、量化和霍夫曼编码。修剪减少需要编码的权重数量，量化和霍夫曼编码减少每个权重编码的比特数。对于大部分元素为 0 的矩阵可以使用稀疏表示，进一步降低空间冗余，这种压缩机制不会带来任何准确率损失。

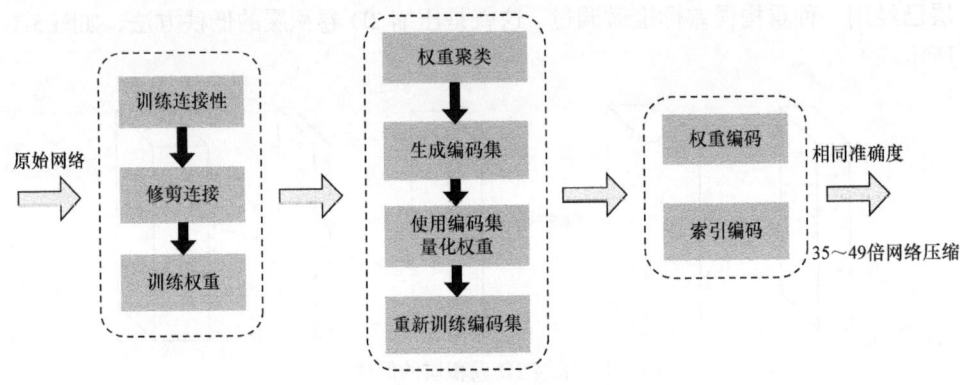

图 5-2　三阶段压缩方法示意图

在量化级较多的情况下，准确率能够较好地保持，对于二值量化网络的准确率在处理大型 CNN，如 GoogLeNet 会大大降低。此外，现有的二进制化方法都基于简单的矩阵近似，忽视了二进制化对准确率损失的影响。

5.2.3　剪枝与裁剪

网络剪枝和共享起初是解决过拟合问题的，现在更多地用于降低网络复杂度。早期应用的剪枝方法称为偏差权重衰减。研究表明，这种剪枝方法的精确度比基于重要性的剪枝方法(如权重衰减方法)更高。这个研究方向最近的一个趋势是在预先训练的 CNN 模型中修剪冗余的、非信息量的权重。在稀疏性限制的情况下，训练紧凑的 CNN 也越来越流行。这些稀疏约束通常作为 $L0$ 或 $L1$ 范数正则项在优化问题中引入。

剪枝和共享方法存在一些潜在的问题。首先，若使用 L0 或 L1 正则化，则剪枝方法需要更多的迭代次数才能收敛。此外，所有的剪枝方法都需要手动设置层的超参数，在某些应用中会显得很复杂。

5.3 基于残差结构的轻量化卷积模型

5.3.1 残差网络及其变体

1. 残差网络 ResNet[28]

神经网络的万能近似定理表明，一个前馈神经网络如果具有线性输出层，同时至少存在一层具有"挤压"性质激活函数(如 logistic、Sigmoid 激活函数)的隐藏层，那么只要给予神经网络足够数量的隐层单元，它就可以逼近任何从一个有限维空间到另一个有限维空间的博雷尔可测函数(Borel measurable function，BMF)。在实际情况下，很难保证训练算法能够完全学习到这个函数，这是因为随着神经网络层数的加深，模型会趋于饱和，如果再增加网络的深度反而会降低模型的性能，即退化。产生退化现象的原因既不是过拟合，也不是梯度消失和梯度爆炸，而是在前向传播的过程中，特征图所包含的信息会逐渐减少，限制了神经网络的深度不能太深。

为了解决这种问题，神经网络需要具备恒等映射的能力来保证下一层能够获取上一层的全部信息。这就是残差网络为何能够比其他模型深很多的原因。残差网络的基本模块如图 5-3 所示。

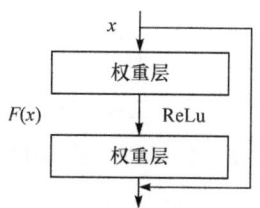

图 5-3 残差网络的基本模块

可以看出，残差网络最终的输出为 $H(x) = F(x) + x$。当 $F(x) = 0$ 时，恒等映射 $H(x) = x$。网络学习的目标是残差函数 $F(x) = H(x) - x$，它是输出与输入的残差。残差模块的提出可以使网络大大加深，ResNet 的层数可以达到 50 层。然而，更深层的网络会导致参数量过多，在基本残差模块的基础上，瓶颈(Bottleneck)结构被提出，可以进一步降低网络的参数量。基本残差模块与瓶颈结构如图 5-4 所示。

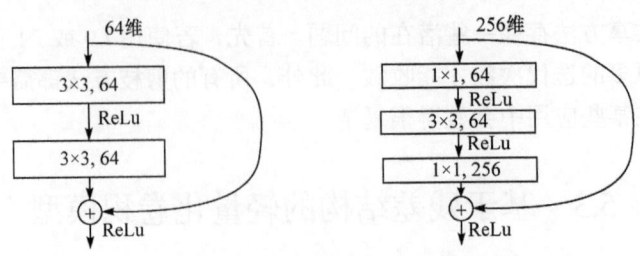

图 5-4 基本残差模块与瓶颈结构

瓶颈结构不同于基本残差模块的两个 3×3 卷积核，而是先使用 1×1 卷积核进行降维，然后经过 1 个 3×3 卷积核后再使用 1×1 卷积核进行升维，最终与跳跃连接得到的输出进行求和，可以大大降低深层残差网络的参数。带有瓶颈结构的残差网络深度可以达到 152 层，甚至更深，并且拥有更好的性能。

2. 残差网络的变体

残差网络的提出对深度神经网络的结构进行了一次革新，此后很多残差结构的变体陆续被提出。宽残差网络(wide residual network，WRN)[29]通过增加网络的宽度，即卷积核的数量来提升网络性能。其基本结构如图 5-5 所示。

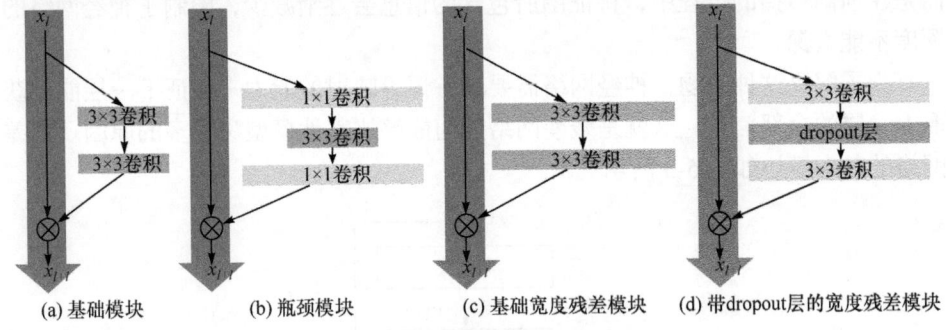

图 5-5 WRN 基本结构

基于残差结构的基本模块，WRN 提出一个加宽因子 k，即将网络宽度提升为原来的 k 倍，同时减少网络的深度，同样可以取得很好的效果，说明残差模块并不一定需要靠堆叠深度才有效。

ResNeXt[30]通过增加网络的分支数来提升性能，与 Inception 模块类似，本质上是使用分组卷积。ResNeXt 提出一个新的参数 Cardinality 来表示 ResNeXt 的分支数，即分组卷积模块中的分组数，并用 d 表示一个分支的宽度，进一步讨论残差结构的深度和宽度，以及分支数三个参数对性能的影响。结果表明，在同样复杂度的情况下，增加网络的分支数能够获得更好的网络性能，比增加深度和宽度更加有效。ResNeXt 网络模块如图 5-6 所示。

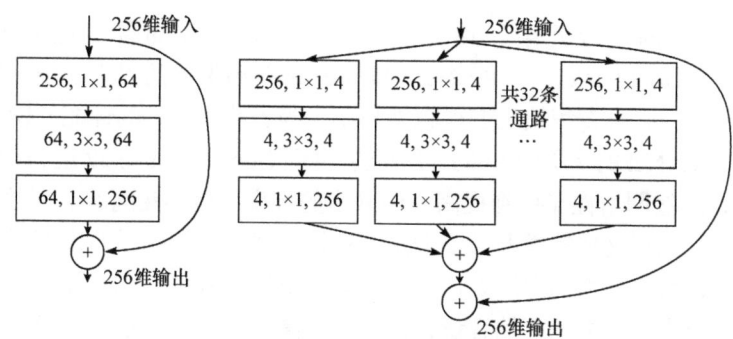

图 5-6　ResNeXt 网络模块[30]

DenseNet[31]对残差结构的跳跃连接进行了拓展，提出密集连接，让每一层都和前面的所有层连接。其结构如图 5-7 所示。

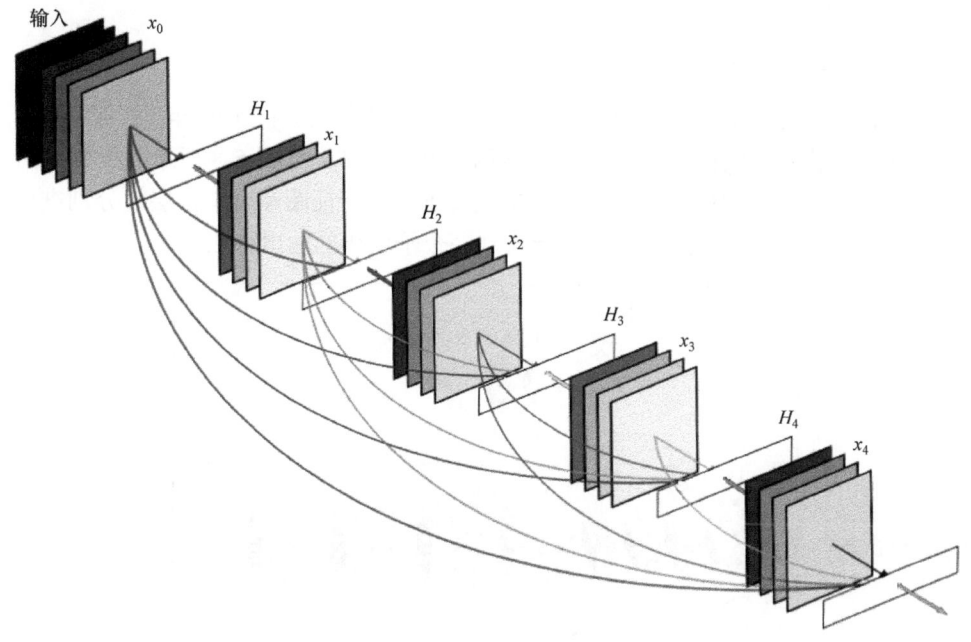

图 5-7　DenseNet 结构

这样设计的原因是在实验中随机丢弃残差网络的某些层后发现网络的泛化性能有所提升。这说明，网络中的某一层不仅依赖前面一层，还依赖更前面的一层，并且残差网络仅仅提取前一层的少量特征。因此，DenseNet 提出让网络每一层和前面的所有层都相连，同时让网络变窄以降低冗余性。

5.3.2　轻量化卷积模型的设计

在传统的 CNN 结构，如 AlexNet 中，全连接层构成大部分参数，这样的结构会产生大量的参数冗余，使神经网络很难训练和部署。近年来，随着 VGG-Net[32]、GoogLeNet[33]、ResNet、DenseNet 等新架构的提出，全连接层逐渐被卷积层取代，并且卷积核也变得越来越小。为了获得更好的性能，网络层数不断变深，从 AlexNet 的 7 层到 VGG 的 16 层，再到 GoogLeNet 的 22 层，直到 ResNet 的 152 层，虽然网络性能得到提高，但网络的效率仍然存在问题。深层 CNN 有大量的参数，保存这样的模型需要大量的存储空间，并且这样的模型运行一次的计算量很大，需要强大的图形处理芯片才能保证运行效率。在实际应用中，设备往往不具备很强的算力和存储容量，而且有很高的实时性需求，导致神经网络模型无法部署。

针对这样的问题，通常需要对训练好的模型进行压缩，减小模型的参数和计算量。同时还有另一种方法，就是设计更加高效的网络结构，减小网络参数量的同时不牺牲网络的性能，于是出现许多轻量级的卷积网络。

1. 高效的卷积结构

SqueezeNet[19]由伯克利大学和斯坦福大学的团队发表于 2017 年，主要创新点是提出 fire 模块。它由压缩层和扩张层两个部分组成，如图 5-8 所示。压缩层由 1×1 卷积核组成，对输入进行压缩，生成降维后的特征图经过扩张层，分别进行 1×1 和 3×3 卷积，并将结果进行连接得到一个子模块的输出特征图。

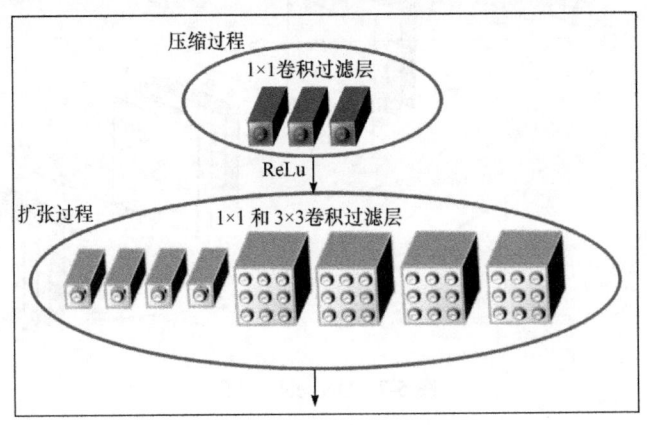

图 5-8　SqueezeNet 的子模块

SqueezeNet 首先进行一层卷积，然后经过三个子模块进行一次最大池化，经过四个 fire 模块进行第二次最大池化，再经过一个子模块和一个卷积层进行全局平均池化，最后输出 Softmax 的分类结果。SqueezeNet 经过深度压缩后的模型具有 AlexNet 级别的性能，而参数量却相对很少，是非常成功的轻量化模型。

MobileNet[20]模型由 Google 团队发表于 2017 年，是专门为移动终端设计的卷积模型。其主要创新点是使用深度可分离卷积代替传统卷积，如图 5-9 所示。深度可分离卷积可以理解为一种特殊的分组卷积，它首先将每一个通道分为一组，然后进行逐点卷积，将深度可分离卷积的输出进行串联，弥补组间信息隔阂造成的信息流通不畅的问题。深度可分离卷积可将模型的参数量降为原来的 1/9 左右。MobileNet 模型一共有 28 层，其中包含 13 个深度可分离卷积层。

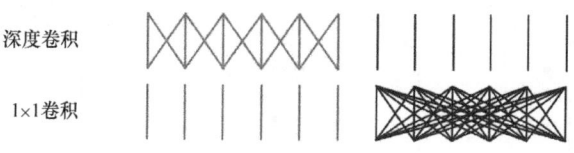

图 5-9 深度可分离卷积

ShuffleNet[22]模型由 Face++团队于 2018 年发表，是针对移动终端设计的。其核心设计思想是打乱不同的通道，解决分组卷积的缺陷。传统的卷积是在所有的输入通道上进行卷积，也称作全通道卷积，是一种通道密集链接的方式。分组卷积对输入进行分组，采用不同的卷积核对各个组进行卷积，降低卷积的计算量，可以看成一种通道稀疏连接的方式。MobileNet 采用的深度可分离卷积就是一种特殊的分组卷积，其分组数恰恰等于通道数。这意味着，每个分组只存在一个特征图。然而，这些网络使用大量的 1×1 逐点卷积，使通道维度上的卷积十分密集。虽然这样的操作使不同分组之间的通信成为可能，但是却占据非常大量的运算。ShuffleNet 为了解决这个问题，提出通道混洗(图 5-10)。通道混洗将分组卷积之后的特征图通道均匀地打乱，可以解决信息流通问题，提升模型的性能。

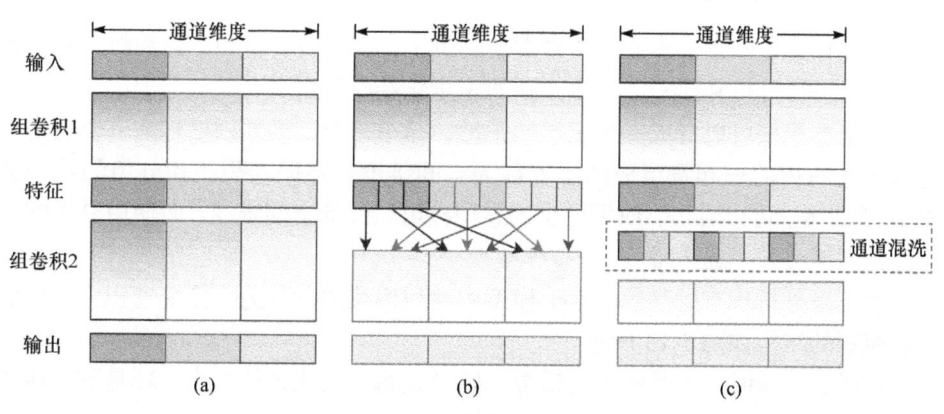

图 5-10 通道混洗[22]

基于以上设计理念,基于残差结构构造的 ShuffleNet 基本结构如图 5-11 所示。图 5-11(a)表示一个残差结构,首先经过一个 1×1 卷积,然后进行 3×3 的深度卷积,再接一个 1×1 卷积,加上跳跃连接,构成了一个瓶颈结构。在此基础上,图 5-11(b)

将密集的 1×1 卷积替换为分组卷积，然后再接一个通道混洗的操作。图 5-11(c) 将深度可分离卷积的步长变为 2，但此时通道数增加，特征图变小，使输入与输出不匹配，因此加入一个步长为 2 的 3×3 平均池化，得到和输出大小一样的特征图，再使用连接操作。这样可以避免使用 1×1 卷积，减少参数和计算量。

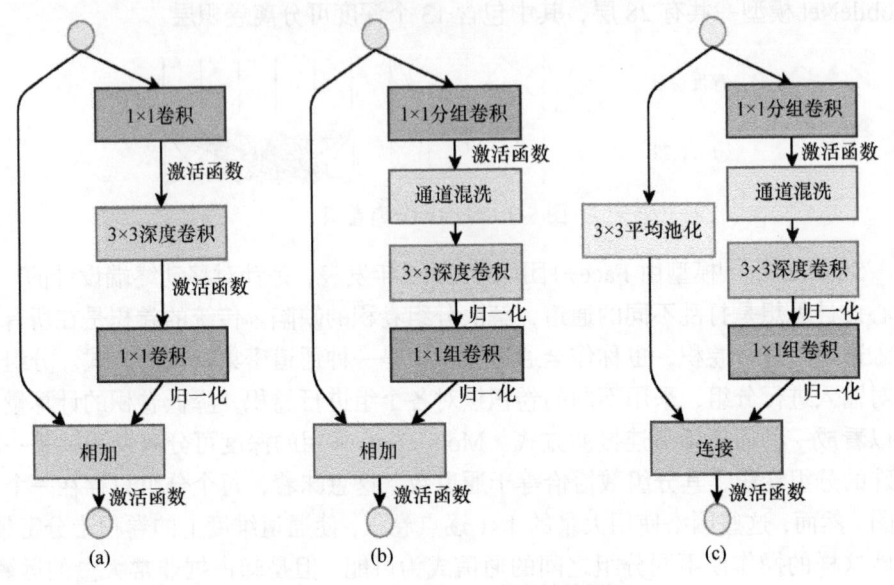

图 5-11　ShuffleNet 基本结构[22]

2. 设计轻量化卷积模型

上述轻量化网络大多使用两种类型的思想，即分组卷积和小卷积核。本节对这些方法进行分析和比较，并提出新的轻量化卷积模型。

一组卷积核可以看成一个三维的张量，其中一个二维卷积核称为一个通道，而这个卷积核的长和宽组成的维度称为空间维度。不同卷积核和分组的结构如图 5-12 所示。可以看出，使用更小的卷积核可以降低空间维度，而使用更多的分组卷积则能够减小通道维度。

接下来分析现有的高效 CNN 模型中卷积模块的参数量。传统卷积、分组卷积和瓶颈的结构如图 5-13 所示。

在图 5-13(a)中，N 是输入通道数，$K×K$ 是每个卷积核的大小，M 是输出通道数，传统卷积点的参数量。

减少参数的第一种方法是将每个卷积分成 G 组(图 5-13(b))。分组卷积的参数量为 NK^2M/G，与标准卷积相比，这种操作使参数量减少 $1/G$。然后，在分组卷积后使用 1×1 逐点卷积提供一些跨组混合，这具有 M^2 个参数。此方法已在 AlexNet、ResNeXt、Inception 和 ShuffleNet 中使用。

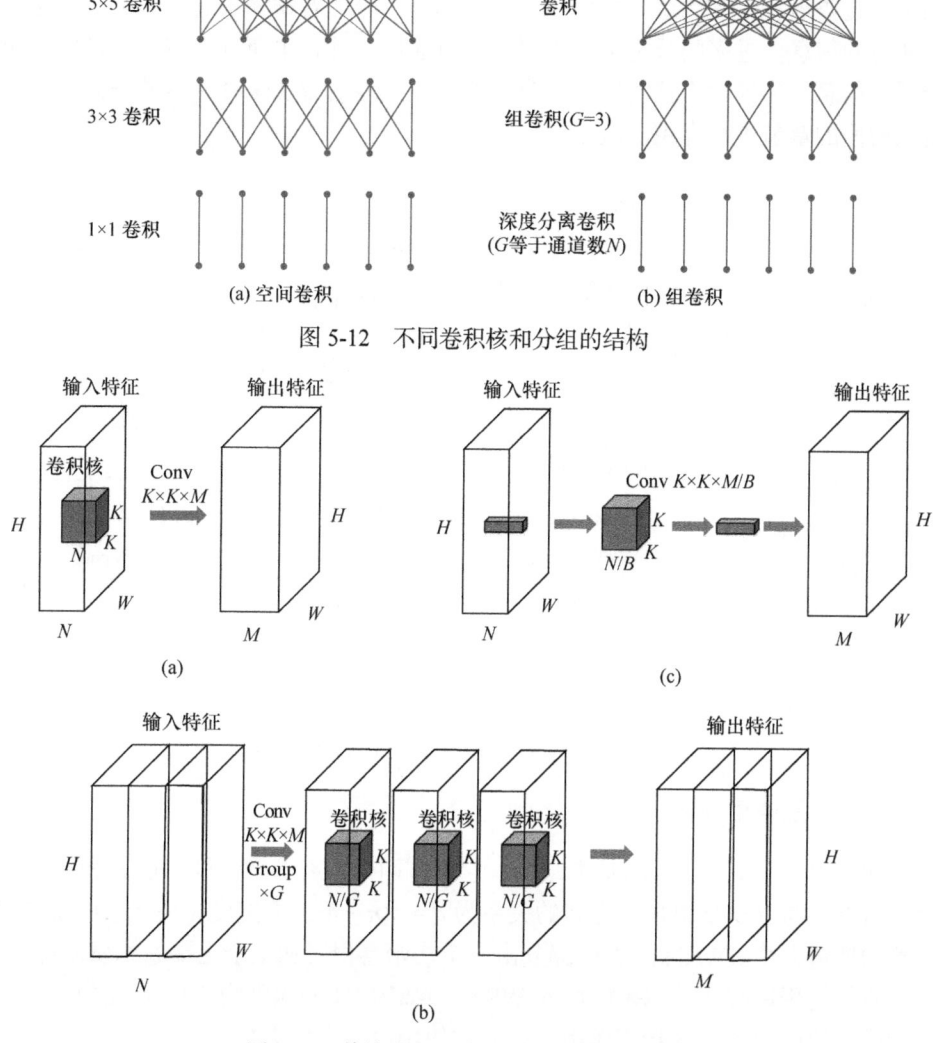

图 5-12　不同卷积核和分组的结构

图 5-13　传统卷积、分组卷积和瓶颈的结构

第二种方法是在 ResNet 中引入瓶颈结构(图 5-13(c))。第一个 1×1 逐点卷积将输入通道维数 N 减小为 N/B，然后执行 $K×K$ 卷积，最后使用 1×1 逐点卷积恢复输出通道 M 的尺寸。总参数量为 $NK^2M/B^2+N^2/B+M^2/B$。

可以看出，以上两种方法都使用组卷积和 1×1 逐点卷积来压缩参数。基于此思想，本章提出新的轻量化卷积结构 KENet。首先，将 1×1 分组卷积用于降维，然后执行 3×3 组卷积，最后使用 1×1 逐点卷积恢复输出通道的尺寸。它的参数量为 $N^2/GB+NK^2M/GB^2+M^2/B$。

　　不同体系结构的比较如图 5-14 所示。在设计网络体系结构时，使用分组卷积和 1×1 逐点卷积是减少参数的常用方法。但是，分组卷积和小卷积核将丢失空间和通道的信息。过多的分组会大大降低运行速度，并且由瓶颈架构导致的降维也会丢失信息。为了解决这些问题，有必要采用其他的方法来补充这些信息。我们将在后面的章节进行介绍。

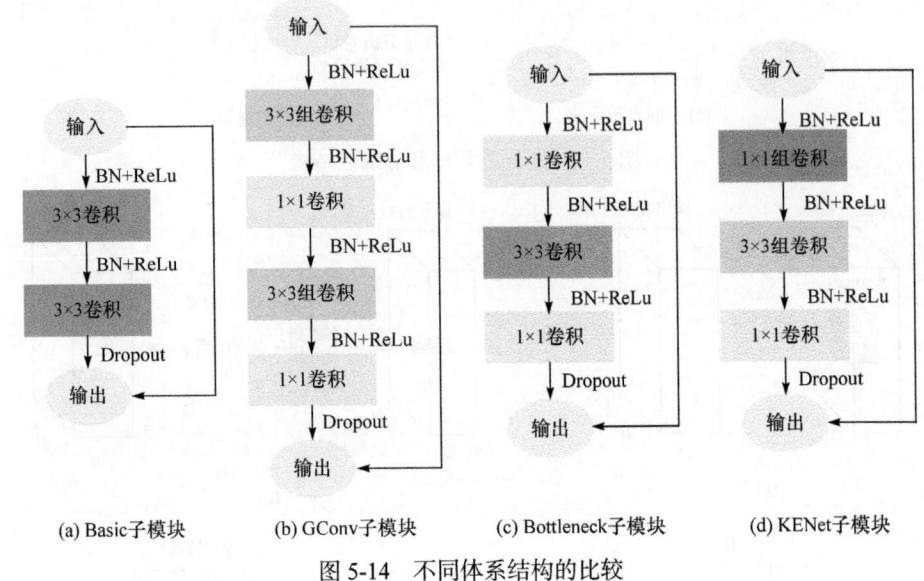

(a) Basic子模块　　　　　(b) GConv子模块　　　　　(c) Bottleneck子模块　　　　(d) KENet子模块

图 5-14　不同体系结构的比较

5.3.3　实验及结果分析

　　我们以 WRN 为实验的基本结构。它具有两个主要参数，即深度 d 和宽度 k，其中深度 d 与卷积模块数 n 之间的关系为 $d = 6(n + 4)$，而宽度 k 决定这些块中滤波器的通道大小。WRN 的卷积部分由一个初始卷积层和三个主要卷积模块组成。

　　我们使用带有标准残差模块的 WRN-40-2(WRN 的深度为 40，宽度为 2)。每个标准模块由两个 3×3 卷积核组成。我们使用以下模块进行对比实验。

　　① 分组卷积模块，命名为 GConv(G)，其中分组大小 G 为 $\{2, 4, 8, 16\}$，探索不同分组大小的模型结构。

　　② 具有 2 倍通道收缩的瓶颈模块，称为 Bottleneck(B)，其中 $B = 2$ 是通道收缩倍数。

　　③ 设计 KENet(G, B)，将瓶颈结构与分组卷积结合在一起。我们使用 $B = 2$ 且分组大小 G 为 $\{2, 4, 8, 16\}$。

　　不同卷积模块的计算成本如表 5-1 所示。

表 5-1　不同卷积模块的计算成本

卷积模块	卷积类型	结构	计算复杂度
Basic	Conv 3×3 Conv 3×3	WRN-40-2	2238.6×10^3
GConv(G)	GConv 3×3 Conv 1×1 GConv 3×3 Conv 1×1	GConv (2)	1357.4×10^3
		GConv (4)	813.1×10^3
		GConv (8)	541.0×10^3
		GConv (16)	404.9×10^3
Bottleneck(B)	Conv 1×1 Conv 3×3 Conv 1×1	Bottleneck (2)	430.5×10^3
KENet(G, B)	GConv 1×1 GConv 3×3 Conv 1×1	KENet (2, 2)	257.6×10^3
		KENet (4, 2)	170.2×10^3
		KENet (8, 2)	126.6×10^3
		KENet (16, 2)	104.7×10^3

可以看出，仅通过分少量的组进行卷积可以显著压缩网络参数，而无须进行深度可分离的卷积(G =通道数)。同样，具有 2 倍通道收缩的瓶颈结构可以实现 5 倍参数压缩。结合瓶颈结构和分组卷积的 KENet 可以将参数压缩 10~20 倍。

Cifar 是评估神经网络分类性能的典型评估数据库，由 Krizhevsky、Nair 和 Hinton 收集而来。最初的数据集共分 10 类，分别为飞机、汽车、鸟、猫、鹿、狗、青蛙、马、船和卡车，命名为 Cifar10，共包含 60000 张 32×32 的彩色图像，其中有 50000 张训练图片和 10000 张测试图片，相互之间没有重叠。此后，数据集扩展为 100 类，每个类由 600 张图片组成，其中 500 张图像用于训练，100 张图像用于测试。Cifar100 将 100 个类别分成 20 个大类。每张图像都有一个粗糙的标签(该图像所属的大类)和一个精细的标签(该图所属的小类)。

实验训练了三种类型的轻量化神经网络(GConv、Bottleneck 和 KENet)，它们都是从基础网络 WRN 进行改进得到的。这些网络的性能将在 Cifar10 和 Cifar100 数据集上得到验证。我们使用 Top-1 错误率作为评估标准。

为了进行训练，实验使用 4 个 GPU，它们的批处理大小为 128。使用 SGD 对网络进行 200 个周期的训练，其动量固定为 0.9，初始学习率为 0.1。每 60 个迭代将学习率降低 20%。不同结构在 Cifar 数据集上的测试误差如表 5-2 所示。

表 5-2　不同结构在 **Cifar** 数据集上的测试误差

数据集	网络结构	Top-1 错误率/%
Cifar10	WRN-40-2	4.79
	GConv(2)	5.30
	GConv(4)	5.50
	GConv(8)	5.92
	GConv(16)	6.65
	Bottleneck(2)	6.36
	KENet(2, 2)	7.14
	KENet(4, 2)	7.82
	KENet(8, 2)	8.40
	KENet(16, 2)	8.78
Cifar100	WRN40-2	23.85
	GConv(2)	25.94
	GConv(4)	26.20
	GConv(8)	26.49
	GConv(16)	28.85
	Bottleneck(2)	28.27
	KENet(2, 2)	29.86
	KENet(4, 2)	30.75
	KENet(8, 2)	31.29
	KENet(16, 2)	32.02

可以看出，KENet 的参数远少于其他网络结构，这会导致准确性下降。因此，需要采用其他的方法来提升 KENet 的性能。

5.4　面向轻量化模型的知识迁移方法

5.4.1　基于注意力的知识迁移模型

知识迁移[23]是一套比较通用的模型压缩方法。早期 Hinton 提出知识蒸馏以来，模型压缩方法主要是将训练好的复杂的教师网络知识传递给一个参数量小、学习能力较差的学生网络，为学生提供额外的监督信号，从而使训练结果更好。为了让学生模型接近教师模型，需要让学生模型的 Softmax 分布与真实标签相匹配的同时，还要在给定输入下，让学生模型与教师模型的 Softmax 分布相匹配。

我们可以理解为，经过训练后的教师模型的 Softmax 分布含有一定的知识，并且对于真实标签是额外的、潜在的知识(dark knowledge)。知识在这里定义为

$$q_i = \frac{\exp(z_i / T)}{\sum_j \exp(z_j / T)} \tag{5-1}$$

即在 Softmax 函数中引入一个温度参数 T 作为软目标，当 T 趋于 0 时，Softmax 输出一个 one-hot 向量，当 T 很大时，Softmax 的输出更"软"，学生与教师的输出分布更加接近。于是，在训练模型时使用较高的 T 来更好地匹配教师与学生的输出，在预测时设 $T=1$。这种先让 T 升高再恢复的过程和蒸馏的过程有异曲同工之妙，所以称知识蒸馏。

为了解决深度网络优化难的问题，FitNet[24]使用一个宽而浅的教师网络来训练一个窄而深的学生网络，如图 5-15 所示。在知识迁移的基础上，FitNet 在中间隐藏层添加额外的监督信号，从教师网络的中间层选取提示层(hint layer)，同时从学生网络的中间层选取指导层(guided layer)，并让指导层与提示层的输出尽可能地接近。

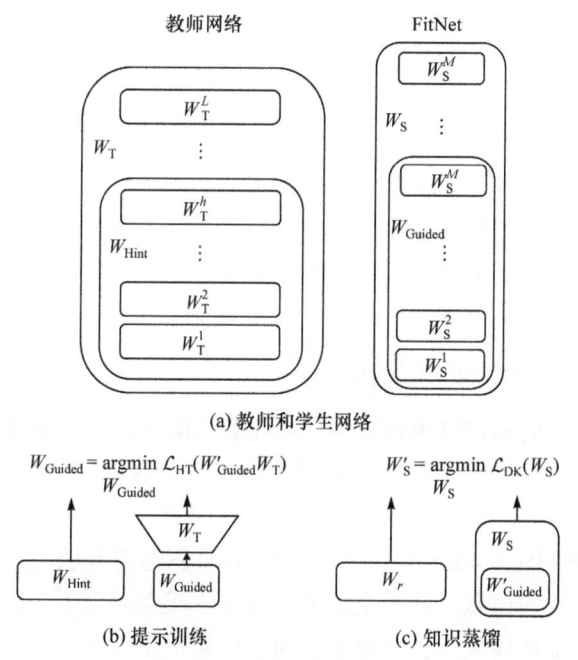

图 5-15 FitNet 结构[24]

知识迁移模型的关键是如何定义知识，而知识可以定义为一种注意力机制。注意力可以分为空间注意力和通道注意力。这两种注意力可以从教师网络中提取出来，一并传递给学生网络，让学生网络在相应位置的激活分布能够模仿教师网

络在该位置的激活分布，最终达到知识迁移的目的(图 5-16)。

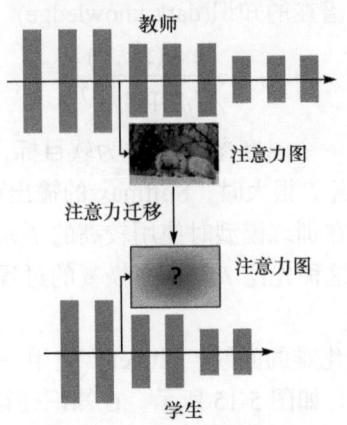

图 5-16　基于注意力的知识迁移

注意力迁移通过激活图在中间层的一些注意点测量学生与教师之间的距离。其损失函数定义为

$$\mathcal{L}_{\mathrm{AT}} = \mathcal{L}(\sigma(s), x) + \frac{\beta}{2} \sum_{i=1}^{N} \left\| \frac{F(A_i^s)}{\left\| F(A_i^s) \right\|_2} - \frac{F(A_i^t)}{\left\| F(A_i^t) \right\|_2} \right\|_p \tag{5-2}$$

其中，s 和 t 为学生和教师；$\sigma(\cdot)$ 为 Softmax 函数；$\mathcal{L}(\sigma(\cdot), x)$ 为标准交叉熵损失；i 为从教师和学生中选取的激活层，$i = 1, 2, \cdots, N$；A_i^t 和 A_i^s 分别表示教师和学生的激活特征；F 为注意力映射函数，将三维的注意力激活张量映射为二维注意力激活图；β 为超参数；p 为范数类型，这里令 $p = 2$。

5.4.2　面向轻量化模型的知识迁移方法

上述章节定义的知识仅将特征图视为注意力激活，并未完全探讨注意力的本质。下面重新定义注意力激活图，以便更好地迁移像 KENet 这类的轻量化卷积网络。

给定激活特征图 $A_i \in \mathrm{R}^{H \times W \times C}$，首先使用特征图通道间的关系生成通道维度的知识。为了聚合空间信息，采用全局平均池化生成空间上下文描述符。然后，将描述符输入一个全连接网络，生成基于通道的知识 $K_c \in \mathrm{R}^{1 \times 1 \times C}$。计算过程为

$$K_c(A_i) = \sigma(\mathrm{FC}(\mathrm{Pool}(A_i))) \tag{5-3}$$

同时，利用特征图的空间关系生成空间知识。类似于通道知识，首先沿通道轴使用平均池化操作生成有效的特征描述符，然后输入一个卷积层产生空间知识 $K_s \in \mathrm{R}^{H \times W \times 1}$，即

$$K_s(A_i) = \sigma(\mathrm{Conv}(\mathrm{Pool}(A_i))) \tag{5-4}$$

最后，基于这两种知识，对注意力激活张量的知识进行增强，并生成增强后的激活特征 $E_i \in \mathrm{R}^{H \times W \times C}$，即

$$E_i = K_s(A_i) \otimes K_c(A_i) \otimes A_i \tag{5-5}$$

其中，$\otimes$ 为逐元素乘法。

为教师和学生分别生成知识增强的注意力激活图。结合传统的知识蒸馏方法，损失函数修改为

$$
\begin{aligned}
\mathcal{L}_{\mathrm{KE}} &= \mathcal{L}_{\mathrm{KD}} + \mathcal{L}_{\mathrm{AT}}(E_i) \\
&= \alpha\mathcal{L}(\sigma(s),x) + 2(1-\alpha)T^2\mathcal{L}\left(\sigma\left(\frac{t}{T}\right),\sigma\left(\frac{s}{T}\right)\right) + \frac{\beta}{2}\sum_{i=1}^{N}\left\|\frac{F(E_i^s)}{\|F(E_i^s)\|_2} - \frac{F(E_i^t)}{\|F(E_i^t)\|_2}\right\|_p
\end{aligned} \tag{5-6}
$$

其中，α 为用于控制比例的超参数；T 为温度参数。

增强后的注意力激活图由知识增强模块生成。知识增强模块如图 5-17 所示。知识增强模块输出的激活图比原来的激活图更有效，改进了基于注意力的知识迁移方法。

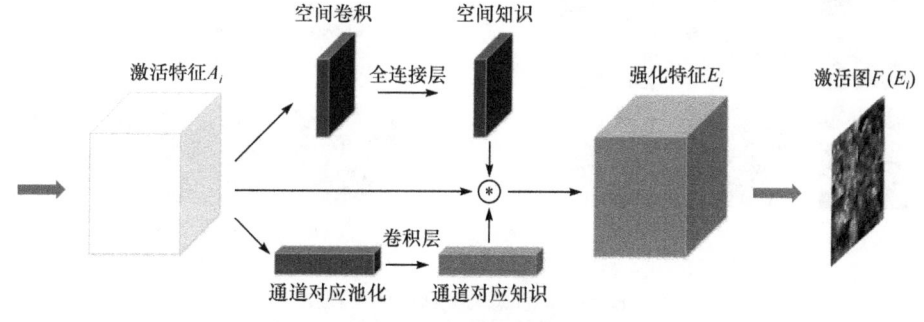

图 5-17　知识增强模块

注意力激活图的可视化如图 5-18 所示。不难发现，在使用我们提出的知识增强模块后，网络更倾向于关注有用的区域。换句话说，通过增强空间知识和通道知识，我们提出的方法使网络的注意力更加集中，可以提高网络性能。

5.4.3　实验结果及分析

1. Cifar 图像分类实验

本节使用图像分类实验对知识迁移的性能进行评估。在实验中，训练三种类型的学生网络(GConv、Bottleneck 和 KENet)，它们是从同一教师网络中提炼出来的。与之前的实验类似，将在 Cifar10 和 Cifar100 数据集上进行图像分类实验，

并使用 Top-1 错误率作为评估标准。

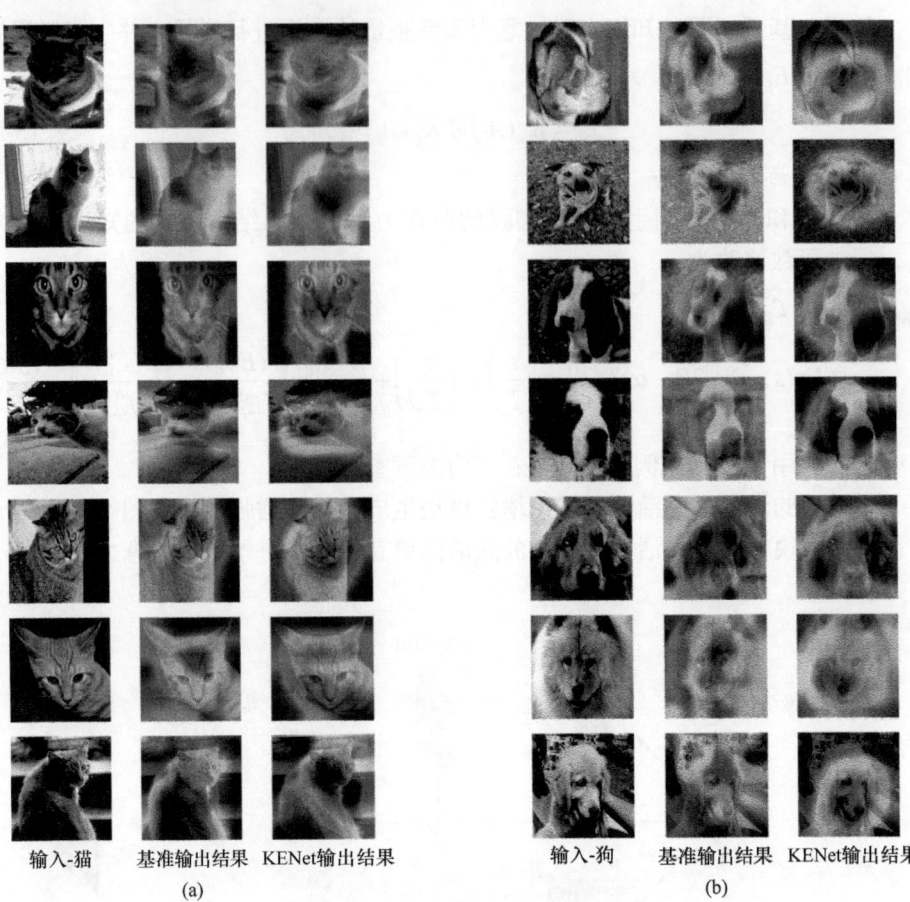

输入-猫　　　基准输出结果　　KENet输出结果　　　　　输入-狗　　　基准输出结果　　KENet输出结果
(a)　　　　　　　　　　　　　　　　　　　　　　(b)

图 5-18　注意力激活图的可视化

　　本书将提出的知识增强方法与知识蒸馏、注意力迁移进行了比较。在没有任何知识迁移方法的情况下，以训练的模型为基准，证明良好的性能来自知识迁移方法。同样，实验使用 4 个 GPU，批处理样本大小为 128，使用 SGD 对网络进行 200 个周期的训练，动量固定为 0.9，初始学习率设为 0.1。每 60 个迭代将学习率降低为原来的 1/5。对于知识蒸馏，令 $\alpha = 0.9$、$T = 4$、$\beta = 1000$。这些参数与知识增强模块中使用的参数相同。

　　如表 5-3 和图 5-19 所示，使用本书提出的知识增强方法训练学生模型的表现明显优于知识蒸馏、注意力机制和直接训练。研究表明，注意力迁移往往优于传统知识蒸馏，实验结果也证实了这一结论。在某些情况下，传统的知识蒸馏并不是一个好的框架。知识增强方法可以作为更好的知识迁移模型。当 KENet 作为学生并使用知识增强作为知识迁移模型时，能够实现有效的模型压缩，并且精度损失很小。

表 5-3　不同知识迁移方法在 Cifar 数据集上的测试误差

数据集	网络结构	基准/%	知识蒸馏/%	注意力机制/%	知识增强/%
Cifar10	WRN-40-2	4.79	—	—	—
	GConv(2)	5.30	5.37	4.97	4.87
	GConv(4)	5.50	5.81	5.04	5.00
	GConv(8)	5.92	5.72	5.08	5.05
	GConv(16)	6.65	6.38	5.44	5.13
	Bottleneck(2)	6.36	6.28	5.59	5.37
	KENet(2, 2)	7.14	6.36	5.91	5.57
	KENet(4, 2)	7.82	6.68	6.73	6.58
	KENet(8, 2)	8.40	7.38	7.05	6.83
	KENet(16, 2)	8.78	8.21	7.99	7.76
Cifar100	WRN40-2	23.85	—	—	—
	GConv(2)	25.94	24.92	24.86	24.45
	GConv(4)	26.20	25.48	25.36	25.30
	GConv(8)	26.49	26.64	25.94	25.71
	GConv(16)	28.85	27.10	26.73	26.34
	Bottleneck(2)	28.27	28.08	27.36	26.68
	KENet(2, 2)	29.86	29.83	28.28	27.61
	KENet(4, 2)	30.75	32.32	29.54	28.43
	KENet(8, 2)	31.29	36.06	30.42	29.64
	KENet(16, 2)	32.02	40.66	31.03	30.28

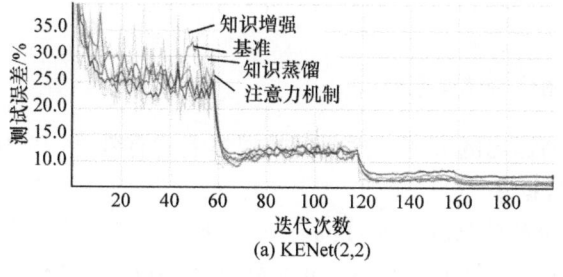

(a) KENet(2,2)

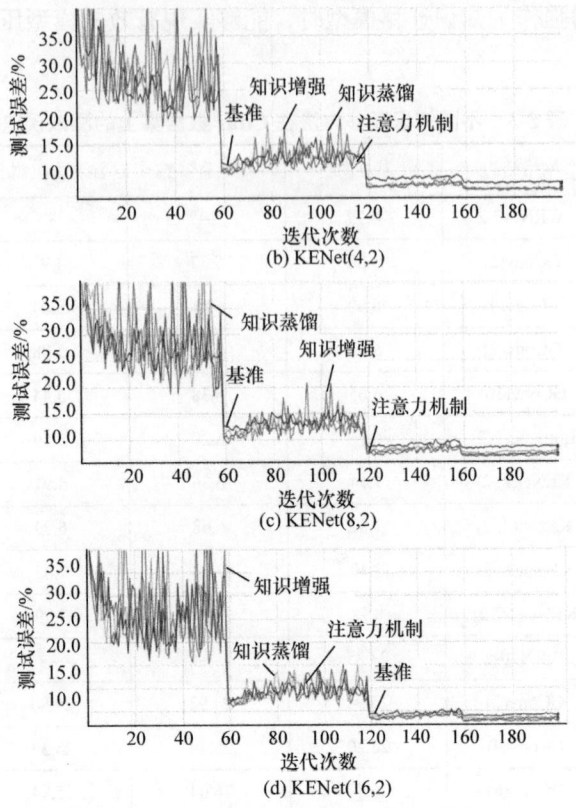

图 5-19　KENet 在 Cifar10 上的测试误差

　　KENet 的参数远少于老师和其他学生，会导致准确性下降。由于知识增强模型提供空间和通道信息，通过知识增强方法训练的 KENet 准确性可与其他学生相差无几。通过知识增强训练的学生模型测试误差低于其他学生，这表明知识增强方法具有稳定收敛性和鲁棒性的优点。

　　Cifar 数据集上的实验结果表明，通过使用特定的轻量级卷积结构和知识迁移模型可以实现有效的模型压缩，将它们组合在一起可以在复杂性和准确性之间进行有效的平衡。

　　2. ImageNet 图像分类实验

　　为了验证本书提出的方法在大规模数据集上的有效性，实验使用 ImageNet 作为图像分类的数据集。

　　ImageNet 的前身是 WordNet。ImageNet 根据 WordNet 的结构和层次，建立了对应的图像数据集，为每个类别(synsets)提供平均 1000 幅图像，其中每个图像都是人为标注的，并且严格控制质量。目前，ImageNet 总共有一千四百多万幅图像，分为两万多个类别，大类别包括 amphibian、animal、appliance、bird、covering、device、fabric、fish、flower、food、fruit、fungus、furniture、geological formation、invertebrate、mammal、musical instrument、plant、reptile、sport、structure、tool、tree、utensil、vegetable、vehicle、person。

ImageNet 大规模视觉识别挑战赛(ImageNet large scale visual recognition challenge，ILSVRC)从 2010 年开始，到 2017 年截止。比赛项目包括图像分类、目标定位、目标检测、视频目标检测、场景分类、场景解析。ILSVRC 用到的数据只是 ImageNet 数据集的一部分。

本节实验使用 ResNet-50 作为老师，仍然使用三个知识迁移模型训练网络。实验将具有 KENet 架构的学生网络与具有 ResNet 且具有分组架构的学生网络进行比较，其中 KENet(G, B)模块表示使用分组大小为 $4(G = 4)$和 4 倍的通道收缩$(B = 4)$。实验在 8 个 GPU 上使用 SGD 进行 100 个周期的训练，权重衰减为 0.0001，动量为 0.9，学习率初始化为 0.1，并且每 50 次迭代衰减 10 倍。选择 Top-1 误差率评估效果。

不同知识迁移方法在 ImageNet 数据集上的测试误差如表 5-4 所示。可以看出，KENet 模型的精度优于其他模型，并且复杂度较低。经过本书提出的知识增强模型进行知识迁移后，可以显著提高每种模型的性能。结合这两种方法(KENet 和知识增强模型)，可以在大规模数据集上拥有很好的性能。

表 5-4　不同知识迁移方法在 ImageNet 数据集上的测试误差

网络模型	规模/MB	基准/%	知识蒸馏/%	注意力机制/%	知识增强/%
ResNet-50	25.5	22.95	——	——	——
ResNet-18	11.7	30.17	29.57	29.18	28.72
ResNet-34-G(4)	8.1	26.07	25.96	25.68	25.43
KENet-26(4, 4)	3.2	26.31	26.20	25.78	25.27

5.5　驾驶环境下的实时目标检测方法

本节将知识增强引入 SSD 模型，提出基于知识迁移的实时目标检测模型 KENet。首先，介绍几种实时目标检测模型，并分析不同模型的优缺点。然后，选择单阶段目标检测模型 SSD 进行改进，基于知识迁移改进 SSD 的结构和损失函数，提出实时目标检测模型 KENet。实验表明，KENet 模型具有较高的检测精度和检测速度，同时具备准确性和实时性。

5.5.1　基于深度学习的目标检测模型

目标检测是计算机视觉领域的关键任务，也是实例分割、人脸识别、人体姿态估计等任务的基础。早期的目标检测算法主要使用人工设计的特征，例如 2001年 Viola-Jones 人脸检测器使用 Haar 特征，将图像中的某一个矩形区域分为白色和黑色两个部分，分别对两个部分像素点的灰度值求和。Haar 特征值就是白色部分像素点之和减去灰色部分像素点之和，如图 5-20 所示。

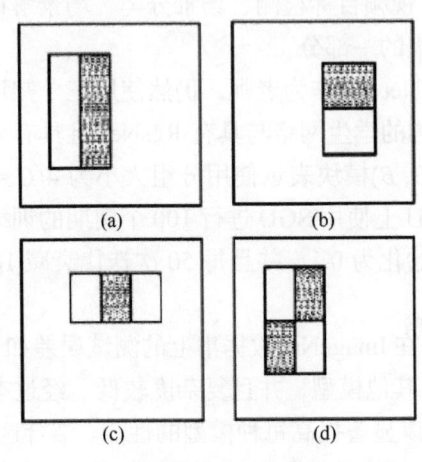

图 5-20　Haar 特征

Viola-Jones 检测器使用滑动窗口进行特征提取，采用 Adaboost 作为分类器，使用级联结构实现实时人脸检测。2005 年，Dalal 和 Triggs 提出方向 HOG 特征进行行人检测。首先，将图像分为小的网格，称为细胞(cell)，分别在每个细胞内计算单独的直方图，由多个细胞组成块(block)，对直方图进行归一化，形成 HOG描述子。然后，将检测框中的 HOG 描述子组合起来形成特征向量，送入 SVM 分类器进行行人检测。HOG 检测模型在行人检测任务中可以取得很高的精度，但是很难处理遮挡问题。为此，2007 年 Felzenszwalb 等提出可变形部件模型(deformable parts model，DPM)，将整体目标检测拆分为对目标的各个部件进行检测，然后将部件组合起来形成最终的目标检测结果。该方法可以用来检测形变的物体目标。

随着计算机硬件设备和算法的飞速发展，基于深度学习的算法性能得到很大的提升。由于 CNN 具有良好的特征提取能力，因此目标检测领域也出现基于 CNN的检测算法，并且性能超越传统的检测算法。CNN 代替人工设计特征的步骤，直接在模型中对输入图像进行特征提取和目标检测，成为目标检测领域的新范式。

1. 基于区域提取的目标检测算法

传统的目标检测主要分为三个步骤：第一步在输入图像上选择一些候选区域

对目标进行定位，第二步在这些候选区域上提取特征，第三步将特征输入分类器对目标进行分类。基于区域提取的方法将目标检测分两个阶段进行，首先对目标进行初步定位生成候选区域，即区域提取(region proposal)，然后在这个区域内进行特征提取和分类，并进行更精确的定位。因此，基于区域提取的目标检测算法也称为二阶段(two-stage)法。

R-CNN 模型由 Girshick 等[34]提出，是首个将 CNN 应用于目标检测的算法，也是首个基于区域提取的目标检测算法。R-CNN 模型由区域提取、特征提取、分类器和回归模型四个部分组成，如图 5-21 所示。首先，使用选择性搜索(selective search)算法将输入图像分割成小尺度的区域，并根据这些小区域进行合并，得到大约 2000 个有可能包含目标物体的候选区域，生成区域推荐框。然后，根据这些区域推荐框进行特征提取，将这些区域缩放到相同大小并输入到经过 ImageNet 预训练后的 CNN 中，生成对应的特征向量。同时，将这些特征向量输入到 SVM 中进行分类，判断这些区域中是否含有目标对象。最后，对目标的边界框进行回归，输出目标的类别和位置信息，完成目标检测。

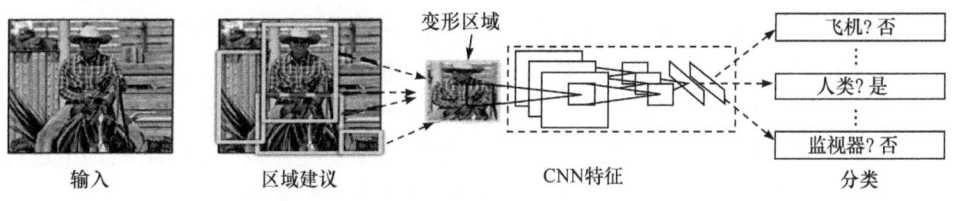

图 5-21　R-CNN 模型[30]

R-CNN 选取 AlexNet 作为特征提取网络，首先采用 ImageNet 训练一个分类模型，然后修改模型的最后一层，使用 PASCAL VOC 进行微调，取得 0.585 平均检测准确率(mean average precision，mAP)的检测精度。但是，R-CNN 仍然存在很多问题，首先选择性搜索非常耗时，而且每一个选择性搜索提取出来的候选区域都需要经过 CNN 进行特征提取，造成检测速度很慢；其次 CNN、SVM 和边框回归模型都需要单独训练，这使 R-CNN 模型训练十分困难和耗时。

为了解决这些问题，He 等[35]提出空间金字塔池化网络(spatial pyramid pooling network，SPP-Net)，由于当时的 CNN 需要固定输入图像尺寸，因此面对不同尺寸的图像时会影响识别的精度。通过引入空间金字塔池化的策略，能够对任意尺寸的图像产生固定尺度的表示。SPP-Net 模型如图 5-22 所示。这种池化操作使网络对于物体的形变具有鲁棒性，提升 CNN 的图像识别和检测性能。

R-CNN 耗时的一个主要原因是对一张图像需要提取 2000 多个候选区域，并反复使用 CNN 进行特征提取。SPP-Net 在目标检测时，只在一张图像上提取一次特征，然后在特征图上对每个候选区域使用空间金字塔池化。这样可以省去大量的特征提取步骤，加快模型的检测速度。

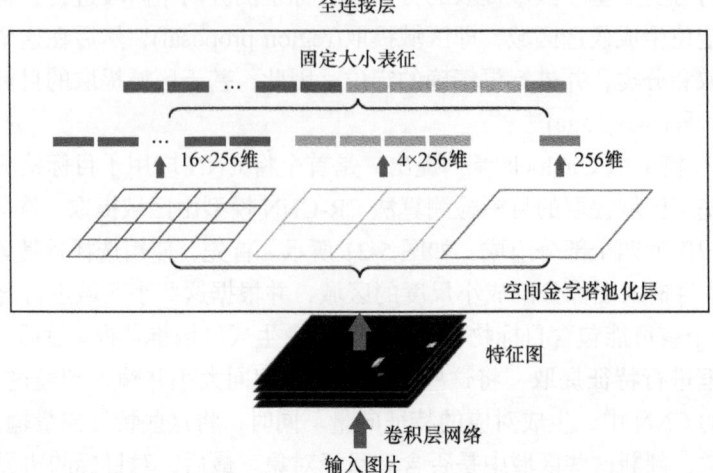

图 5-22　SPP-Net 模型[29]

2015 年，Girshick 对 R-CNN 进行了改进，提出 Fast R-CNN[36]。该模型借鉴了 SPP-Net 的思想，对空间金字塔池化进行改进，提出 ROI 池化，将不同尺度的特征图统一下采样到一个固定的尺度，进一步降低了运算量。此外，Fast R-CNN 将 CNN 特征提取和物体分类与边框回归等多个任务整合到一个网络结构中进行联合训练，并提出多任务损失函数，降低模型训练的难度和复杂度。

Fast R-CNN 可以在很大程度上提升检测性能和速度，但仍然没有实现端到端的目标检测，这是因为它采用选择性搜索来生成候选区域。2015 年，何凯明等提出 Faster R-CNN 算法模型[37]，使用 RPN 生成候选区域。RPN 使用 CNN 提取的特征作为输入，主要分为两个分支。第一个分支用来进行二分类，判断目标是正样本(前景目标)，还是负样本(背景)。第二个分支用来粗略地给出目标的边界框。然后，根据这两个分支的输出结果进行边界框回归，得到精确的候选区域。与选择性搜索算法生成的 2000 多个候选区域相比，RPN 只在 CNN 特征提取后生成少量的候选区域，既可以提升生成候选区域的质量，又可以提升检测效率。RPN 结构如图 5-23 所示。

Faster R-CNN 算法使用全卷积网络(fully convolutional network，FCN)对图像进行特征提取，然后使用 RPN 生成候选区域，ROI 池化生成统一尺度的候选区域特征向量，最后经过全连接层进行 Softmax 分类和边界框回归，输出目标检测结果。Faster R-CNN 算法是一个端到端的目标检测模型，输入图片数据后模型会自动完成特征提取和目标检测，输出结果，不需要人工干预。RPN 的提出使特征提取网络和 RPN 可以共享参数，大大提升模型的效率，在 VOC 数据集上可以实现 0.73mAP 的精度和 7 帧/s 的速度。

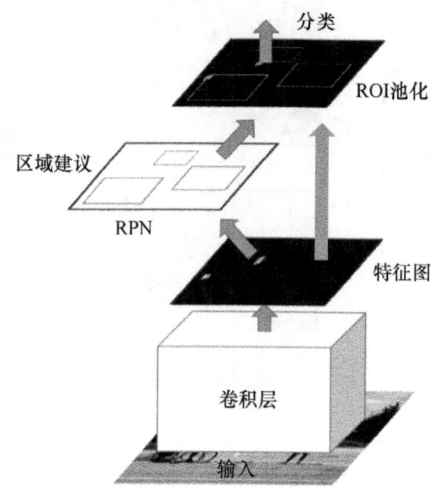

图 5-23　RPN 结构[31]

　　虽然 Faster R-CNN 算法取得了很大的进步，但是依然面临模型参数量大、计算成本高、检测效率低下的问题，无法达到实时目标检测，并且难以部署到资源受限的环境中。目标检测最重要的是边框回归，因此产生基于回归的单阶段目标检测模型。这类模型并没有采用区域提取的步骤，而是直接在原来的输入图像上进行边框回归，可以实现更加快速的实时目标检测。

　　2. 基于回归的目标检测算法

　　Redmon 等[38]提出 YOLO 模型(图 5-24)。其核心思想是把一幅图像输入一个完整的 CNN 模型，直接输出目标的类别和位置进行检测。具体地，YOLO 首先将输入图像分成相同大小的网格。每个网格负责检测中心点落在该网格内的目标。实际上，每个网格会预测数个目标边界框，同时包含边界框的置信度，即边界框内包含目标的概率，以及边界框位置的准确度。此外，每一个网格还需要给出包含目标的属于某个类别的概率。

　　YOLO 模型包含 24 个卷积层和 2 个全连接层，使用 CNN 进行特征提取，通过全连接网络预测结果。与基于区域提取的目标检测算法相比，YOLO 在整张图像上进行特征提取和检测，模型包含目标的上下文信息和位置信息，具有很好的泛化能力。标准的 YOLO 模型能够以每秒 45 帧/s 的速度进行检测，快速版本甚至能达到 150 帧/s，实现实时目标检测。

　　Redmon 等[39]对 YOLO 模型进行了一系列改进，即 YOLO v2。YOLO v2 在 YOLO 模型的基础上加入了批量归一化,并且采用更高分辨率的图像来训练网络。

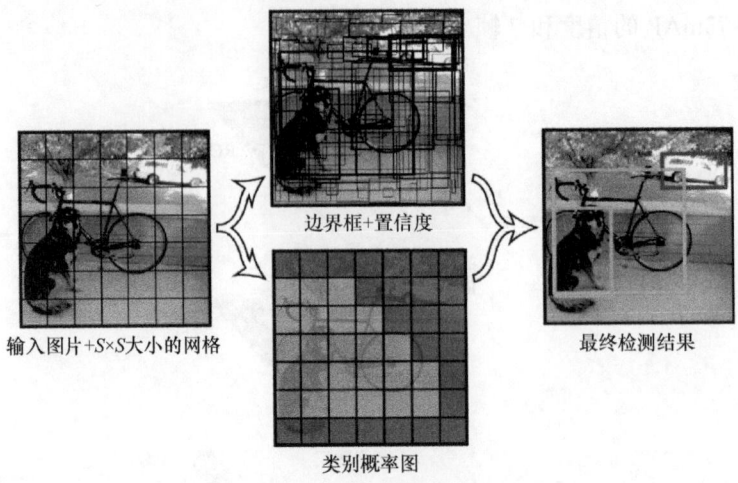

图 5-24　YOLO 模型

同时，YOLO v2 借鉴了 Faster R-CNN 算法的思想使用先验框，使用不同大小和宽高比的边框多尺度地覆盖检测区域，并采用聚类分析确定先验框的尺寸和个数。YOLO v2 使用 ImageNet 预训练模型作为主干网络，并在 COCO 数据集上训练检测模型，可以实现超过 9000 种类别的物体检测。YOLO v3[40]在 YOLO v2 的基础上进一步提升目标检测的精度，加强对小目标检测的性能。YOLO v3 提出 DarkNet 网络，借鉴残差网络 ResNet 的思想，在网络层中间加入跳跃连接，可以简化网络的训练难度，并使用多尺度的特征图，提升目标检测，尤其是小目标的检测精度。

SSD 模型是一种新的单阶段目标检测算法，在许多国际比赛中取得了很好的成绩。SSD 使用 CNN 进行特征提取和目标检测，舍弃了大参数量的全连接层，使模型更加轻量化。SSD 借鉴 Faster R-CNN 算法中的先验框，通过对每个网格预先设置的几个固定宽高比的先验框进行检测，提升检测精度。同时 SSD 采用多尺度的特征图，解决小目标检测的难题，提升检测的召回率。SSD 模型是单阶段目标检测模型的集大成者，具有单阶段和二阶段目标检测方法的优点。

基于回归的单阶段目标检测由于其轻量化的网络结构和优秀的检测效果，成为现阶段目标检测的研究热点。然而，单阶段模型在一定程度上通过牺牲检测精度达到实时检测，因此仍然需要进一步研究来提升检测精度，使模型在精度和速度上达到有效的平衡。

5.5.2　基于知识迁移的实时目标检测方法

下面重点研究将 KENet 和知识增强方法应用于实时目标检测的模型，基于 SSD 提出一种基于知识迁移的实时目标检测方法，使用教师-学生模型进行知识增强，并将 KENet 作为学生模型的主干网络。通过在 VOC 数据集上的实验，验证基于知识增强的实时目标检测方法的有效性。

SSD 是一种轻量级的单阶段目标检测算法，输入一张图片，经过 SSD 后直接生成分类和定位结果，可以实现端到端的目标检测。SSD 的损失函数为

$$L_{\text{SSD}} = \frac{1}{N}\sum_i L_{\text{cls}} + \alpha \frac{1}{N}\sum_j L_{\text{loc}} \tag{5-7}$$

其中，L_{cls} 为分类损失；L_{loc} 为定位损失；N 为正样本数；α 为平衡因子。

本书基于知识迁移的思想对 SSD 进行改进，即基于知识增强的目标检测模型（图 5-25）。其分类损失为

$$L_{\text{cls}} = \lambda L_{\text{hard}}(P_s, y_{\text{cls}}) + (1-\lambda)L_{\text{soft}}(P_s, P_t) \tag{5-8}$$

其中，L_{hard} 为使用学生的真实标签 y_{cls} 预测的分类损失；$L_{\text{soft}}(P_s, P_t)$ 为使用教师和学生的软标签组成的知识迁移损失。

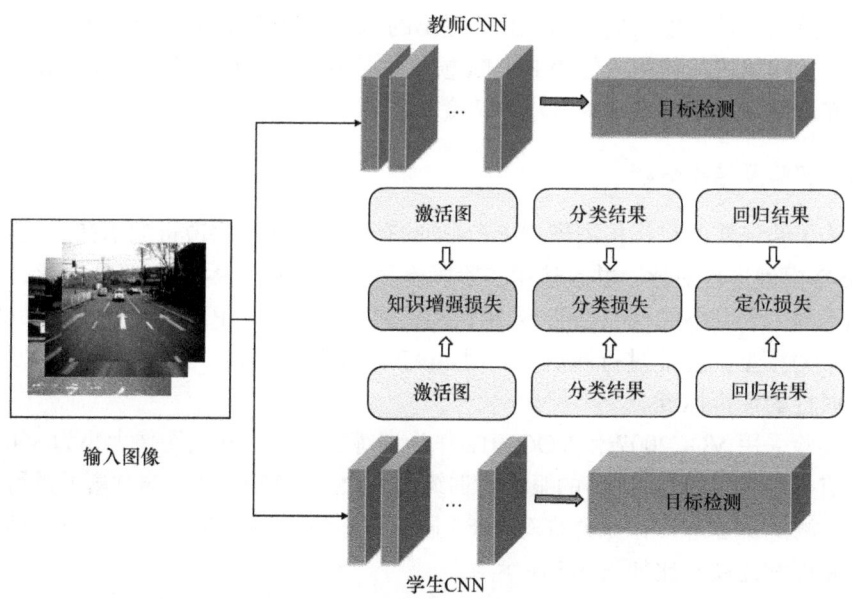

图 5-25　基于知识增强的目标检测模型

定位损失可以表示为

$$L_{\text{loc}} = L_{\text{SmoothL1}}(R_{\leftarrow}, y_{\text{loc}}) + \nu L_b(R_s, R_t, y_{\text{loc}}) \tag{5-9}$$

其中，等号右边的第一项是使用真实标签和学生位置预测的平滑损失；第二项为惩罚项，当学生的回归误差与教师的回归误差的差距超过一个界限 m 时进行惩罚，即

$$L_b = \begin{cases} \|R_s - y_{\text{loc}}\|_2^2, & \|R_s - y_{\text{loc}}\|_2^2 + m > \|R_t - y_{\text{loc}}\|_2^2 \\ 0, & \text{其他} \end{cases} \tag{5-10}$$

此外，引入知识增强算法，添加一个知识增强损失，即

$$L_{\text{KE}} = \sum_{i=1}^{N} \left\| \frac{F(E_i^s)}{\|F(E_i^s)\|_2} - \frac{F(E_i^t)}{\|F(E_i^t)\|_2} \right\|_p \tag{5-11}$$

最终改进的实时目标检测模型 KENet 的损失函数为

$$L_{\text{KENet}} = \frac{1}{N}\sum_i L_{\text{cls}} + \alpha \frac{1}{N}\sum_j L_{\text{loc}} + \beta L_{\text{KE}} \tag{5-12}$$

在无人驾驶等领域，检测速度是确保实时性的关键。一般来说，模型越复杂，检测的准确性越高，但是检测速度越慢。因此，需要在保证检测速度达到实时的基础上，尽量提升检测精度。SSD 这类单阶段检测算法可以在一定程度上达到实时，但是以牺牲精度为代价的。我们提出的 KENet 目标检测模型在 SSD 的基础上对主干网络进行精简，使用 KENet 模型代替原来的 VGG 模型，提升效率，并通过知识增强算法进一步提升检测精度。

5.5.3 实验及结果分析

为了验证实时目标检测模型 KENet 的有效性，我们将改进的 SSD 检测模型与 SSD 模型进行对比，并且选用二阶段检测模型 Faster R-CNN 作为对比，评估使用不同主干网络的检测性能。采用目标检测公共数据集 Pascal VOC(visual object classes)对模型的性能进行评估，使用 mAP 评估检测精度，并用每秒传输帧数作为实时性的评价标准。

实验采用 VOC2007 和 VOC2012 作为训练数据集，输入图像大小为 300，使用具有 4 块 TITAN V GPU 的服务器训练 250 次，在 VOC2007 测试集上进行性能评估，测试设备是具有一块 GTX 1080 显卡的移动终端。VOC2007 上不同结构的检测精度和速度对比如表 5-5 所示。

表 5-5 VOC2007 上不同结构的检测精度和速度对比

方法	骨架网络	平均精度/%	速率/(帧/s)
Faster R-CNN	VGG16	74.2	12
	ResNet 101	76.4	7
SSD300	VGG16	74.8	45
	Mobilenet	68.1	83
KENet	Mobilenet	71.4	83
	KENet(2，2)	72.7	86

Faster-RCNN 作为典型的二阶段检测模型，无论是基于 VGG16 还是 ResNet 101 都具有较高的检测精度，但是检测速度较慢，无法达到实时(30 帧/s 以上)。SSD(基于 VGG16)作为代表性的单阶段检测模型，在保证检测精度的基础上可以达到实时(45 帧/s)。由于基于 VGG16 的 SSD 在实际部署时的效果并不好，因此产生了基于Mobilenet的SSD目标检测模型。它牺牲了一定的检测精度(68.1mAP)，可以提升检测速度(83 帧/s)。Mobilenet 模型使用深度卷积，过多的分组会使组间信息隔离，并且降低运行速度。因此，我们提出用 KENet 代替 Mobilenet 作为新的主干网络，提升性能。

与此同时，我们通过知识增强方法对检测模型进行改进，提出 KENet 检测模型，通过改进的注意力迁移方法对原有模型进行知识迁移，从而弥补轻量化模型丢失的信息。实验结果表明，KENet 在提升检测精度(72.7mAP)的同时还可以保证较高的检测速度(86 帧/s)，具有很好的准确性和实时性。

5.5.4　真实道路数据集测试

本书的研究成果可以应用于实际的驾驶场景。基于深度学习的目标检测算法可以精准地检测车辆、行人、交通标志牌等多类别多尺度的目标。驾驶环境实时目标检测系统主要解决城市道路中车辆、行人、交通标识等目标检测问题，并且在光照、阴影、遮挡、小目标等情况下也具有很好的检测效果，以及实时性和鲁棒性，可应用于无人驾驶视觉处理等安全辅助系统中，有效地提高无人驾驶安全辅助系统的安全性。

1. 系统的体系结构与测试流程

实时目标检测系统的体系结构如图 5-26 所示，主要流程如下。

① 对连续帧驾驶环境图像进行预处理，包括改变图像分辨率、翻转图像、调整亮度、灰度化、裁剪等操作。

② 将图像统一编码为目标检测模型需要的输入格式，如分辨率为 227×227，格式为 png 等。

③ 通过知识迁移方法训练一个轻量化的 CNN，用于特征提取，并整合到改进的 SSD 框架中进行目标检测。

④ 将图像输入目标检测模型，得到实时的检测结果。

2. 系统的实现细节

(1) 硬件平台

实时目标检测系统的硬件平台参数如表 5-6 所示。检测模型需要在高性能计算服务器上进行训练，使用多处理器并行计算可以显著缩短模型训练的时间。系

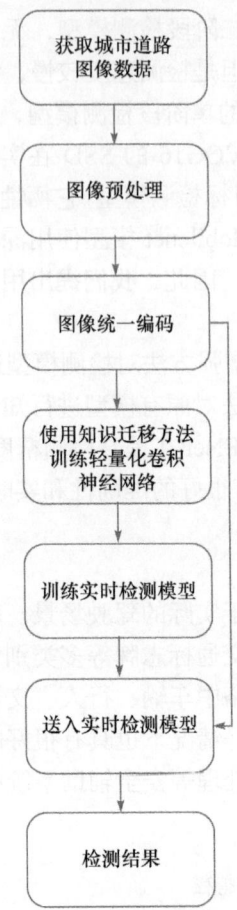

图 5-26　实时目标检测系统的体系结构

统实际部署在车载移动终端设备上。

表 5-6　硬件平台参数

指标	训练平台	测试平台
平台类型	高性能计算服务器	车载移动终端
GPU	NVIDIA Tesla P100	Jetson TX2
存储能力	10TB	32GB
浮点运算能力	10.6 TFlops	1.5 TFlops
功耗	300W	7.5W

(2) 训练数据集的采集与标注

数据集是由车载摄像头在真实城市道路驾驶环境下采集的实时视频数据，经过转换生成的连续帧图像数据组成，图片大小为 1280×1080。数据集经过规范严格的流程进行数据清洗、数据标注、数据审核，最后形成由车辆、行人、交通标志等对象组成的智能驾驶数据集。数据集包含交通标志牌图像 73 万张、车辆行人图像 30 万张，总大小超过 1TB。数据集的建立流程如图 5-27 所示。标注软件界面展示如图 5-28 所示。

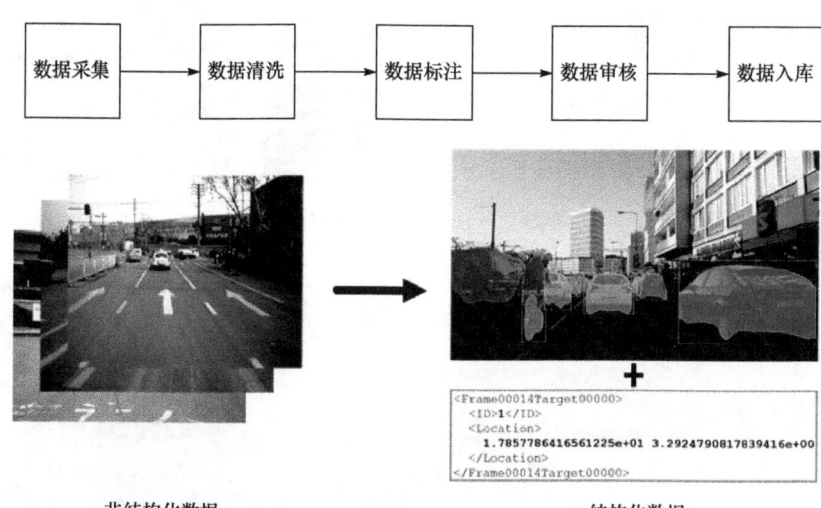

图 5-27 数据集的建立流程

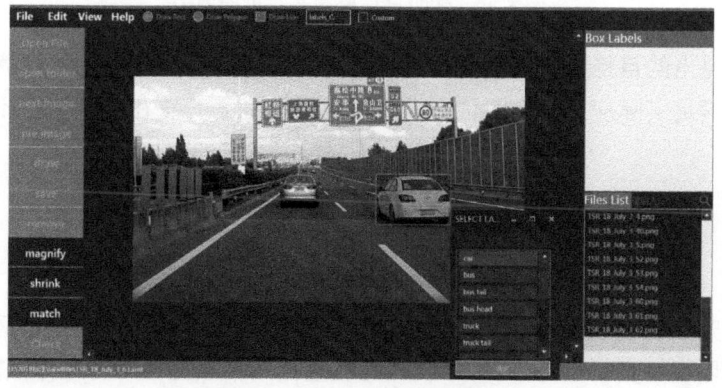

图 5-28 标注软件界面展示

(3) 系统测试及效果展示

实验采用 8 个安装在车头部、车尾部和车侧方的摄像头进行视频采集，通过全景环视视频合成一个俯视图，显示在车内的屏幕中，如图 5-29 所示。实时目标检测系统会对车辆附近的所有目标进行检测，可以让驾驶员清晰地了解车辆周围各个方位的情况，安全地驾驶和有效地避开障碍物，避免发生交通事故。

实时目标检测系统界面展示如图 5-30 所示。

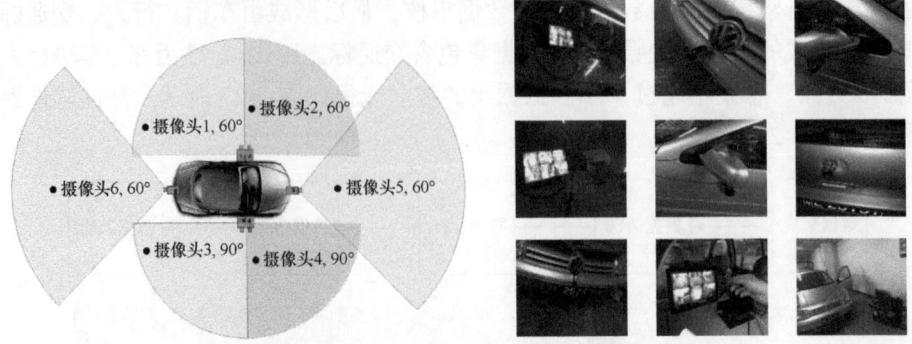

图 5-29　环视摄像头与中控显示器

图 5-30　实时目标检测系统界面展示

　　本书提出的目标检测算法在实时目标检测系统中表现良好，并且算法的运行速度能够满足实际应用的实时性需求，同时也验证了算法在实际驾驶环境中的有效性。

5.6　本 章 小 结

　　通过充分的理论分析和实验验证，本章提出一种有效的模型压缩框架，可以满足驾驶环境的实时性需求。本章设计的轻量化网络模型可以有效降低模型参数。基于此，提出的知识迁移方法可以有效提升 KENet 模型的性能。改进 SSD 的目标检测模型可以实现很高的检测精度，并且模型复杂度低，参数量少，对硬件的资源需求低，便于部署在实时驾驶环境中。

参 考 文 献

[1] 张军阳，王慧丽，郭阳，等. 深度学习相关研究综述. 计算机应用研究，2018，35(7)：1921-1928.

[2] 李青华, 李翠平, 张静, 等. 深度神经网络压缩综述. 计算机科学, 2019, 46(9): 1-14.

[3] 李江昀, 赵义凯, 薛卓尔, 等. 深度神经网络模型压缩综述. 北京科技大学学报, 2019, 41(10): 1229-1239.

[4] Han S, Mao H, Dally W J .Deep compression: Compressing deep neural networks with pruning, trained quantization and huffman coding. Fiber, 2015, 56(4): 3-7.

[5] Yoon J, Hwang S J. Combined group and exclusive sparsity for deep neural networks// Proceedings of the International Conference on Machine Learning, Sydney, 2017: 3958-3966.

[6] Liu Z, Li J, Shen Z, et al. Learning efficient convolutional networks through network slimming//Proceedings of the IEEE International Conference on International Conference, Venice, 2017: 2736-2744.

[7] He Y, Zhang X, Sun J. Channel pruning for accelerating very deep neural networks//Proceedings of the IEEE International Conference on International Conference, Venice, 2017: 1389-1397.

[8] Sun X, Ren X, Ma S, et al. Meprop: Sparsified back propagation for accelerated deep learning with reduced overfitting//Proceedings of the International Conference on Machine Learning, Sydney, 2017: 3299-3308.

[9] Courbariaux M, Bengio Y, David J P. Binary connect: Training deep neural networks with binary weights during propagations//Advances in Neural Information Processing Systems, Montreal, 2015: 3123-3131.

[10] Hubara I, Courbariaux M, Soudry D, et al. Binarized neural networks//Advances in Neural Information Processing Systems, Barcelona, 2016: 4107-4115.

[11] Rastegari M, Ordonez V, Redmon J, et al. Xnor-net: ImageNet classification using binary convolutional neural networks//European Conference on Computer Vision, Amsterdam, 2016: 525-542.

[12] Zhuang B, Shen C, Tan M, et al. Towards effective low-bitwidth convolutional neural networks//Proceedings of the IEEE Conference on Computer Vision and Pattern Recognition, Salt Lake City, 2018: 7920-7928.

[13] Denton E L, Zaremba W, Bruna J, et al. Exploiting linear structure within convolutional networks for efficient evaluation//Advances in Neural Information Processing Systems, Montreal, 2014: 1269-1277.

[14] Lebedev V, Ganin Y, Rakhuba M, et al. Speeding-up convolutional neural networks using fine-tuned cp-decomposition//International Conference on Learning Representations, San Diego, 2015: 130-141.

[15] Zhang X, Zou J, He K, et al. Accelerating very deep convolutional networks for classification and detection. IEEE Transactions on Pattern Analysis and Machine Intelligence, 2015, 38(10): 1943-1955.

[16] Kim Y D, Park E, Yoo S, et al. Compression of deep convolutional neural networks for fast and low power mobile application//International Conference on Learning Representations, San Juan, 2016: 1-16.

[17] Novikov A, Podoprikhin D, Osokin A, et al. Tensorizing neural networks//Advances in Neural Information Processing Systems, Montreal, 2015: 442-450.

[18] Wang P, Cheng J. Accelerating convolutional neural networks for mobile applications//Proceedings of the ACM International Conference on Multimedia, Amsterdam, 2016: 541-545.

[19] Lee H J, Ullah I, Wan W, et al. Real-time vehicle make and model recognition with the residual Squeeze Net architecture. Sensors, 2019, 19(5): 982.

[20] Howard A G, Zhu M, Chen B, et al. Mobilenets: Efficient convolutional neural networks for mobile vision applications//Proceedings of the IEEE Conference on International Conference and Pattern Recognition, Hawaii,2017:1-9.

[21] Sandler M, Howard A, Zhu M, et al. Mobilenetv2: Inverted residuals and linear bottlenecks//Proceedings of the IEEE Conference on International Conference and Pattern Recognition, Salt Lake City, 2018: 4510-4520.

[22] Zhang X, Zhou X, Lin M, et al. ShuffleNet: An extremely efficient convolutional neural network for mobile devices//Proceedings of the IEEE Conference on International Conference and Pattern Recognition, Salt Lake City, 2018: 6848-6856.

[23] Hinton G, Vinyals O, Dean J. Distilling the knowledge in a neural network//NIPS Deep Learning and Representation Learning Workshop, Montreal, 2015: 1-9.

[24] Romero A, Ballas N, Kahou S E, et al. Fitnets: Hints for thin deep nets//International Conference on Learning Representations, San Diego, 2015: 111-120.

[25] Yim J, Joo D, Bae J, et al. A gift from knowledge distillation: Fast optimization, network minimization and transfer learning//Proceedings of the IEEE Conference on International Conference and Pattern Recognition, Hawaii, 2017: 4133-4141.

[26] Li H T, Lin S C, Chen C Y, et al. Layer-level knowledge distillation for deep neural network learning. Applied Sciences, 2019, 9(10): 1966.

[27] 曹文龙, 芮建武, 李敏. 神经网络模型压缩方法综述. 计算机应用研究, 2019, 36(3): 649-656.

[28] He K, Zhang X, Ren S, et al. Deep residual learning for image recognition//Proceedings of the IEEE Conference on International Conference and Pattern Recognition, Las Vegas, 2016: 770-778.

[29] Zagoruyko S, Komodakis N. Wide residual networks//British Machine Vision Conference (BMVC), New York, 2016: 1-12.

[30] Xie S, Girshick R, Dollár P, et al. Aggregated residual transformations for deep neural networks//Proceedings of the IEEE Conference on International Conference and Pattern Recognition, Hawaii, 2017: 1492-1500.

[31] Huang G, Liu Z, Van Der Maaten L, et al. Densely connected convolutional networks//Proceedings of the IEEE Conference on International Conference and Pattern Recognition, Hawaii, 2017: 4700-4708.

[32] Simonyan K, Zisserman A. Very deep convolutional networks for large-scale image recognition//International Conference on Learning Representations, San Diego, 2015: 1-14.

[33] Szegedy C, Liu W, Jia Y, et al. Going deeper with convolutions//Proceedings of the IEEE Conference on International Conference and Pattern Recognition, Boston, 2015: 1-9.

[34] Girshick R, Donahue J, Darrell T, et al. Rich feature hierarchies for accurate object detection and

semantic segmentation//Proceedings of the IEEE Conference on International Conference and Pattern Recognition, Columbus, 2014: 1-21.

[35] He K, Zhang X, Ren S, et al. Spatial pyramid pooling in deep convolutional networks for visual recognition. IEEE Transactions on Pattern Analysis and Machine Intelligence, 2015, 37(9): 1904-1916.

[36] Girshick R. Fast R-CNN//Proceedings of the IEEE International Conference on International Conference, Santiago, 2015: 1440-1448.

[37] Ren S, He K, Girshick R, et al. Faster R-CNN: Towards real-time object detection with region proposal networks//Advances in Neural Information Processing Systems, Montreal, 2015: 91-99.

[38] Redmon J, Divvala S, Girshick R, et al. You only look once: Unified, real-time object detection//Proceedings of the IEEE Conference on International Conference and Pattern Recognition, Las Vegas, 2016: 779-788.

[39] Redmon J, Farhadi A. YOLO9000: Better, faster, stronger//Proceedings of the IEEE Conference on International Conference and Pattern Recognition, Hawaii, 2017: 7263-7271.

[40] Redmon J, Farhadi A. YOLOv3: An incremental improvement//Proceedings of the IEEE Conference on International Conference and Pattern Recognition, Salt Lake City, 2018: 1-6.

第6章 行人检测

行人检测是目标检测领域的一个特例，早期的目标检测技术算法可以概括为两类。一类是基于背景建模的方法，通过建立模型，提取目标区域及其特征，再通过分类器对特征信息进行分类，判断是否包含检测目标。此类背景建模方法主要存在的问题是无法适应周边环境的变化，如光照强度造成的图像色度变化；镜头抖动造成的图像画面模糊；大量密集背景物体的干扰；区分突然停止的背景物，以及突然运动的检测目标等问题。另一类是基于统计学习的方法，也是现阶段目标检测常用的方法。通过大量样本构建物体检测分类器，提取物体的边缘、颜色、灰度、纹理、HOG[1]、Haar[2]等特征信息，并利用神经网络、SVM[3]、Adaboost[4]、深度学习[5-8]等作为分类器。行人检测技术在发展早期借鉴了目标检测中的算法，普遍采用手工提取特征[2,3,9-12]的方式。文献[13]基于可变形模块，考虑每部分外形轮廓及其形变，利用总特征通道[11]和各个通道特征[12]对图像进行积分操作，提取局部直方图和 Haar 特征。Wang 等[1]将 HOG 特征与局部二值模式结合起来，创建了一个特征集解决局部遮挡问题。Zhang 等[2]从特定的样本池中选取并设计了稠密且可区分的 Haar 特征，能够反映行人直立形态的先验信息，并用三个矩形对行人身体的不同部位建模构造行人外形轮廓。Yan 等[14]提出将不同分辨率的行人图像映射到一个公共子空间来减少局部特征的差异，然后在映射特征上训练一个共享分类器来区分行人和背景。无论对于目标检测还是行人检测，手工设计的特征提取器获得的目标特征信息不准确且不充分，所以 DCNN 提供新的解决方法，不仅能从通过图像像素值学习高级语义特征，还能从复杂背景中学习如何提取姿态变化范围大的物体特征，即具有平移不变性和容错性的特征。神经网络被广泛应用到图像分类和目标检测[15-18]领域。

随着 CNN 在计算机视觉领域的应用，更多的学者看到了神经网络在目标检测领域的发展前景，使用高性能 GPU 在大规模训练数据集上进行特征提取，构建分类器。由此，目标检测领域的技术方法获得很大突破，例如 CNN 已经成功地应用于目标检测领域[19,20]。目前，DCNN 的目标检测方法主要是基于目标候选区域分类方法和边界框位置回归的方法。

6.1 行人检测数据集

非对称多阶段级联网络(asymmetric multi-stage network，AMS-Net)通常在五个行人数据集验证算法的有效性，分别是 Caltech[21]、INRIA[9]、ETH[22]、KITTI[23] 和 CityPerson[24]。

加州理工学院数据集(Caltech)是当前最流行的行人数据集之一，包含车载摄像头采集的大约 10 小时的视频数据，一秒包含 30 帧的图像数据，分辨率是 640×480。其中，训练集包含 42782 张图像，测试集包含 4024 张图像。数据集包含三个子数据集，即 Far、Medium、Reasonable，其中 Far 数据集的行人高度在 20~30 像素，属于小尺度行人；Medium 数据集的行人高度在 30~80 像素，属于大尺度行人；Reasonable 数据集的行人高度大于 50 像素。

INRIA 数据集和 ETH 数据集是用于静态行人检测的数据集。INRIA 数据集中训练集包含正样本图像 614 张和负样本图像 1218 张。测试集中有 288 张正样本图像和 453 张负样本图像。此数据集只对行人像素高度大于 100 像素的样本区域进行标注。ETH 数据集包含 1804 张分辨率为 640×480 的测试图像，并且行人像素高度小于 60 像素。

KITTI 数据集是当前应用在自动驾驶领域的最大的数据集，拥有 7841 张训练样本，7518 张测试样本。2D 检测包含三个任务，即车辆、行走的路人、骑自行车的路人，并分为 easy、moderate、hard 三个评估尺度。Moderate 是常用的评估算法的子数据集，行人高度信息大于 25 像素。

CityPerson 数据集扩充了 Cityscapes[25]数据集。该数据集利用车载监控在多个国家的多个城市的不同场景下采集了 2975 张训练样本、500 张验证样本和 1575 张测试样本。CityPerson 数据集标注样本统计如表 6-1 所示。数据集中的忽略区域代表图像中和行人目标外形特征相似，很难区分的物体，如人体雕像、镜子中的行人等。

表 6-1 CityPerson 数据集标注样本统计

指标	训练数据集	验证数据集	测试数据集	总数量
城市数量	18	3	6	27
图像数量	2975	500	1575	5000
行人数量	19654	3938	11424	35016
忽略区域数量	6768	1631	4773	13172

此外，行人数据集还包括以下四种。

(1) COCO 行人公共数据集

COCO 数据集是微软发布的大型图像数据集。数据集面向目标检测、分割、人体关键点检测、语义分割，以及字幕生成等任务。COCO2014 数据集有 91 类，这里使用 COCO2014 数据集中的行人部分。调用 COCO API Python 接口对行人图像标签数据进行加载。

(2) Pascal VOC 行人公共数据集

Pascal VOC 数据集是 Pascal VOC 挑战赛视觉对象分类识别和检测的基准测试数据集，提供检测算法学习性能的训练图像和评估图像，包括 20 类。这里使用行人类别。

(3) TSD 行人公共数据集

TSD 数据集是 2018 年"中国智能车未来挑战赛"复杂动态交通场景视觉认知基础能力离线测试的基准数据集。数据集面向行人检测、跟踪和特定道路区域任务。TSD 数据集包括道路区域人员监测、交通信号检测、前方车辆位置监测、车道偏离监测四个部分。这里使用道路人员检测部分 TSD-Person。

(4) BUU Person 数据集

BUU Person 数据集是自制数据集，采集于北京市朝阳区道路场景。图像采集设备是汽车上安装的监控摄像头，摄像头安装在汽车顶部，在驾驶场景下录制视频。摄像头采集时间分为白天、黄昏和傍晚；采集视角分为正向行驶、背向行驶和侧面行驶；采集人员分为行人，自行车、摩托车、三轮车、两轮、三轮电动车上的人员。采集的图像共 15762 张，存储格式为 png，图像分辨率为 1280×1024。数据集按照 Pascal VOC 数据集格式标注，其中训练集占 70%，测试集占 30%，训练集中 30%划分为验证集，防止过拟合。BUU Person 数据集标注精度高，在行人检测任务中的识别精度较高。

6.2　评　估　方　法

在评估模型性能时，需要利用多种评估指标对模型进行评测。在行人检测领域，常用的评估指标有精确率-召回率(precision-recall，PR)、受试者工作性能(记为 ROC)及其坐标轴上的曲线面积(记为 AUC)、错检量(false positive per image，FPPI)、漏检率(missed rate，MR)、调和评价值(F-measure)等。具体计算方法如下，即

$$precision = \frac{TP}{TP + FP} \qquad (6-1)$$

$$recall = \frac{TP}{TP + FN} \tag{6-2}$$

$$MR = \frac{FN}{TP + FN} \tag{6-3}$$

$$F\text{-measure} = \frac{2precision \times Recall}{precision + Recall} \tag{6-4}$$

其中，TP 为正样本行人被准确识别的数量；FP 为负样本行人被识别为正样本的数量；FN 为正样本被识别成非行人区域的数量；TN 为负样本被准确识别的样本数量。

6.3　基于 YOLO 多尺度空间特征融合的道路区域行人检测方法

对于 YOLO，多尺度和残差层的添加能够克服对小目标检测不佳的弱点，随之而来的是算法对中、大目标检测精度的下降。考虑交通场景下图像中行人尺度普遍不大(超过图像一半大小)，此问题不会影响使用 YOLO v3 网络进行研究。对交通行人数据集进行边界框聚类，可以得到对应的锚箱大小，分析与图像的关系，对 YOLO v3 中的 YOLO 层进行调整，可以改善对中、大行人目标的检测能力。

6.3.1　多尺度特征提取模块

如图 6-1 所示，对每个位置做 3 次预测，每个预测由边界框、对象类别和类别的预测正确率组成，若 N 是卷积层尺寸，对行人目标单个类别的预测次数为 $N \times N \times [3 \times (4+1+1)]$。借鉴特征金字塔网络[26](feature pyramid networks，FPN)，通过三种不同的比例预测，连接两个尺度相同的张量，通过上采样保证连接的张量层尺度相同。这样做是为了得到特征图中高层语义信息与对象位置的空间信息。

具体是使用 K 均值聚类 9 个锚箱，用收集到的行人矩形框进行聚类，再按照它们的尺度分为 3 个不同的组。在检测对象时，将每组分配给上面的特征图进行预测。由于小尺度和中尺度目标较多，锚箱宽高比例变化大，对应三种不同的感受野，对小尺度和中尺度中的特殊锚箱在不同尺度下进行多次检测。

该方法将空间金字塔池化 SPP 模块[27]连接到 YOLO 层之后，通过不同大小卷积核的 SPP 模块分别提取不同尺度卷积层的空间特征，更全面地学习多尺度目标特征信息。此模块可用于提高检测精度，并且仅在很小程度上增加计算成本。SPP 模块包含三个具有不同大小的最大池化，即图 6-2 中的 3×3、5×5 和 7×7。

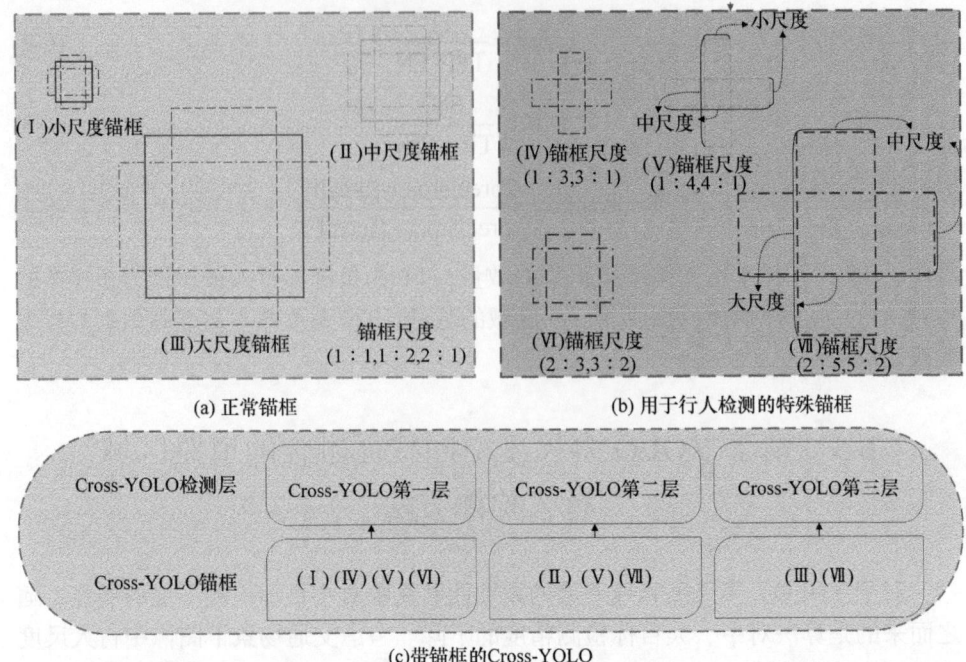

(a) 正常锚框   (b) 用于行人检测的特殊锚框

(c)带锚框的Cross-YOLO

图 6-1   YOLO Person 锚箱预测结构图

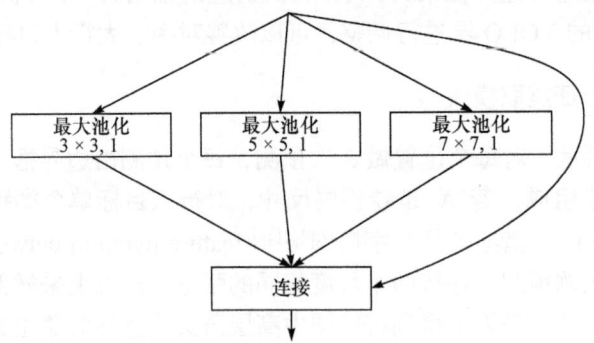

图 6-2   空间特征增强模块结构示意图

6.3.2   基于注意力机制的特征融合模块

挤压和激发(squeeze and excitation，SE)模块[28]可以获取每个特征通道的重要性，并增强具有较高重要性的特征，抑制对检测或分类任务中低重要性的特征。它可以以很小的计算成本提高模型的准确性。如图 6-3 所示，SE 模块由全局池化、两个具有不同大小的完全连接层、逐层特征点乘和 Sigmoid 操作组成。我们将 SE 模块加入 YOLO 模型的卷积层后面，整合通道权重信息。

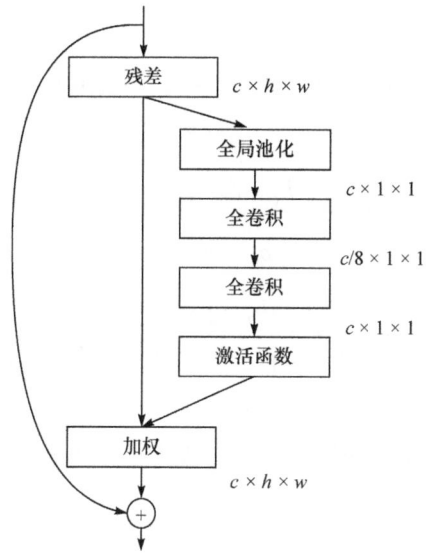

图 6-3 基于注意力机制的空间通道增强模块示意图

6.3.3 特征分类和坐标回归

1. 类别预测

如图 6-4 所示，YOLO 算法类别预测首先通过特征提取网络对输入图像提取特征，得到 19×19 的特征图，然后将输入图像分成 19×19 个网格单元。按照真实值中行人中心坐标所在的网格单元预测该行人类别，每个网格单元都会预测固定数量的边界框。例如，YOLO v1 预测 2 个边界框，YOLO v2 预测 5 个边界框，YOLO v3 预测 3 个边界框。不同方法对应边界框的尺寸不一样，将生成的不同边界框与真实值的交并比(intersection over union, IoU)重合度最大的边界框作为该行人目标的预测结果。

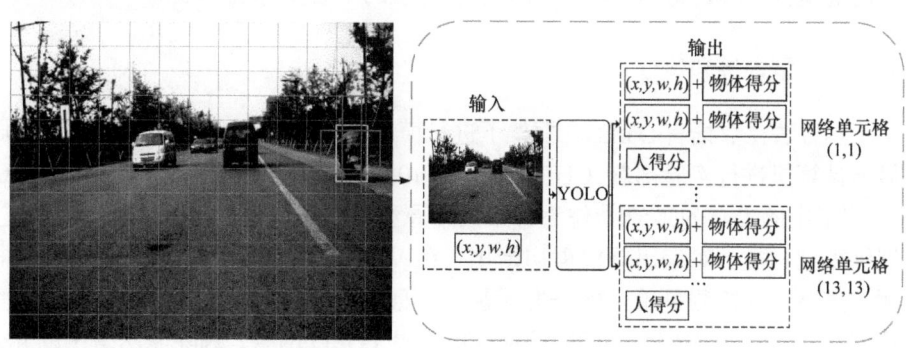

图 6-4 行人坐标回归示意图

2. 边界框预测损失函数

边界框预测损失函数的计算方式如式(6-5)~式(6-8)所示，即

$$b_x = \delta(t_x) + c_x \tag{6-5}$$

$$b_y = \delta(t_y) + c_y \tag{6-6}$$

$$b_w = p_w e^{t_w} \tag{6-7}$$

$$b_h = p_h e^{t_h} \tag{6-8}$$

其中，t_x、t_y、t_w、t_h 为预测的实际输出；c_x 和 c_y 为特征图划分 19×19 格子的行号和列号从 0~12 取值；p_w 和 p_h 为锚箱的宽和高；b_x、b_y、b_w、b_h 为预测到边界框的中心坐标和边界框的宽高，坐标的损失值采用平方误差损失。

3. 整体损失函数

YOLO 使用逻辑回归预测每个边界框的对象匹配得分，即

$$\lambda_{\text{coord}} \sum_{i=0}^{s^2} \sum_{j=0}^{B} \prod_{i,j}^{\text{obj}} [(t_x - \hat{t}_x)^2 + (t_y - \hat{t}_y)^2 + (t_w - \hat{t}_w)^2 + (t_h - \hat{t}_h)^2]$$

$$+ \sum_{i=0}^{s^2} \sum_{j=0}^{B} \prod_{i,j}^{\text{obj}} (-\log(\sigma(t_o)) + \sum_{k=1}^{C} BCE(\hat{y}_k, (\sigma(s_k)))) \tag{6-9}$$

$$+ \lambda_{\text{noobj}} \sum_{i=0}^{s^2} \sum_{j=0}^{B} \prod_{i,j}^{\text{obj}} (-\log(1 - \sigma(t_o)))$$

如果锚箱与真实值目标重叠区域比其他框多，则相关性得分记为 1。如果重叠比例大于预先设定的阈值 0.5，则不会被惩罚。每个真实值仅与一个边界框关联，如果没有分配到前面边界框，则不会被分类或计算损失。损失函数通过预测模型输出的坐标 t_x 和 t_y 进行计算，而不是边界框的中心坐标 b_x 和 b_y。

6.3.4 模型训练和验证

本方法在 C 语言 DarkNet 框架下进行模型搭建，使用单张 NVIDIA GTX 2080Ti 显卡计算机进行实验部署，CUDA 版本为 10.0，cuDNN 版本为 7.4。本方法以 YOLO v3 网络中的 DarkNet-53[29] 作为骨架网络原型提取特征，在 ImageNet 数据集上预训练得到权重，对编码器权重初始化。在 VOC 和 COCO 等数据集上进行目标检测。道路行人检测是单目标分类问题，并且道路行人相对多目标分类问题尺度变化较小。因此，需要针对道路行人检测微调 YOLO 网络，剔除原网络中的冗余参数，使行人检测更加精确。

训练部分使用微调方法。首先使用 DarkNet-53 在 ImageNet 上预训练初始化权重,然后移除全连接层以适应对 YOLO 层修改的尺度,调整原网络的模型输出,最后在 BUU Person 数据集、COCO Person 和 VOC07/12 Person 数据集上训练检测网络。

检测器在 BUU Person 数据集上进行训练,模型输入图片尺寸为 416×416。输入图像尺寸对检测编码器的影响如表 6-2 所示。输入的宽高减半后对网络推理速度的提升不大。主要原因是,输入图片的大小虽然变化,但是标注框的大小并没有变化。因此,不能通过直接调整输入尺寸来提高训练速度。在数据集上迭代17500 次,每次迭代批量为 16,初始学习率为 0.001。当迭代 10000 次后学习率降低为 0.0001,后面每迭代 1000 次,学习率变为原来的 1/10,使用 SGD 作为该部分优化器。训练损失和 IoU 曲线如图 6-5 所示。训练到 10000 次左右模型区域稳定收敛。与损失图像相似,IoU 在迭代 10000 次后趋于稳定。

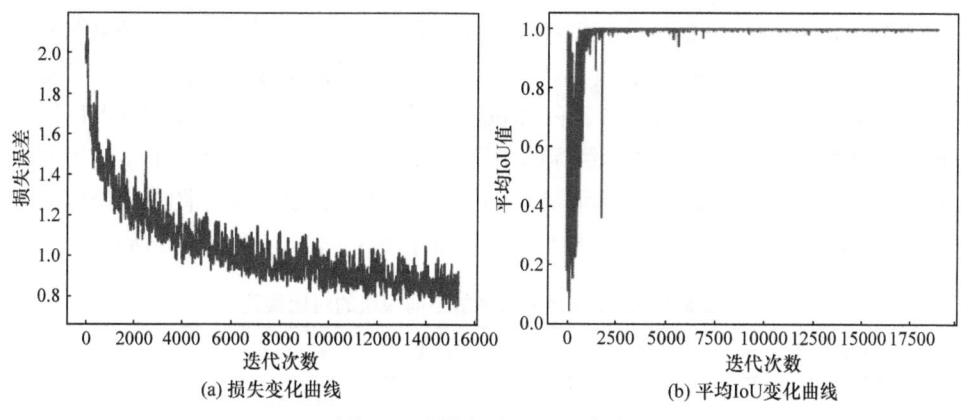

图 6-5　训练损失和 IoU 曲线

表 6-2　输入图像尺寸对检测编码器的影响

宽度(像素)	高度(像素)	帧率/(帧/s)
416	416	38
208	208	44
416	208	39
208	416	38

此外,本节还评估了添加多尺度融合模块和空间特征增强模块后,其对检测器性能的影响。首先,将添加该模块的性能与原方法比较。然后,比较改进的方法与其他主流方法之间的差异性。

检测器使用 DarkNet-53 作为骨架网络,在收集到的数据集上通过 K-means聚类获得 9 个锚箱。训练结果以该数据集下的平均精度作为基准。YOLO 原方法添加不同模块的对比实验如表 6-3 所示。在基准方法的基础上添加不同的模块,运用检测器训练的矩形框,提取相同行人的目标特征用于行人特征匹配。加入特征增强模块之后,可以对模型整体精度产生一定的增益。在不考虑速度的前提下,尝试将骨架网络换成 ResNet-152,对比发现改变骨架网络来提高检测器准确率对整体性能有提高,但是更深层的骨架网络会降低检测效率。此外,通过添加轻量模块比直接加入大型骨架网络效果更好。

为了验证方法的有效性,将 Mask R-CNN[30]、YOLO v3[29]、Faster R-CNN[31]作为检测器进行对比实验,并与本书方法进行比较。Mask R-CNN 是 He 提出的一种目标分割方法。这里剔除 Mask R-CNN 中的 mask 层,将目标分割方法转化为目标检测方法。Mask R-CNN 的检测精度很高,但是牺牲了检测速度,在单张GTX 1080Ti 显卡上的最快速度为 8 帧/s,远达不到实时性。YOLO v3 基准方法可以提升对小物体的识别能力,但是对于中大尺寸物体的检测效果反而下降。Faster R-CNN 算法的优点是加快了 R-CNN 的检测速度。本书使用原版 Faster R-CNN 算法进行对比实验。这里以精度、召回率、F 值、运行帧率作为衡量标准。实验发现,Mask R-CNN 的检测精度较好,但是速度很慢。Faster R-CNN 对行人目标检测效果中等。YOLO v3 对中小目标的检测效果较好,适合道路行人中小目标的识别。本书方法的召回率偏低,因为固定的锚点不能很好适应实际图像中尺度变化大的行人目标,但是本方法的实时性较好,如表 6-3、表 6-4 和图 6-6 所示。

表 6-3　YOLO 原方法添加不同模块的对比实验

方法	空间金字塔模块	收缩与扩张模块	骨架网络	平均精度/%
YOLO 基准			DarkNet-53	85.4
YOLO-SPP	√		DarkNet-53	87.6
YOLO-SE		√	DarkNet-53	86.5
YOLO-SPP-SE	√	√	DarkNet-53	87.0
YOLO-ResNet152			ResNet-152	86.7

表 6-4　与其他主流方法在精度、召回率、F 值和速度的对比实验

方法	精度/%	召回率/%	F 值/%	帧率/(帧/s)
Mask R-CNN	75.1	80.3	78.7	8
YOLO v3	70.3	66.9	69.1	30
Faster R-CNN	68.9	70.3	61.8	16
(本书方法)	76.5	67.3	75.9	36

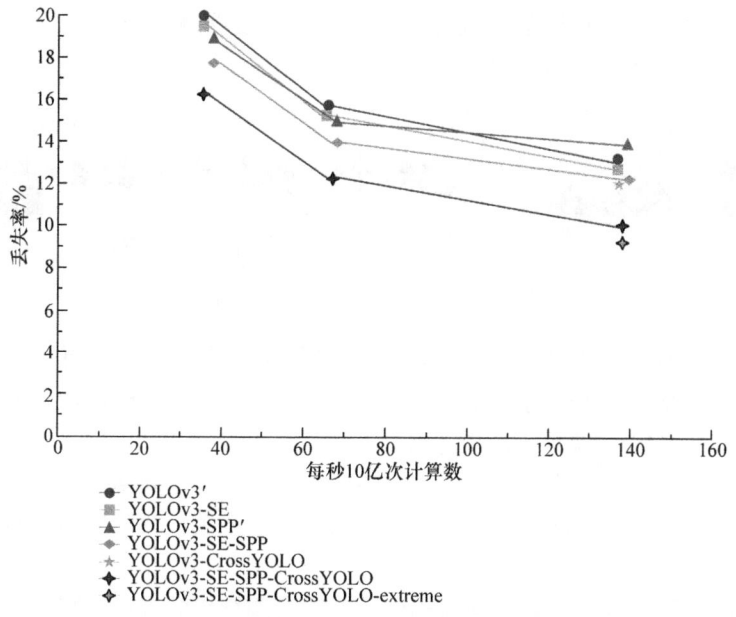

图 6-6　YOLO 行人漏检率、浮点型运算量和模型参数对比

6.4　多阶段级联网络行人检测算法

本书提出一种名为 AMS-Net 的网络结构，解决小尺度行人检测中存在的难点。AMS-Net 网络采用三个阶段网络，是一种由粗粒度到细粒度提取行人特征，逐步地过滤掉非行人目标区域的框架结构。第一阶段，AMS-Net 网络使用浅层 CNN 模型和多尺度特征融合模块对小尺度行人目标的不同尺度特征进行融合，并结合图像金字塔与锚盒金字塔模型生成候选区域框。第二阶段，构造全局特征增强机制，通过融合细节信息和全局信息的全局特征增强机制协助小尺度行人检测，对候选框进行细化，剔除大量的非行人候选框。第三阶段，本书算法使用一个更深层次的 CNN 提取小尺度行人的语义信息，进一步优化前阶段预测的行人候选区域框。此外，本方法考虑行人检测中体形轮廓的不对称性，即行人独特的体态特征和固定的宽高比例，设计特殊的锚盒比例用于小尺度行人检测。由于行人的宽度信息容易受到姿态变化的影响，本书提出非对称长方形卷积核提取行人特征，偏重于更加稳定的高度特征。

6.4.1　多阶段级联网络算法概述

首先，利用缩放因子将待检测图像构建成图像金字塔，进入第一阶段网络，输出推荐框。然后，将这些推荐框输入第二阶段网络进一步检测，排除大量的非行人区域。最后，将保留的行人区域输入第三阶段网络后输出最后检测结果。AMS-Net 算法总体框架图如图 6-7 所示。

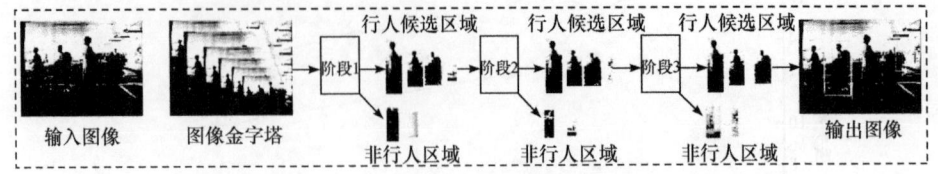

图 6-7　AMS-Net 算法总体框架图

第一阶段网络采用 FCN，利用多尺度特征融合模块融合不同尺度的特征信息，并输出推荐框和相应的位置回归向量，然后利用非极大值抑制(non-maximum suppression，NMS)过滤重叠的推荐框。

第二阶段网络输入为第一阶段产生的候选框，结合全局特征增强机制融合语义信息，对候选框进一步识别，排除大量的非行人区域，然后使用 NMS 技术筛选检测结果。

第三阶段网络和第二阶段网络相似，是对检测结果的进一步判别，输出最后的行人目标区域。

6.4.2　第一阶段网络设计

在行人检测的相关技术中，为了保证检测准确率，通常采用两阶段行人检测模型。大多数行人检测基于 Faster R-CNN 算法，主要的优点是，把 RPN 融合到分类判别网络中可以形成端到端的检测框架。采用 RPN 产生候选框比传统的基于滑动窗口的算法、基于搜索区域的算法、基于边缘框的算法更快，而且可以保证推荐框的准确性。文献[29]证明，Faster R-CNN 算法采用 RPN 生成候选区域时存在很多问题，会影响检测结果。RPN 中的锚盒金字塔是利用图像检测输入网络模型提取多通道特征图，按照锚盒大小和比例映射到原图区域中的具体目标位置。此方法提取的特征图不能匹配原图的目标图像。因此，本书提出图像金字塔和锚盒金字塔融合的图像级候选区域网络(image level region proposal networks，I-RPN)。对于图像金字塔，可以利用缩放因子生成多尺度的输入图像，在每张图片通过区域生成网络产生的边界框后按照缩放因子映射回原始图像，保证特征网络提取的特征图和锚盒对应的原图区域很好地匹配。因此，I-RPN 不但可以对齐感受野和目标尺寸，而且可以利用多尺度的锚盒应对行人多尺度问题，生成更加准确的行人候选框。RPN 的锚盒设计不合理，默认锚盒设置尺度是 128×128、256×256、512×512，长宽比是 $1:1$、$1:2$、$2:1$ 的 9 个锚盒。此设置被用于 Image Net、PASCAL 和 VOC 目标检测数据集。因此，应该根据行人独有的特征设计锚盒比例和大小，但是基于经验确定锚盒的比例和大小存在一定的缺点，即通常默认的锚盒不能够准确适用于检测目标，导致视频监控中的行人区域被忽略，尤其对于位置偏移敏感的小尺度行人。如果在配置中选择合适的锚盒，适用于小尺度行人，可以大大提高检测精度。因此，本书使用锚盒聚类方法，自动生成用于小尺度行人检测的锚盒比例。

1. 网络结构

不同于 Faster R-CNN，单分支的金字塔会导致网络的感受野和目标尺寸不匹配。本书融合图像金字塔和锚盒金字塔来解决小尺度行人中多尺度问题。第一阶段网络结构图如图 6-8 所示。首先将待检测图片利用缩放因子构建图像金字塔，然后将每张不同分辨率的检测图片输入网络，利用锚盒金字塔对每个特征区域映射不同比例的锚盒。图片金字塔能够保证网络提取更加丰富的小尺度行人特征，锚盒金字塔可以得到不同尺度目标更加准确的位置信息，两者的结合能很好地解决行人检测中存在的多尺度问题。采用高度和宽度分别为 24 和 12 的滑窗网络提取行人的高维度特征，将其映射到低维度特征空间后进行分类回归，输出类别分数(行人/非行人)和边框的回归向量。滑窗网络是基于锚点的分类和回归，在每个窗口网络的中心位置设定不同宽高比和尺寸的锚盒,可以保证模型的平移不变性。假设每个窗口有 K 个锚盒，那么回归向量的维度是 $4K$，代表每个锚盒的不同位置信息；分类向量的维度是 $2K$，代表每个锚盒区域中行人和非行人的概率。

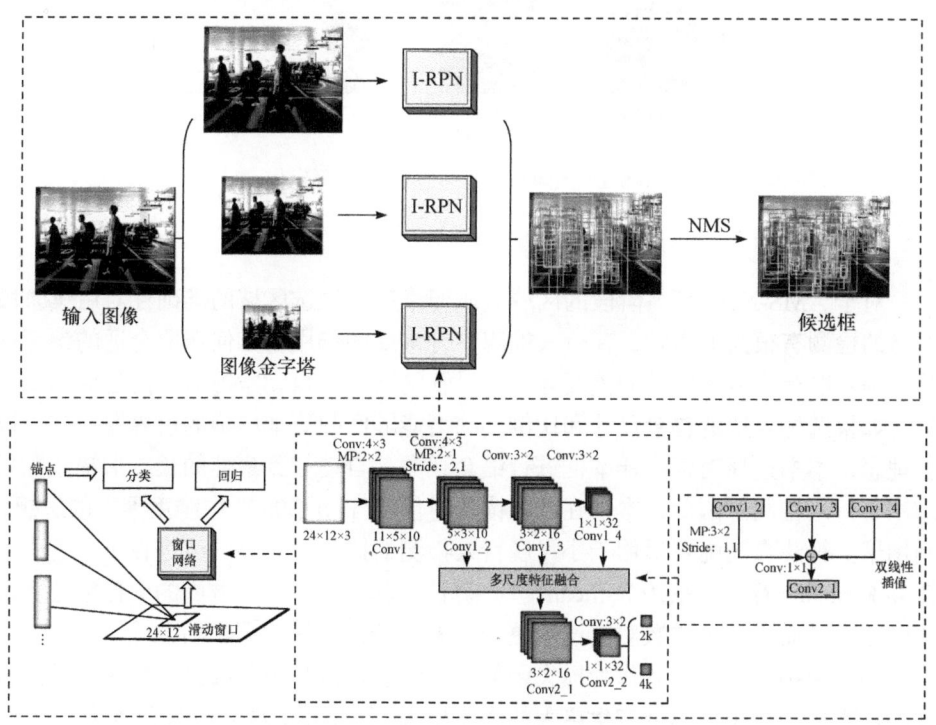

图 6-8　第一阶段网络结构图

通过统计对比目标检测数据集(VOC、COCO)的标注框和行人检测数据集 Caltech 的边界框,我们设计了网络模型中卷积核大小和锚盒比例。如图 6-9 所示,在边界框的比例统计结果中,目标检测数据集 VOC 和 COCO 只有约 20%的非人目标的边界框是矩形的,而人类边界框中 95%以上都是矩形。这与行人检测数据集 Caltech 相似,因此对行人检测设定特殊的锚盒尺寸和卷积核大小。在通用目标检测中使用正方形卷积核,本书采用长方形卷积核(4×3, 3×2)提取更加紧凑的行人特征。此外,为了丰富小尺度行人特征信息,本书采用多尺度特征融合模块,融合不同尺度的特征信息。

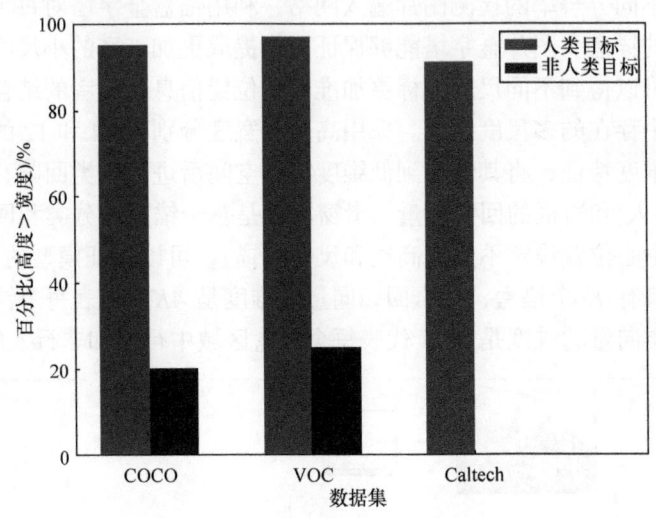

图 6-9　不同数据集的边界框分布统计

2. 锚盒设计

对于 AMS-Net,第一阶段的区域生成网络产生候选区域的准确性对后续阶段网络的检测有很大的影响,在行人检测中有重要的作用。如何选取合适的参考框是准确获取行人目标区域的重要环节。尽管网络可以自动学习适当的位置回归向量,如果选择合适的锚盒尺寸和比例,网络能够回归更加准确的边界框。基于以上理念,本书选择对标注样本框进行锚盒聚类,自动找到最佳的长方形锚盒配置应用于行人检测。因此,本书在选取锚盒时借鉴 YOLO9000 中维度聚类的思想,利用聚类算法自动配置适用于小尺度行人检测的锚盒。本书的改进在于,首先,摒弃 K-means 算法,采用 K-means++[32]算法;其次,利用类群内的中位数更新聚类中心点,而不是平均数对其迭代更新,进一步提升算法聚类的准确性。

如果使用误差平方和作为损失函数,算法迭代过程虽然收敛速度快,但是较大的样本框会比小样本框产生更大的误差损失,模型很难学习到好的参数。因此,需要重新规定损失函数形式和评价标准。损失函数用 IoU 衡量样本与中心点的距离，最终的锚盒与标注样本集中边界框之间 IoU 要尽可能大。具体损失函数为

$$J(\text{box},\text{center})=1-\text{IoU}(\text{box},\text{center}) \tag{6-10}$$

其中，J 为距离代价函数；box 为每个标注框的标注信息；center 为设定的 K 个中心点信息，在每次迭代中都会对其更新。

模型迭代的最终目的是让代价函数的数值越小越好，即 1–IoU 的值越小，IoU 的值越大。IoU 的计算方法为

$$\text{IoU}(\text{box},\text{center})=\frac{\text{box} \cap \text{center}}{\text{box} \cup \text{center}} \tag{6-11}$$

改进维度聚类算法实现步骤如下。

步骤 1：使用原始训练数据中的标注样本作为聚类算法训练集，在标注程序中自动生成标注样本的位置信息和类别属性的文件，每行信息都有 $(x_i,y_i,w_i,h_i)\ i \in \{1,2,\cdots,N\}$ 代表标注样本相对于原始标注图像的坐标信息，(x_i,y_i) 代表标注样本的中心点信息，(w_i,h_i) 代表标注样本的宽度和高度，N 为标注数据集中存在标注样本的数量。

步骤 2：在训练数据集的标注样本中随机选择一个样本，即初始的聚类中心点 C_1。

步骤 3：首先利用式(6-11)计算每个标注框和当前聚类中心之间的 IoU 数值 D_i，然后利用式(6-12)计算每个样本作为下一个聚类中心的概率 P_i，最后用轮盘法决定下一个聚类中心，即

$$P_i = \frac{D_i}{\sum D_i} \tag{6-12}$$

步骤 4：重复步骤 2，直到选择出 K 个初始聚类中心。

步骤 5：利用式(6-11)计算聚类样本和聚类中心点的 IoU 距离。每个聚类样本的中心点位置都与聚类中心重合。当聚类算法收敛后，每个聚类样本被分配到距离最小的聚类中心簇中。

步骤 6：聚类样本框完成分配后，利用样本框中高度和宽度的中位数更新每个簇的聚类中心。

步骤 7：重复步骤 5 和步骤 6，直到损失数值小于给定的阈值。

改进维度聚类算法能够尽可能地拉大初始聚类中心间的距离。利用簇中样本框的中位数更新聚类中心，可以保证样本更快地找到优质的簇中心，提升聚类算法的准确性。

为了证明改进算法的有效性，本书在 Caltech 训练样本中对两种方法进行对比实验。锚盒聚类结果对比如表 6-5 所示。若选择 5 个不同比例的锚箱，本书的

聚类方法可使锚箱与真实标注框的平均 IoU 达到 80.6%，高于传统聚类(YOLO9000 使用的聚类算法)方法 6.3%；若选择 9 个不同比例的锚箱，本书的聚类方法可使平均 IoU 达到 85.2%，高于传统聚类方法 7.4%。为了平衡算法的复杂度和准确率，本书选择 5 个聚类中心，高宽比分别为 2：1、2.3：1、2.5：1、2.8：1 和 3.5：1。对于每一个滑动窗口网络大小，即初始锚盒高度和宽度，设置为 24 和 12。

表 6-5 锚盒聚类结果对比

聚类方法	锚箱个数	平均 IoU/%	聚类方法	锚箱个数	平均 IoU/%
YOLO9000 聚类算法	5	71.5	YOLO9000 聚类算法	9	77.8
改进聚类算法	5	80.6	改进聚类算法	9	85.2

3. 多尺度特征融合模块

研究表明[33]，神经网络中的深层卷积层具有丰富的抽象语义信息，但是丢失了目标物体的细节特征信息，例如在多层卷积后，物体的边缘特征，以及形态变化会越来越模糊不清。如果直接利用网络最后一层的特征图对目标进行检测，由于底层细节信息的部分残缺，检测精度会受到很大的影响，尤其对特征模糊的小尺度行人目标影响更为明显。因为图像中大尺度行人目标具有丰富的特征信息，但是小尺度行人目标在高层网络提取的特征中丢失了语义信息，所以需要用底层网络的细节信息进行特征补充，丰富小尺度行人的特征信息。基于以上讨论，本书提出多尺度特征融合模块，利用多层网络融合的特征图替代神经网络最后一层的单一特征图进行目标检测。

多尺度特征融合模块考虑如何有效融合神经网络中不同尺度的特征图，同时减少网络模型参数的数量。目前融合方法包括上采样、反卷积、尺度变换。由于后两种方式增加了额外的参数，会增加网络复杂性，导致检测速度下降，因此多尺度特征模块采用上采样方法。上采样操作的目的是放大原始特征图，通常采用插值方式对特征图进行处理。插值方法是目前最常用的处理方法，在原始特征图的像素之间插入新的像素，可以保证放大后的特征图尽可能平滑。线性插值法[34]利用两个点构成一条直线的原理计算线段中的未知量，即插入的新像素点。双线性插值[35]扩展了线性插值算法，是一种适用于二维特征图的插值算法，广泛应用于图像处理的领域。双线性插值利用初始特征图中的像素点，利用两个垂直方向向量计算新插入的像素值。这种方法生成的新特征图相比线性插值更加平滑，所以选择双线性插值对原始特征图进行上采样。对于不同尺度特征图的融合方式，本书选择特征图拼接的方式。此方式能够更有效地融合特征，而特征图相加的融合方式会减少特征之间的差异性，影响检测性能。

如图 6-8 所示，多尺度特征融合模块首先对 Conv1_2 层使用最大池化操作，然后采用双线性插值对 Conv1_4 进行上采样，将以上步骤获取的特征图与 Conv1_3 进行特征拼接后产生新的特征图 Conv2_1，最后执行 1×1 卷积操作生成融合特征图 Conv2_2。1×1 卷积不但可以更好地融合特征，而且可以降低特征空间的维度信息和模型的复杂程度，提升网络的检测速度。

6.4.3　第二阶段网络设计

基于候选区域的行人检测算法存在的一个主要问题是背景复杂的情况下容易对行人目标或者背景区域产生误判现象。尤其是，背景与行人特征相似的情况下更为严重。在第二阶段网络中，不仅需要深层的语义信息，还需要结合周围的背景信息表示行人特征来提升检测性能。设计网络时，不但增加了网络深度来提取深层语义信息，而且提出全局特征增强机制，是一种基于全局背景信息的行人检测算法。

1. 网络结构

虽然 AMS-Net 的第一阶段网络采用多尺度融合模块丰富了小尺度行人特征，但是当监控视频中的目标之间存在语义近邻、发生重叠等情况时，会发生误判行人目标，或者同一个候选框出现多个检测目标的情况。这是由于第一阶段设计的轻量级浅层网络虽然可以快速进行目标分类任务和边界框回归任务，为后续阶段提供候选框，但是网络提取的特征只是行人目标的浅层表征信息。另外，当使用区域生成网络推荐的候选框时，传统的做法是只截取候选框的区域，而没有增加额外的背景信息。为了解决以上的问题，第二阶段网络增加了网络深度提取行人目标更深层次的语义信息，并且网络的输入为获得上下文背景信息的边界框，即对第一阶段推荐的候选区域进行上下文填充操作，然后利用全局特征增强模块进一步提升检测性能。第二阶段网络结构图如图 6-10 所示。

第二阶段网络包含主干网络和全局特征增强机制。首先，将第一阶段产生的原始候选区域按照尺寸扩大一定倍数 A，设置参数 $A=1.2$，将其按比例缩放到固定尺寸后输入主干网络(第二阶段的网络输入图像高度和宽度分别为 48 和 24)产生细节得分和回归向量。然后，将主干网络中第四层(Conv4)提取的特征图和细节得分输入全局特征增强模块，产生最终的分类得分。最后，设置阈值，利用分类得分过滤大量非行人类别，根据主干网络的回归向量对行人类别目标进行位置回归。此阶段可以排除大量的非行人区域，为第三阶段网络提供更准确的行人样本框。

2. 全局特征增强机制

检测器不仅可以提取行人目标的特征，还可以得到检测目标周围区域的特征。

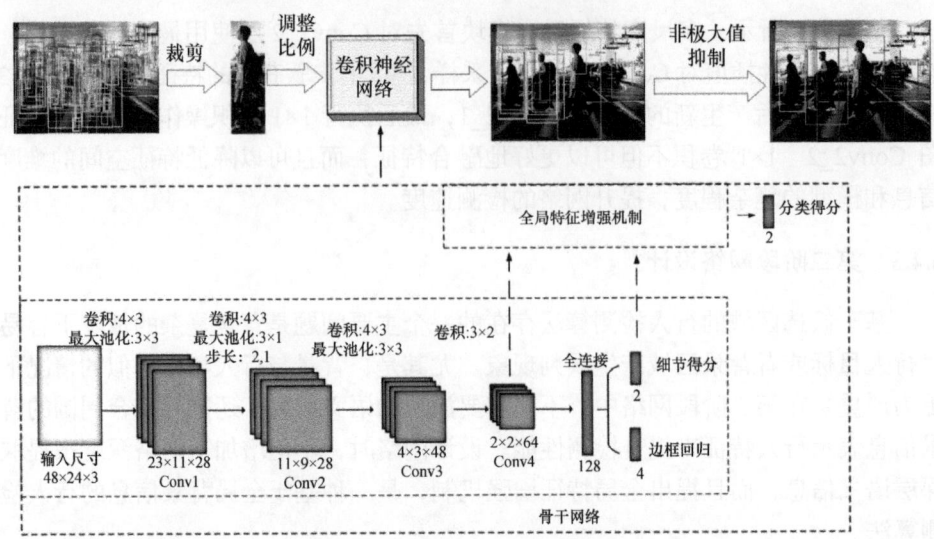

图 6-10 第二阶段网络结构图

语义信息扩充示例图如图 6-11 所示。首先，输入主干网络中第四层的特征图和细节得分，特征图经过最大池化算法得到 64 维度的全局特征向量。然后，经过全连接层映射到 128 维特征空间，利用该向量产生全局得分。最后，分类分数按照不同比例结合全局得分和细节得分获得。具体来说，不同于直接使用全局特征向量，本机制将其映射到更高的特征空间后计算特征得分，可以让网络自动学习如何更好地融合背景信息与行人目标信息。全局特征增强机制结构如图 6-12 所示。具体算法计算流程如下。

图 6-11 语义信息扩充示例图

步骤 1：计算全局特征向量 α，即

$$\alpha = g(F_{\text{Conv4}}) \tag{6-13}$$

其中，g 为最大池化算法；F_{Conv4} 为 Conv4 层的特征图。

步骤 2：计算全局得分 s_g，即

$$s_g = f(\alpha) \tag{6-14}$$

其中，f 为特征映射函数。

步骤 3：计算分类得分 s_f，即

$$s_f = w_d s_d + w_g s_g \tag{6-15}$$

其中，w_d 和 w_g 为细节信息和全局信息的权重系数；s_d 为主干网络中的细节得分。

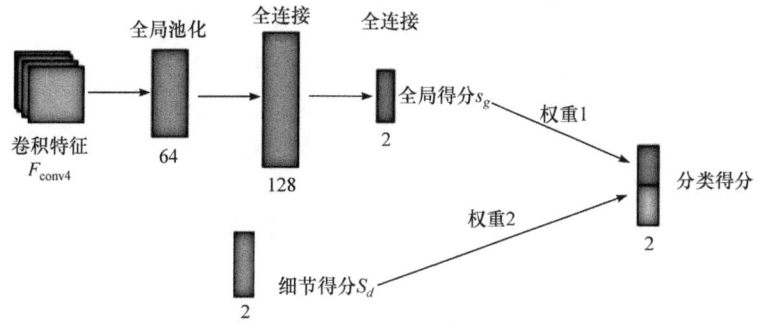

图 6-12　全局特征增强机制结构

6.4.4　第三阶段网络设计

基于前两阶段网络的检测结果，虽然可以排除大量的非行人区域，但是对于识别难度较大的复杂背景，存在很多与小尺度行人特征近邻的干扰区域，需要进一步提升小尺度行人检测性能，过滤误检的非行人检测框，进一步准确地回归边界框位置信息，本节设计第三阶段网络进一步细化小尺度行人特征信息，并回归边界框位置。第三阶段网络结构图如图 6-13 所示。

为了细化小尺度行人特征，本阶段网络没有采用池化操作对特征图进行下采样。虽然池化操作可以扩大目标物体的感受野范围，对于小尺度行人，池化并不是有效的操作。主要原因有两个：第一，池化操作会导致信息缺失，这对小尺度行人检测的影响尤其明显；第二，因为行人体态通常以长方形特征为主，而池化操作对于高度方向的采样距离大于宽度方向的采样距离，即在不同方向进行非均匀采样，会破坏行人特征内部存在的相对位置关系。此外，本阶段网络需要过滤掉与小尺度行人特征相似度极高的背景区域。因此，在网络设计上，不但增加了卷积层数，而且将全连接层由第二阶段的 128 个神经元增加到 256 个神经元，在高维度空间中进一步区分行人区域与非行人区域。首先，将第二阶段产生的目标区域按比例缩放到固定尺寸(第三阶段的网络输入图像高度和宽度分别为 96 和48)。然后，经过特征提取后得到最终的分类得分和位置回归向量。相比第二阶段的网络，增加的第三阶段网络不但可以细化小尺度行人特征，提升识别性能，而且使回归的边界框位置信息更加准确。

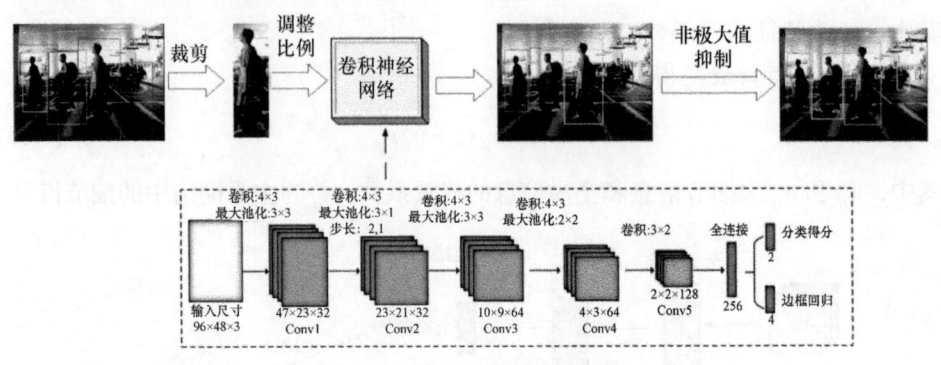

图 6-13　第三阶段网络结构图

6.5　网络模型训练与测试

本节主要介绍 AMS-Net 模型在训练过程中的具体信息，包括损失函数的设计，以及基于单阶段网络训练的多阶段网络联合训练方式。此外，在训练过程中提出新的困难样本挖掘策略，可以进一步提升小尺度行人检测性能。

6.5.1　困难样本挖掘

AMS-Net 和各个子模块的设计虽然可以丰富小尺度行人的特征信息，但是相比于大尺度行人，小尺度样本依然是困难样本。尤其是，面向视频监控的复杂背景中，存在许多语义信息相近的背景信息。本节尝试探索困难样本挖掘技术在小尺度行人检测中的应用。困难样本挖掘策略主要解决类内样本不平衡问题，即困难样本远少于简单样本。在线负样本挖掘(online hard example mining, OHEM)是有效的策略之一，但是在模型训练过程中，并不是对训练样本进行随机选择，而是计算所有训练样本的损失数值后按照大小排序，只利用损失数值高的样本进行反向传播，更新网络参数。但是，这种策略完全忽略了简单样本，过度挖掘困难样本，从而导致模型对小尺度行人检测置信度的下降，降低网络的泛化能力。采用焦点损失[36]可以解决上述问题，在通用目标检测中十分有效。焦点损失策略利用全部的训练样本，即焦点损失函数分别对简单样本和困难样本进行处理，赋予不同的权重系数。此方法适用于锚盒稀疏且尺度和比例信息变化大的通用目标检测，相同特征中心的不同锚盒可以提供额外的信息。由于在小尺度行人检测任务中存在大量与行人特征相似的背景样本，而且行人体态特征固定、锚盒设计上尺寸变化小，锚盒之间存在大量重叠，训练过程中存在无用的重复计算，因此焦点损失在小尺度行人检测中表现不佳。基于以上考虑，本节提出随机焦点损失挖掘技术，即结合随机样本选择方法和焦点损失函数的优点，让焦点损失函数更加适用于小尺度行人检测。

焦点损失可以控制训练集中的困难样本，但是无法调节比例和数量。随机样本选择策略虽然无法将注意力集中在困难样本上，但是可以调节正负样本之间的比例和数量。因此，本节将两者的各自优点结合起来训练 AMS-Net，保证高效地训练网络模型。具体做法是按照一定的比例随机选择三种不同类型的样本，即非行人区域：行人区域：部分行人区域=3∶1∶1；批量样本数量设置为 150，即非行人区域、行人区域、部分行人区域的数量为 90、30、30。

6.5.2　损失函数设计

AMS-Net 同时实现行人识别和边界框回归任务，属于多任务学习。训练样本采集三种不同形式的样本，即行人样本、非行人样本、部分行人样本。不同的训练任务有不同的损失函数，利用行人样本与非行人样本训练分类任务，行人样本与部分行人样本训练位置回归任务。进行分类训练时，不需要对回归损失反向传播，因此引入指示参数，设计多任务学习损失函数，即

$$\min \sum_{t=1}^{N} \sum_{j \in \{\text{det, box}\}} \alpha_j \beta_t^j \text{loss}_t^j \tag{6-16}$$

其中，N 为训练样本的总数量；α_j 为不同任务的权重系数，这里设置 $\alpha_{\text{det}}=1$，$\alpha_{\text{box}}=0.5$，代表检测任务的权重系数和位置回归的权重系数；$\beta_t^j \subset \{0,1\}$ 为指示参数。

对于预测框位置回归任务，网络模型需要学习预测框和标注框之间的位置偏移向量，选择欧几里得距离作为损失函数，即

$$\text{loss}_t^{\text{box}} = \| \hat{y}_t^{\text{box}} - y_t^{\text{box}} \|_2^2 \tag{6-17}$$

其中，y_t^{box} 为标注框的坐标信息；$\hat{y}_t^{\text{box}}$ 为 AMS-Net 预测框的坐标信息；$y_t^{\text{box}} \in R^4$ 为左上角坐标和右下角坐标。

对于分类任务，网络模型损失函数选择随机焦点损失，即

$$\text{loss}_t^{\text{det}} = \text{FL}(p_t) \tag{6-18}$$

焦点损失函数的具体细节如下。为了聚焦困难样本，本书所用的焦点损失改

进了标准交叉熵函数。标准交叉熵函数为

$$\mathrm{CE}(p,y) = \begin{cases} -\log p, & y = 1 \\ -\log(1-p), & \text{其他} \end{cases} \tag{6-19}$$

其中，$y \in \{\pm 1\}$ 为训练行人样本标签；$P \in [0,1]$ 为行人置信率。

用 p_t 表示 p，即

$$p_t = \begin{cases} p, & y = 1 \\ 1-p, & \text{其他} \end{cases} \tag{6-20}$$

则

$$\mathrm{CE}(p,y) = \mathrm{CE}(p_t) = \log(p_t) \tag{6-21}$$

为了解决行人样本与非行人样本之间的不均衡问题，在标准交叉熵的基础上引入权重因子构建平衡交叉熵损失函数，即

$$\alpha_t = \begin{cases} \alpha, & y = 1 \\ 1-\alpha, & \text{其他} \end{cases} \tag{6-22}$$

$$\mathrm{CE}(p_t) = -\alpha_t \log(p_t) \tag{6-23}$$

式(6-23)并没有解决简单样本与困难样本之间的不平衡问题，所以焦点损失引入了带有超参数的动态平衡因子 $(1-p_t)^\gamma$，即

$$\mathrm{FL}(p_t) = -(1-p_t)^\gamma \log(p_t) \tag{6-24}$$

其中，$\gamma = 2$。

融合权重因子可以解决前景和背景样本不平衡问题，最终的焦点损失函数为

$$\mathrm{FL}(p_t) = -\alpha_t (1-p_t)^\gamma \log(p_t) \tag{6-25}$$

6.5.3 模型训练与测试配置

相比其他行人检测样本，CityPerson 数据集的样本采样范围广，可以保证模型的泛化能力[24]。因此，网络模型参数在 CityPerson 数据集进行预训练，然后基于其他数据集微调网络参数，在相应数据集的测试样本中进行模型性能评估。

1. 训练方法

首先，对各个阶段的网络单独训练，保证模型中各子网络本身的检测性能。然后，联合训练多阶段级联网络，微调各阶段网络参数，提升整体模型的表现性能。

2. 实验配置

AMS-Net 的代码基于主流的深度学习框架 TensorFlow，硬件设备配置是 GTX

1080Ti。详细的实验配置信息如表 6-6 所示。

表 6-6 实验配置信息

操作系统	Windows10
CPU	i5-8600
内存	12GB
显卡	NVIDIA GTX 1080Ti(12GB)
深度学习框架	TensorFlow

3. 超参数设置

第一阶段网络的 I-RPN 利用缩放系数 0.7 将输入待检测图片构建成图像金字塔。第二阶段网络的全局特征增强机制的细节得分权重 $w_d = 0.7$，全局得分权重 $w_g = 0.3$。各阶段网络单独训练时，NMS 阈值设置为 0.6，网络联合训练时，在级联网络中设置不同 IoU 阈值，防止网络发生过拟合现象，提升网络的检测性能。因此，在训练阶段和测试阶段，AMS-Net 的第一阶段网络到第三阶段网络的 NMS 阈值分别为 0.5、0.6、0.7。

6.6 多阶段级联网络模型的有效性分析

本节首先将 AMS-Net 与具有代表性的一些行人检测算法在 Caltech、INRIA、ETH、KITTI 和 CityPerson 数据集进行性能评估对比实验，包括检测精度和检测实时性。然后，在具有挑战性的 Caltech 数据集上，通过消融实验验证 AMS-Net 中各个子模块的有效性，即多阶段级联方式的影响、长方形卷积核的合理性、特殊比例锚盒对网络性能的影响、I-PRN 网络和多尺度特征融合模块，以及全局特征增强机制在小尺度行人检测中的作用。最后，可视化行人检测结果，分别与一阶段网络和两阶段网络行人检测结果对比可视化。

6.6.1 不同算法性能对比

本节分别在不同的五个行人检测数据集上验证 AMS-Net 算法的有效性，并与一些代表性的行人检测算法进行对比实验。

1. Caltech 数据集

在 Reasonable 子数据集下，将本书方法与 ACF(attentional class feature，注意类特征)、LDCF(locally decorrelated channel features，局部无关通道特征)、

CCF(convolutional channel features，卷积通道特征)、ShearFtrs(shearlet features，剪切波特征)、YOLO v3、DeepParts(深度部件方法)、SA-Fast R-CNN(scale-aware fast R-CNN，尺度感知快速区域的卷积网络方法)、YOLO v3-ours(本书方法)、ADM(active detection module，主动检测模块)、GDFL(graininess-aware deep feature learning，粒度感知深度特征学习)、TLL-TFA (topology localization and temporal feature aggregation，拓扑定位和时间特征聚合)、AR-Ped(auto regressive pedestrian detection，基于自回归网络的行人检测)等方法进行对比实验。实验结果如图 6-14 所示。本书方法在不降低精度的同时可以提升检测速度。由于算法的目的是提升小尺度行人检测的性能，因此将其在 Far 和 Medium 子数据下进行性能评估。实验表明，本书设计的多阶段级联网络的有效性，尤其对于小尺度行人有明显效果。实验结果如图 6-15 所示。

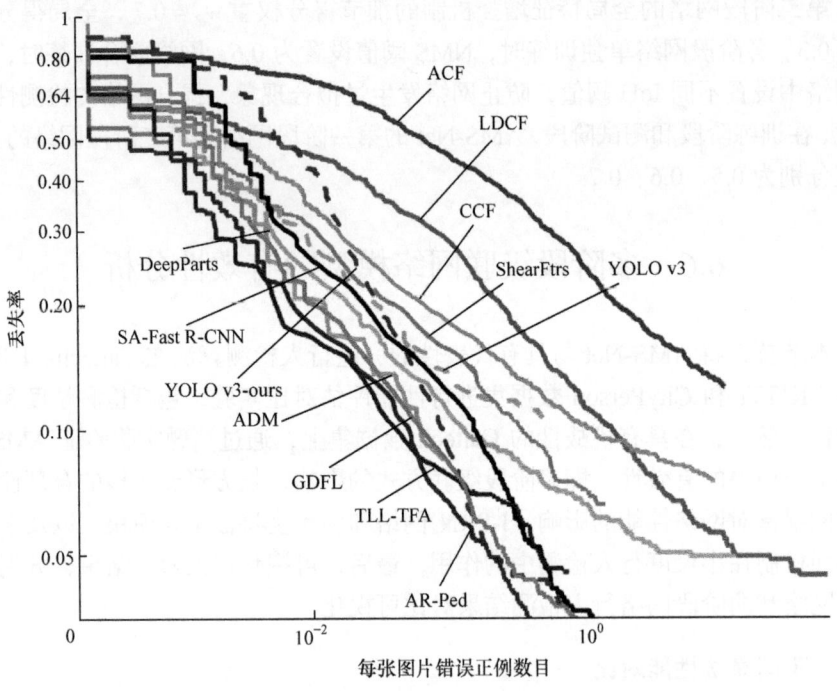

图 6-14　不同算法在 Caltech 中 Reasonable 数据集的检测结果对比

2. KITTI 数据集

在 Easy、Moderate 和 Hard 三个子数据集下与 GDFL[5]、CompACT-Deep[7]、SA-Fast R-CNN[37]和 RPN+BF[38]等算法进行性能对比。表 6-7 表明，本书算法的精确率-召回率在 3 个子数据集下最高，分别是 84.59%、68.57%和 66.97%，相比其他算法中性能最好的 GDFL，提升 0.81%、0.84% 和 0.90%。此外，由于 KITTI

| | (a) 远距离 | (b) 运动模糊 | (c) 人群遮挡 | (d) 黑暗 |

SA-Fast R-CNN

YOLO-Baseline

YOLO-Person
(本书)

图 6-15 本书方法与流行方法在 Caltech 数据集、背景环境下结果展示

数据集中的检测图片分辨率高于其他数据集，耗费检测时间，因此在此数据集下进行实时性测试，本书的网络模型检测一张图片时间是 0.19s。不同算法在KITTI(Moderate)数据集的检测结果对比如图 6-16 所示。

表 6-7　不同算法在 KITTI 数据集的误检率对比

算法	简单样本/%	中等样本/%	困难样本/%	检测时间/s
DeepParts	70.49	57.15	51.64	1
CompACT-Deep	70.69	58.14	52.71	1
RPN+BF	77.21	61.05	55.12	0.6
SA-Fast R-CNN	77.93	65.01	60.42	0.59
GDFL	83.78	67.73	60.07	0.15
本书算法(AMS-Net)	84.59	68.57	66.97	0.19

3. 在 CityPerson 数据集上

与 TTL[39]和 Cascade R-CNN[40]算法的实验对比分析表明，在小尺度行人检测上，AMS-Net 的对数平均漏检率为 12.57%，检测性能最好。不同算法在 CityPerson数据集的误检率对比如表 6-8 所示。在 CityPerson 中，相比 Small 子数据集中的行人样本，Reasonable 子数据集包含大量严重遮挡的行人样本，在遮挡情况下的行人特征与正常情况下的行人特征差别很大，而本书算法对小尺度行人特征敏感，因此对 Reasonable 子数据集的评估结果有一定的影响。

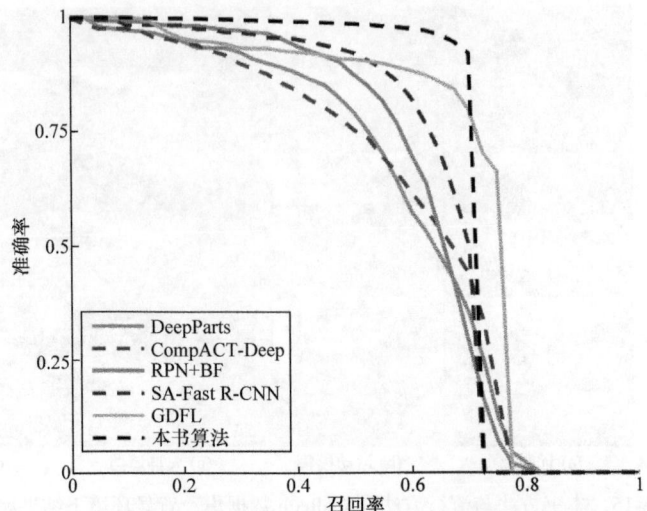

图 6-16　不同算法在 KITTI(Moderate)数据集的检测结果对比

表 6-8　不同算法在 CityPerson 数据集的误检率对比

算法	合理的样本[50, ∞]	小样本[30, 80]
Cascade R-CNN	11.62	13.64
TTL	14.4	—
本书算法(AMS-Net)	13.98	12.57

注：—表示相应算法没有提供该数据集中的检测结果。

综上所述，本书算法具有很好的泛化能力。非对称多尺度级联网络在以上行人检测数据集中都达到较好的检测效果，尤其对于小尺度行人检测任务，检测性能有很大的提升。

6.6.2　各模块消融实验

为了验证 AMS-Net 中不同子模块网络的有效性，在 Caltech 数据集下对基于各模块的网络进行性能评估。

① 锚盒模块网络。其中 A 表明本书的默认配置，即 5 种锚盒比例；N-A 表明使用 Faster R-CNN 中 3 种锚盒比例的设置。为了与 Faster R-CNN 公平比较，本书设置 A-3 变体表示在默认配置中选择前 3 种比例的锚盒。

② 非对称卷积核网络。为了对比长方形卷积在行人检测任务中的合理性，设计 R 变体表示长方形卷积核，S 变体表示正方形卷积核。

③ 特征融合模块网络。设计 F 和 G 表示多尺度特征融合模块和全局特征增

强机制,验证每个子模型的有效性;N-F 和 N-G 表示测试过程中不使用相应模型检测行人。

AMS-Net 的不同变体在 Caltech 数据集的检测结果对比如表 6-9 所示。下面详细介绍以上不同配置的消融实验检测结果。

表 6-9　AMS-Net 的不同变体在 Caltech 数据集的检测结果对比

算法	Reasonable 子集/%	Medium 子集/%	Far 子集/%	模型参数(K)	检测时间/s
AMS(N-A, S, N-F, N-G)	18.37	38.74	81.35	482.59	0.04
AMS(A-3, S, N-F, N-G)	13.57	37.29	57.86	482.59	0.04
AMS(A, S, N-F, N-G)	10.63	34.56	56.56	482.59	0.06
AMS(A, S, F, N-G)	9.31	32.51	56.31	488.61	0.06
AMS(A, S, N-F, G)	8.86	31.42	54.97	492.06	0.07
AMS(A, S, F, G)	8.54	29.17	54.72	497.32	0.07
AMS(A, R, F, G)	7.32	24.34	51.36	516.43	0.08

本节分析锚盒比例对行人检测结果的影响,其中 A-3 使用的锚盒比例为 2:1、2.3:1、2.5:1,N-A 锚盒比例设置为 1:2、1:1、2:1。实验结果表明,使用接近行人体态特征的锚盒比例可以提升行人检测结果,在 Caltech 的 Far 子数据集下,相比 A-3,平均对数误检率减少 23.49%。

表 6-9 中 AMS(A, S, F, G)表示在 AMS-Net 中使用正方形卷积,AMS(A, R, F, G)表示使用矩形卷积核。R 的设置比 S 更适合行人检测任务,其原因是,行人的高度信息总是比宽度信息更稳定,不容易受到姿态变化的影响。因此,矩形卷积核提取的行人特征更具有代表性。在 Caltech 的 Far 子数据集下,平均对数误检率减少 3.26%。

多尺度融合模块融合不同尺度的特征图,可以丰富小尺度行人的特征信息。为了证明这一设计的有效性,设计 F 和 N-F 在 Caltech 数据集下进行对比实验。检测结果如表 6-9 所示。在 Caltech 的 Far 子数据集下,平均对数误检率减少约 0.25%。

全局特征增强机制结合全局信息和细节信息,充分利用上下文语义信息辅助小尺度行人检测。对于小尺度行人检测任务,全局特征增强机制的平均对数误检率减少 1.59%。

AMS-Net 不同阶段的网络在 Caltech 数据集(Far)的检测结果对比如表 6-10 所示。其中,一阶段网络(1)仅使用 I-RPN 检测行人实例,没有进行后续阶段网络的细化任务;两阶段网络模型使用第一阶段 I-RPN 和第二阶段网络联合检测(1-2),以及联合第一阶段 I-RPN 和第三阶段网络检测行人(1-3)。实验表明,(1-3)的组合优于(1-2)的组合，这是因为复杂度高的网络可以提取行人更深层次的语义信息，提升检测效果。三阶段的网络模型，即 AMS-Net，优于其他模型，而且相比(1-3)，可以减少模型检测运行的时间。主要有两个原因：第一，三阶段网络模型可以对前阶段网络的检测结果进一步细化，使定位和检测更加准确；第二，第二阶段网络可以排除大量的非行人区域，减少进入第三阶段网络候选区域的数量，提升检测时间。

表 6-10　AMS-Net 不同阶段的网络在 Caltech 数据集(Far)的检测结果对比

网络阶段	平均对数误检率/%	模型参数 (K)	检测时间/s
1	95.73	11.28	0.02
2(1-2)	89.62	104.63	0.05
2(1-3)	71.45	422.68	0.14
3	51.36	516.43	0.08

不同于锚盒金字塔和图像金字塔，联合金字塔策略将图像金字塔与锚盒金字塔结合起来。表 6-11 所示为不同金字塔策略在 Caltech 数据集(Far)的检测结果对比。相比锚盒金字塔，联合金字塔策略的候选框数量从 1471 减少到 830，主要是因为联合金字塔策略可以保证特征图更好地匹配原图的目标区域。I-RPN 能产生更准确的候选区域，减少非行人区域的误推荐，误检率减少了 29.41%。相比图像金字塔，联合金字塔策略可以适应小尺度行人的尺度变化，从而减小平均对数误检率。

表 6-11　不同金字塔策略在 Caltech 数据集(Far)的检测结果对比

金字塔方式	平均对数误检率/%	候选框数量	检测时间/s
锚盒金字塔	80.77	1471	0.05
图像金字塔	62.81	679	0.06
联合金字塔	51.36	830	0.08

6.7　本章小结

本章首先介绍五个行人数据集，并介绍模型性能评估的相关评估指标。然后，基于 YOLO 多尺度空间特征融合的道路区域行人检测方法，提出一种 AMS-Net，并详细描述各阶段网络设计、模型训练、测试及其有效性分析。

参 考 文 献

[1] Wang X, Han T X, Yan S. An HOG-LBP human detector with partial occlusion handling// Proceedings of the IEEE International Conference on International Conference, Kyoto, 2009: 32-39.

[2] Zhang S, Bauckhage C, Cremers A B. Informed haar-like features improve pedestrian detection// Proceedings of the IEEE Conference on International Conference and Pattern Recognition, Colombia, 2014: 947-954.

[3] Saunders C, Stitson M, Weston J, et al. Support vector machine. Computer Science, 2002, 1(4): 1-28.

[4] Cutler A, Cutler D R, Stevens J R. Random Forests. Boston: Springer Verlag, 2012.

[5] Lin C, Lu J, Wang G, et al. Graininess-aware deep feature learning for pedestrian detection// Proceedings of the European Conference on International Conference, Munich, 2018: 732-747.

[6] Liu W, Liao S, Hu W, et al. Learning efficient single-stage pedestrian detectors by asymptotic localization fitting//Proceedings of the European Conference on International Conference, Munich, 2018: 618-634.

[7] Li Z, Chen Z, Wu Q J, et al. Real-time pedestrian detection with deep supervision in the wild. Signal, Image and Video Processing, 2019, 13 (4): 761-769.

[8] Zhou C, Yuan J. Bi-box regression for pedestrian detection and occlusion estimation// Proceedings of the European Conference on International Conference, Munich, 2018: 135-151.

[9] Dalal N, Triggs B. Histograms of oriented gradients for human detection//Proceedings of the IEEE Conference on International Conference and Pattern Recognition, San Diego, 2005: 886-893.

[10] Viola P, Jones M J, Snow D. Detecting pedestrians using patterns of motion and appearance. International Journal of Computer Vision, 2005, 63 (2): 153-161.

[11] Marín J, Vázquez D, López A M, et al. Occlusion handling via random subspace classifiers for human detection. IEEE Transactions on Cybernetics, 2013, 44 (3): 342-354.

[12] Dollár P, Tu Z, Perona P, et al. Integral channel features//Proceedings of the British Machine Vision Conference, London, 2009.

[13] Felzenszwalb P, Mcallester D, Ramanan D. A discriminatively trained, multiscale, deformable part model//Proceedings of the IEEE Conference on International Conference and Pattern Recognition, Anchorage, 2008: 1-8.

[14] Yan J, Zhang X, Lei Z, et al. Robust multi-resolution pedestrian detection in traffic scenes//Proceedings of the IEEE Conference on International Conference and Pattern Recognition, Oregon, 2013: 3033-3040.

[15] Ren S, He K, Girshick R, et al. Faster R-CNN: Towards real-time object detection with region proposal networks//Advances in Neural Information Processing Systems, Montreal, 2015: 91-99.

[16] Redmon J, Divvala S, Girshick R, et al. You only look once: Unified, real-time object detection//Proceedings of the IEEE Conference on International Conference and Pattern Recognition, Las Vegas, 2016: 779-788.

[17] Redmon J, Farhadi A. YOLO9000: Better, faster, stronger//Proceedings of the IEEE Conference on International Conference and Pattern Recognition, Hawaii, 2017: 7263-7271.

[18] Cai Z, Fan Q, Feris R S, et al. A unified multi-scale deep convolutional neural network for fast object detection//Proceedings of the European Conference on International Conference, Amsterdam, 2016: 354-370.

[19] Girshick R. Fast R-CNN//Proceedings of the IEEE International Conference on International Conference, Santiago, 2015: 1440-1448.

[20] Sermanet P, Eigen D, Zhang X, et al. Overfeat: Integrated recognition, localization and detection using convolutional networks//International Conference on Learning Representations, Banff, 2014: 1-14.

[21] Dollar P, Wojek C, Schiele B, et al. Pedestrian detection: An evaluation of the state of the art. IEEE Transactions on Pattern Analysis and Machine Intelligence, 2012, 34 (4): 743-761.

[22] Ess A, Leibe B, van Gool L. Depth and appearance for mobile scene analysis//Proceedings of the IEEE International Conference on International Conference, Rio de Janeiro, 2007: 1-8.

[23] Geiger A, Lenz P, Stiller C, et al. Vision meets robotics: The kitti dataset. The International Journal of Robotics Research, 2013, 32 (11): 1231-1237.

[24] Zhang S, Benenson R, Schiele B. Citypersons: A diverse dataset for pedestrian detection// Proceedings of the IEEE Conference on International Conference and Pattern Recognition, Hawaii, 2017: 3213-3221.

[25] Cordts M, Omran M, Ramos S, et al. The cityscapes dataset for semantic urban scene understanding//Proceedings of the IEEE Conference on International Conference and Pattern Recognition, Las Vegas, 2016: 3213-3223.

[26] Lin T Y, Dollár P, Girshick R, et al. Feature pyramid networks for object detection//Proceedings of the IEEE Conference on International Conference and Pattern Recognition, Hawaii, 2017: 2117-2125.

[27] He K, Zhang X, Ren S, et al. Spatial pyramid pooling in deep convolutional networks for visual recognition. IEEE Transactions on Pattern Analysis and Machine Intelligence, 2015, 37 (9): 1904-1916.

[28] Hu J, Shen L, Sun G. Squeeze-and-excitation networks//Proceedings of the IEEE Conference on International Conference and Pattern Recognition, Salt Lake City, 2018: 7132-7141.

[29] Redmon J, Farhadi A. YOLOv3: An incremental improvement//Proceedings of the IEEE Conference on International Conference and Pattern Recognition, Salt Lake City, 2018: 1-6.

[30] He K, Gkioxari G, Dollár P, et al. Mask R-CNN//Proceedings of the IEEE International Conference on International Conference, Venice, 2017: 2961-2969.

[31] Ren S, He K, Girshick R, et al. Faster R-CNN: Towards real-time object detection with region proposal networks//Advances in Neural Information Processing Systems, Montreal, 2015: 91-99.

[32] Arthur D, Vassilvitskii S. K-means++: The advantages of careful seeding//Proceedings of the Eighteenth Annual ACM-SIAM Symposium on Discrete Algorithms, New Orleans, 2007: 1027-1035.

[33] Kong T, Yao A, Chen Y, et al. Hypernet: Towards accurate region proposal generation and joint object detection//Proceedings of the IEEE Conference on International Conference and Pattern Recognition, Las Vegas, 2016: 845-853.

[34] Blu T, Thévenaz P, Unser M. Linear interpolation revitalized. IEEE Transactions on Image Processing, 2004, 13 (5): 710-719.

[35] Li X, Orchard M T. New edge-directed interpolation. IEEE Transactions on Image Processing, 2001, 10 (10): 1521-1527.

[36] Lin T Y, Goyal P, Girshick R, et al. Focal loss for dense object detection//Proceedings of the IEEE International Conference on International Conference, Venice, 2017: 2980-2988.

[37] Li J, Liang X, Shen S, et al. Scale-aware fast R-CNN for pedestrian detection. IEEE Transactions on Multimedia, 2017, 20 (4): 985-996.

[38] Zhang L, Lin L, Liang X, et al. Is faster R-CNN doing well for pedestrian detection// Proceedings of the European Conference on International Conference, Amsterdam, 2016: 443-457.

[39] Song T, Sun L, Xie D, et al. Small-scale pedestrian detection based on somatic topology localization and temporal feature aggregation//Proceedings of the European Conference on International Conference, Munich, 2018: 536-551

[40] Cai Z, Vasconcelos N. Cascade R-CNN: Delving into high quality object detection//Proceedings of the IEEE Conference on International Conference and Pattern Recognition, Salt Lake City, 2018: 6154-6162.

第 7 章　地面标志线检测

7.1　地面标志定义

地面标志指在地面上用线条、字符标记、突起路标和轮廓标等向行驶者传递引导、限制、警告等交通信息的标识。其作用是管制和引导交通，使车辆能顺利无堵塞行驶。标线主要划设于道路表面，因为日晒雨淋和车辆的冲击磨耗，所以要求反射能力强、色彩鲜明和能见度好。此外，还要有一定的抗滑性和耐磨性，以保证行车安全和车辆使用寿命。

地面标志通常包括车道线、停止线、斑马线、菱形标志、限速标志和专用车道标志等。由于道路类型的不同，地面标志也有所不同。按线类型可分为实线和虚线两种，按颜色有白色和黄色两种，细分有白色虚线、白色实线、黄色虚线、黄色实线、双白虚线、双黄实线、黄色虚实线和双白实线等 8 种类型。常用的地面标志线类型如图 7-1 所示。

图 7-1　常用地面标志线类型

在真实的道路交通环境下，地面标志线相比路旁其他标志，其本身的颜色特征不太明显，同时又不具有特殊的外围形状特征。这些特点都使对地面标志线的自动检测变得非常困难。地面标志线检测研究尽管已经相对成熟，但是依旧面临挑战(图 7-2)，主要原因有以下几个。

① 标志线质量差、磨损、污迹遮挡，甚至有的标志线因修路或者施工，受到严重破坏。

② 标线特征不明显，由于各城市各路段的标志线标准不一，标志线宽度、颜色等都不尽相同。

③ 受光照变化影响，不同季节、不同时刻，以及车辆的不同姿态对地面受光照的影响都是不一样的，经常出现道路反光，地面图像一片亮白，桥底、隧道由于采光不足无法看清标志线。

④ 受恶劣天气影响，在雨雪天气，道路积水积雪，标志线被盖住。此外，还有各种遮挡，如车辆、阴影、光斑、栏杆等。

图 7-2　地面标志线检测时的困难场景

7.2　地面标志结构化处理

本节对地面标志的结构化处理问题进行研究，基于深度学习实例分割的方法实现图像的像素级分割，能识别出地面标志像素点，并区分不同的个体。但这些离散的像素点并不具备应用价值，我们仍然需要对地面标志特征点进行结构化处理。针对地面指示箭头，需要在坐标系转换之后，将离散的点处理为具有结构信息的坐标点，然后用于自动驾驶车辆路口定位、高精度地图构建等应用中。其中，对车道线的结构化信息处理是重点。考虑真实驾驶环境中路况的复杂多样性，传统的线性拟合模型并不能满足真实驾驶环境中车道线复杂的线型特点，因此我们先对离散的车道线信息点用聚类模型处理，同时结合驾驶环境中不同视野内车道线的线型特点，提出一种用于车道线拟合的自适应拟合方法。它可以满足不同类型车道线的拟合，较单一的拟合方法可以提高拟合精准度。

7.2.1 逆透视变换

在获取摄像机内外参数等相关系数之后，我们利用这些参数矩阵之间的相互关系将图像坐标系下的图像投影到世界坐标系，消除图像的透视效果，为进一步结构化处理进行准备。逆透视变换(inverse perspective mapping, IPM)关系图如图 7-3 所示。

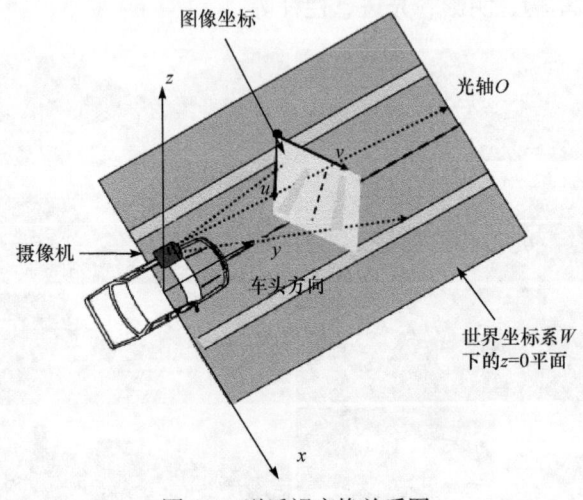

图 7-3　逆透视变换关系图

设图像上的一点坐标为 $P_{pm} = [u_1, v_1, 1]^T$，世界坐标系上的一点 $P_w = [x_w, y_w, z_w, 1]^T$ 在 IPM 图像上的一点坐标为 $P_{ipm} = [u_2, v_2, 1]^T$。

图像坐标系与世界坐标系的具体转换过程为

$$
P_{pm} = \begin{bmatrix} u_1 \\ v_1 \\ 1 \end{bmatrix}
$$

$$
= \begin{bmatrix} f_x & 0 & u_0 \\ 0 & f_y & v_0 \\ 0 & 0 & 1 \end{bmatrix} \begin{bmatrix} 1 & 0 & 0 & 0 \\ 0 & 1 & 0 & 0 \\ 0 & 0 & 1 & 0 \end{bmatrix} \begin{bmatrix} r_{11} & r_{12} & r_{13} & t_x \\ r_{21} & r_{22} & r_{23} & t_y \\ r_{31} & r_{32} & r_{33} & t_z \\ 0 & 0 & 0 & 1 \end{bmatrix} \begin{bmatrix} x_w \\ y_w \\ z_w \\ 1 \end{bmatrix} \tag{7-1}
$$

$$
= \begin{bmatrix} f_x & 0 & u_0 \\ 0 & f_y & v_0 \\ 0 & 0 & 1 \end{bmatrix} \begin{bmatrix} r_{11} & r_{12} & r_{13} & t_x \\ r_{21} & r_{22} & r_{23} & t_y \\ r_{31} & r_{32} & r_{33} & t_z \end{bmatrix} \begin{bmatrix} x_w \\ y_w \\ z_w \\ 1 \end{bmatrix}
$$

假设世界坐标系下的 $z_w = 0$，即计算机图像上所有像素对应的点在物理世界上都是位于地面的，将 $P_w = [x_w, y_w, 0, 1]^{\mathrm{T}}$ 代入式(7-1)可得

$$
P_{\mathrm{pm}} = \begin{bmatrix} f_x & 0 & u_0 \\ 0 & f_y & v_0 \\ 0 & 0 & 1 \end{bmatrix} \begin{bmatrix} r_{11} & r_{12} & r_{13} & t_x \\ r_{21} & r_{22} & r_{23} & t_y \\ r_{31} & r_{32} & r_{33} & t_z \end{bmatrix} \begin{bmatrix} x_w \\ y_w \\ 0 \\ 1 \end{bmatrix}
$$

$$
\Leftrightarrow P_{\mathrm{pm}} = \begin{bmatrix} f_x & 0 & u_0 \\ 0 & f_y & v_0 \\ 0 & 0 & 1 \end{bmatrix} \begin{bmatrix} r_{11} & r_{12} & t_x \\ r_{21} & r_{22} & t_y \\ r_{31} & r_{32} & t_z \end{bmatrix} \begin{bmatrix} x_w \\ y_w \\ 1 \end{bmatrix} = \begin{bmatrix} f_x & 0 & u_0 \\ 0 & f_y & v_0 \\ 0 & 0 & 1 \end{bmatrix} \begin{bmatrix} r_{11} & r_{12} & t_x \\ r_{21} & r_{22} & t_y \\ r_{31} & r_{32} & t_z \end{bmatrix} P_w
$$

(7-2)

从世界坐标系转到图像坐标系，对矩阵求逆可得

$$
P_w = \left(\begin{bmatrix} f_x & 0 & u_0 \\ 0 & f_y & v_0 \\ 0 & 0 & 1 \end{bmatrix} \begin{bmatrix} r_{11} & r_{12} & t_x \\ r_{21} & r_{22} & t_y \\ r_{31} & r_{32} & t_z \end{bmatrix} \right)^{-1} P_{\mathrm{pm}} \tag{7-3}
$$

世界坐标系与 IPM 坐标系的转换过程如下。转化为 IPM 坐标系的过程相当于构建一个虚拟的相机。我们将这个坐标系的 xy 平面与地平面平行。为了简单，假设两者对应的 x 轴和 y 轴之间是平行关系。这相当于将贴地物理世界坐标系与摄像机固连起来，或者选择摄像机体的局部坐标系作为物理世界坐标系，即

$$
\begin{aligned}
P_w &= \begin{bmatrix} x_w \\ y_w \\ 1 \end{bmatrix} \\
&= \begin{bmatrix} 1 & 0 & t'_x \\ 0 & -1 & t'_y \\ 0 & 0 & 1 \end{bmatrix} \begin{bmatrix} H/f' & 0 & 0 \\ 0 & H/f' & 0 \\ 0 & 0 & 1 \end{bmatrix} \begin{bmatrix} d' & 0 & -d'u'_0 \\ 0 & d' & -d'v'_0 \\ 0 & 0 & 1 \end{bmatrix} \begin{bmatrix} u' \\ v' \\ 1 \end{bmatrix} \\
&= \begin{bmatrix} \lambda & 0 & -\lambda u'_0 + t'_x \\ 0 & -\lambda & \lambda v'_0 + t'_y \\ 0 & 0 & 1 \end{bmatrix} P_{\mathrm{ipm}}
\end{aligned} \tag{7-4}
$$

其中，令 $H/f' = a'$；u' 和 v' 为虚拟摄像机的电荷耦合器件参数；d' 为焦平面内单个像素代表的物理尺寸。

$a'd'$ 可以记为 λ，由于 λ 是在 d' 前面乘以 H/f' 这个系数，正好是地面物理世界与焦平面物理世界的缩放尺度，因此是一个非常直观的尺度因子，意义是单个像素表示真实地面物理世界的长度，单位是 mm/pixel。

(t'_x, t'_y) 是物理坐标系相对于虚拟摄像机坐标系的偏移。实际中，我们将虚拟摄像机坐标的原点与车头重合，可以理解为以物理坐标系为坐标，车头原点在物理世界坐标系的坐标，单位是 mm。

由上述坐标系之间的转换可得式(7-5)，从而完成对图像的 IPM，得到对应图像的鸟瞰图，即

$$
\begin{aligned}
P_{pm} &= \begin{bmatrix} f_x & 0 & u_0 \\ 0 & f_y & v_0 \\ 0 & 0 & 1 \end{bmatrix} \begin{bmatrix} r_{11} & r_{12} & t_x \\ r_{21} & r_{22} & t_y \\ r_{31} & r_{32} & t_z \end{bmatrix} P_w \\
&= \begin{bmatrix} f_x & 0 & u_0 \\ 0 & f_y & v_0 \\ 0 & 0 & 1 \end{bmatrix} \begin{bmatrix} r_{11} & r_{12} & t_x \\ r_{21} & r_{22} & t_y \\ r_{31} & r_{32} & t_z \end{bmatrix} \begin{bmatrix} \lambda & 0 & -\lambda u'_0 + t'_x \\ 0 & -\lambda & \lambda v'_0 + t'_y \\ 0 & 0 & 1 \end{bmatrix} P_{ipm}
\end{aligned}
\tag{7-5}
$$

通过透视变换得到的图像可以很好地还原道路中地面标志的真实特性。图 7-4 为车载摄像机采集到的透视图通过 IPM 得到的鸟瞰图效果。可以看出，逆透视图像中的车道线互相平行且上下等宽。这证明，逆透视图像具有很好的线性特征。

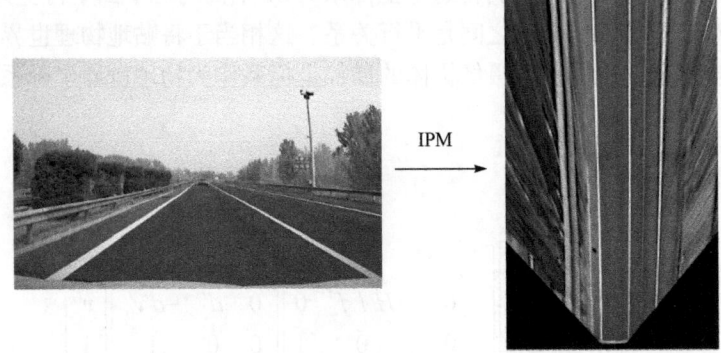

图 7-4　通过逆透视变换得到的鸟瞰图

7.2.2　车道线自适应拟合处理

1. 驾驶区域划分

虽然通过深度学习可以得到车道线特征，但是提取的车道线特征只有离散的车道线坐标信息，并不能直接使用。因此，我们提出一种将车道线的特征点聚类的方法。这样不仅可以有效地排除多车道线之间的干扰，还能进一步获取多车道线信息，为后续车道线的拟合提供更精准、更全面的输入。

在设计聚类算法之前，首先对路面区域进行划分。假设在智能驾驶车辆车载相机进行图像采集的过程中，采集周期为 10ms，车辆每小时行驶距离最多为 200km，通过计算可知，在一个周期内大约前进 10m。我们通过摄像机采集得到原始图像(图 7-5)，将经过网络模型识别的整体路面车道线的上边缘以上的图像区域作为区域 C。此区域主要是天空区域，不包含车道标志线信息。在设计聚类拟合算法时可以消除这一部分的干扰。区域 B 是车载相机拍摄图像的中视野区域，对应的车道线一般都是弧度较大的曲线。简单的线性方程并不能很好地反映此视野区域内车道线的线型特点，需要采用复杂的模型进行拟合。区域 A 是近视野区域，也是视野的主要部分，其中的车道可以近似为直线。此区域内的车道线线型较为简单，可以采用简单的直线拟合模型进行处理。根据不同视野内车道线的线型特点将整体路面信息划分之后，只需在划分好的路面区域关注当前车辆前方图像的近视野和中视野区域内的车道线，并根据不同区域内的线性变换特点设计不同的拟合模型，提高拟合算法的准确性。

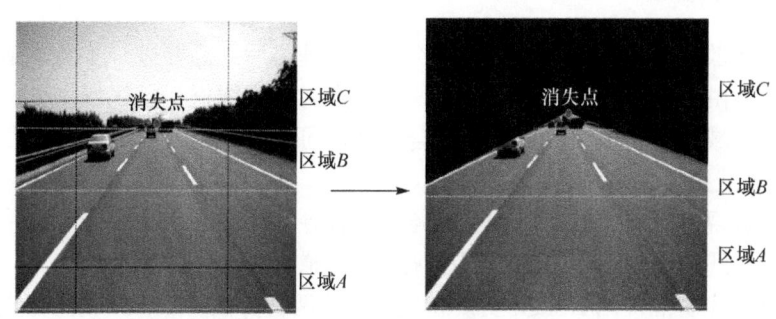

图 7-5　驾驶区域划分

2. 聚类模型设计

在视野区域划分完成之后，我们进一步对车道线进行聚类模型设计，用 $F(x,y)$ 表示提取的特征点坐标，特征段 $B(x_s,y_s,x_e,y_e,k,b,n)$ 表示一系列车道线坐标组成的标记线段信息。其中，(x_s,y_s) 和 (x_e,y_e) 表示一段车道线的起始坐标和结束坐标，k 和 b 为聚类特征坐标的直线参数，n 为当前车道线线段的坐标数量。

通过深度学习提取的车道线线段包含的特征坐标信息点可以表示当前车道线特征线段，因此采用最小二乘法结合特征点来聚类特征直线，并根据特征点判断线段横向位置的连续性，即

$$x = B(k) \cdot y + B(b) \tag{7-6}$$

其中

$$B(k) = \frac{\sum\limits_{n=1}^{N} x \cdot \sum\limits_{n=1}^{N} y - n \sum\limits_{m=1}^{N} (x \cdot y)}{(\sum\limits_{n=1}^{N} y)^2 - \sum\limits_{n=1}^{N} y^2} \qquad (7\text{-}7)$$

$$B(b) = \frac{\sum\limits_{n=1}^{N} x \cdot y \cdot \sum\limits_{n=1}^{N} y - \sum\limits_{n=1}^{N} y^2 \cdot \sum\limits_{n=1}^{N} x}{(\sum\limits_{n=1}^{N} y)^2 - \sum\limits_{n=1}^{N} y^2} \qquad (7\text{-}8)$$

横向约束条件为

$$|F(x) - B(k) \cdot F(y) - B(b)| < d \qquad (7\text{-}9)$$

其中，d 为特征点的最大偏移距离，在图像的透视效果下，d 随距离的增大而减小。

3. 拟合模型设计

在对离散的车道线信息点进行聚类算法处理之后，需要进一步对车道线进行拟合操作。由于我们已经根据车道线线型特点对车道线进行了区域划分，因此对不同视野区域内的车道线分别进行拟合处理即可。

(1) 直线拟合模型设计

根据近视野区域内的车道线型特点，本书结合 Hough 变换和最小二乘算法设计了一种直线拟合模型用于该视野区域内的车道线拟合。

获取直线通常采用 Hough 变换和最小二乘两种算法。Hough 变换将直线检测问题转化为霍夫空间中的峰值问题。但是，Hough 变换算法本身有一些限制，当 Hough 变换应用于含噪声特征时，如果分辨率太小，将粗分辨率下的像元数分配给细分辨率下的几个较小的离散参数像元。累加器无法获得足够的累加票数，会导致检测失败。因此，受噪声的干扰和影响，这一方法的检测精度受到限制。最小二乘法是常用的线性回归方法，可以获得给定数据集绝对准确的线。但是，最小二乘法对偏离回归线的离群值非常敏感。如果数据集包含强噪声，则会影响整个数据集的分布标准偏差，使噪声点容易被误认为正常数据点，因此无法消除这些异常值。

当这些数据点相对集中，但是包含一些强度相等并且在两侧分布的噪声点时，将导致新的回归线在消除噪声后在相反的方向上更加偏向一边。因此，在相反的方向消除噪点变得越来越困难。为了确保误差接近 0 的正态数据点的最终回归线，需要在单边和回归线上同时去除误差值最大的噪点。

本书结合两种算法的优点，提出一种针对直线的检测方法。首先，使用 Hough 变换确定直线的大致区域，然后使用最小二乘法进行改进，用每条直线区域经过聚类的特征点信息确定直线参数。直线拟合流程如图 7-6 所示。

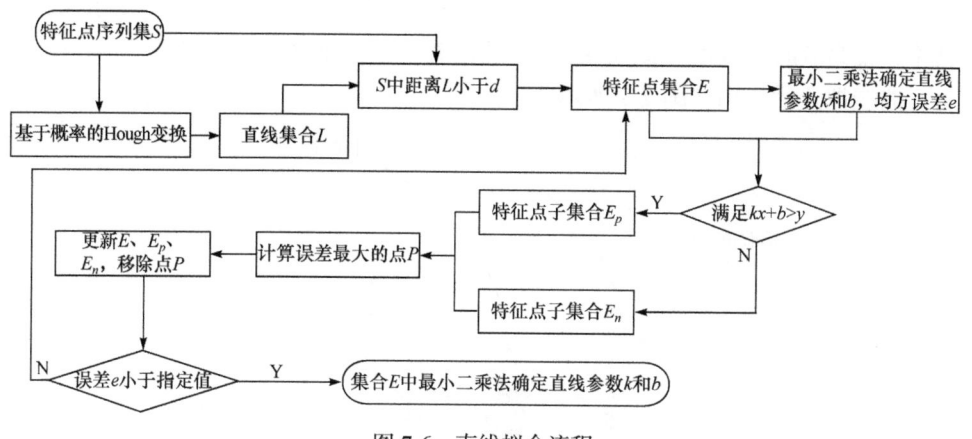

图 7-6　直线拟合流程

① 确定相关参数，在参数确定的前提下，使用基于概率的 Hough 变换对车道线特征点进行操作，获取直线。

② 对于得到的直线，搜索距离不大于 d 的特征点，构成集合 E。这一步在特征点集 S 中完成。

③ 针对集合 E 的回归直线参数 k 和 b，以及均方误差 e，利用最小二乘法进行获取确定。

④ 对 E 中的任一特征点 (x_i, y_i) 进行分类处理，当满足 $kx_i+b \geqslant y_i$ 时，将对应的特征点构成子集 E_{pos}，当满足 $kx_i+b < y_i$ 时，将特征点构成子集 E_{neg}。

⑤ 找出误差最大的点，即

$$P_p = \arg\max_{P_p \in E_{\text{pos}}}^{d(P_p)} \text{ 和 } P_n = \arg\max_{P_n \in E_{\text{neg}}}^{d(P_n)}$$

点 P_n 到回归直线的距离由 $d(P_n)$ 表示。

⑥ 移除点 P_p 和 P_n，更新集合 E_{pos}、E_{neg} 和 E，重复步骤③，直至均方误差 e 小于 ε。

(2) 曲线拟合模型设计

利用上述方法获得的直线拟合模型基本可以满足场景简单、车速不高的驾驶环境中车道线检测的需求，但这并不适应真实复杂环境下不同的道路环境。常见的双曲线拟合模型在车道的连接处不具有自适应能力。设车道模型由 n 段组成，每一段都有 m 个点，利用三阶方程 $f(x)$ 结合线段上的点拟合每一段车道线。在拟合过程中，每一段都是一个独立的三次样条模型。本书提出一种线性三阶方程用于曲线拟合模型，即

$$f(x) = l_0 + l_1 x + \frac{l_2}{2} x^2 + \frac{l_3}{6} x^3 \tag{7-10}$$

其中, l_0 为航向偏航角; l_1 为斜率; l_2 为曲率; l_3 为曲率的变化率。

曲线拟合示意图如图 7-7 所示。

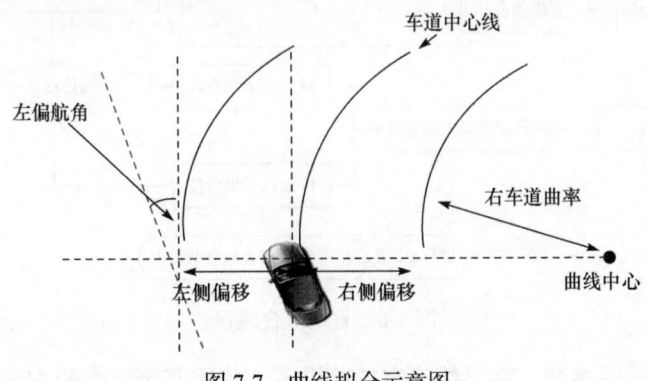

图 7-7 曲线拟合示意图

4. 车道线自适应拟合实验结果分析

为了验证本书提出的车道线自适应拟合算法的鲁棒性,我们在 TSD 数据集上将该算法与其他拟合算法进行实验比较。TSD 数据集为第九届中国智能车未来挑战赛(2017)视觉信息环境基本认知能力-离线测试提供的测试数据集, 全部采集自中国的真实驾驶环境下的道路场景, 包括阴影、遮挡、磨损和曝光过强等复杂的路面环境。车道线拟合结果对比如表 7-1 所示。可以看出, 本书提出的自适应拟合方法在不同的场景下均具有较高的拟合精度。

表 7-1 车道线拟合精度结果对比

数据集	样条曲线/%	贝塞尔曲线/%	本书算法/%
TSD-Lane-00000	93.9	93.4	97.1
TSD-Lane-00001	92.4	92.7	96.6
TSD-Lane-00002	92.5	93.7	96.8
TSD-Lane-00003	93.4	92.5	98.2
TSD-Lane-00004	92.7	93.6	97.2
TSD-Lane-00005	92.4	96.3	96.4
TSD-Lane-00006	92.9	94.2	97.1
TSD-Lane-00007	92.7	92.8	94.1
TSD-Lane-00008	92.4	91.3	93.2
TSD-Lane-00009	94.1	93.8	94.6
TSD-Lane-00010	91.6	92.2	92.4

7.2.3　地面指示箭头结构化处理

通过逆透视变换得到的图像，对于地面指示箭头这些地面标志，也可以很清晰直观地表示出来。这对结构化地面信息具有很大的帮助，我们只需在逆透视图上对这些指示箭头进行测距，然后将坐标信息结构化建模。

本书将 XMY 设定为世界坐标系，$xo'y$ 为相机坐标系，其坐标的原点 o' 是光轴与成像平面的交点。根据相关定义，相机的焦距 f 可以通过成像平面与光轴间的距离得到，$uo'v$ 为图像坐标系，原点为数字图像的左上角，图像坐标系的原点 o' 在图像坐标系中的坐标是 (u_0, v_0)。设相机的高度为 H，目标点为 P 点，可以由此推算出 P 点与相机之间的纵向距离为

$$Y = \frac{H}{\tan\left(\alpha - \arctan\left(\dfrac{v - v_0}{f_y}\right)\right)} \tag{7-11}$$

其中，$f_y = f/d_y$；d_y 表示单个像素在 y 轴上的物理尺寸。

地面指示箭头建模处理如表 7-2 所示。

表 7-2　地面指示箭头建模处理

ID	标志序号	单位
Class	[地面]: 0，- [图像]: 0-直行，1-直行左转，2-直行右转，3-左转，4-右转，5-掉头	—
top_width	最大外接矩形左上角 x 坐标	像素
top_height	最大外接矩形左上角 y 坐标	像素
bottom_width	最大外接矩形右下角 x 坐标	像素
bottom_height	最大外接矩形右下角 y 坐标	像素
quality	置信度	—
distance_width	横向距离(以车头中心为基准)	m
distance_height	纵向距离(车辆行驶方向，以车头为基准)	m
object_width	目标宽度	m

高精度地图是智能驾驶的核心技术之一，包含丰富的道路语义信息，是实现无人驾驶不可或缺的一环。精确有效的高精度地图在驾驶环境信息的感知中起着越来越重要的作用，并且可以对当前驾驶车辆提供高精度的定位。通过视觉对环境感知是高精度地图构建的一个重要组成部分，本书得到的像素级地面

标志信息，在完成结构化建模等处理之后，得到对指示箭头的类型信息、距离信息，以及对应像素的结构信息。在这样的结构化处理之后，我们就可以把结构化地面指示箭头的特征信息根据相互之间的关系和对应特征点坐标映射到视觉高精度地图上。

7.3 基于传统算法的地面标志检测

地面标线检测和识别是基于视觉的无人驾驶车辆导航定位和智能辅助驾驶系统中必不可少的一部分。Navlab 系列智能实验车采用快速自适应横向位置处理视觉系统对道路进行检测和识别[1]。其局部自动驾驶路程高达 98.2%，具有一定的鲁棒性。

近年来，地面检测和识别更多地从理论走向实际应用研究，并取得了相当不错的识别效果[2]。因为车道线在视野中通常是突出的且相对简单，能够有效引导车辆在车道线内行驶，保证交通安全、减少交通堵塞。总体来看，现阶段车道线识别的方法主要分为基于区域的检测方法、基于边缘的检测方法和基于区域-边缘相结合的检测方法。

基于区域的检测方法将车道线识别问题定义为分类问题，即将道路图像分成车道线部分和非车道线部分，因此必须克服噪声的存在，如阴影、积水和道路污渍等。Mechat[3]采用基于 SVM 的方法对道路图像进行车道线和非车道线的分类，并采用标准的卡尔曼滤波器进行估计跟踪。这种方法在建立道路参数模型的基础上，分析图像中的目标信息后计算得到模型参数。该方法的优点是不受地面状况干扰，缺点是计算复杂度较高，算法的时间开销较大，实时性较差。

基于边缘的检测方法是在获取道路场景的边缘图后，针对结构化道路的较强几何特征，利用二维或三维曲线建立车道线模型。边缘分布函数(edge distribution function，EDF)[4]、Sobel 滤波器[5]、Hough 变换[6]，以及方向可调滤波器[7]等常用于对车道线边缘检测。常用的车道线模型有直线模型和抛物线模型。文献[8]利用 B-Snake 曲线建立模型匹配后提供初始定位信息，然后将车道线检测问题通过道路模型转换为确定样条曲线所需的控制点问题。Wang 等[9]将 Hough 变换与抛物线模型结合来检测车道线，并在直线模型得到道路标识线的初步参数后，再利用双曲线模型检测车道线，取得了较好的检测结果[10]。在特定的结构化道路场景下，上面的方法常常能达到满意的效果，但是面对复杂的驾驶环境，检测效果往往不稳定，漏检和误检的发生情况普遍增加。因此，在实际研究中将区域与边缘方法结合起来，才能解决车道线检测问题。Xu 等[11]和 Wang 等[12]首先将道路图像分成道路部分和非道路部分，然后对道路部分利用 Canny 边缘检测检测车道线，可以得到满意的结果。

地面标志线中的斑马线提供给行人一个安全行走的区域，提醒车辆减速。文献[13]通过对斑马带条数、斑马线间隔和斑马线方向等特征，结合分析结果去除干扰区域，可以获取斑马线的轮廓信息。基于斑马线特征信息和变换算法重建斑马线区域，实验能达到 96%以上的准确率。文献[14]首先提取图像的边缘特征，利用图像形态学膨胀得到图像后进行填充操作，然后对处理后的图像进行傅里叶变换，去除图像中的非目标物，在逆透视变换图像中，利用斑马线双极性和边缘方向等信息提取特征，最后通过 SVM 对提取的特征进行处理，获得斑马线。

随着无人驾驶和辅助驾驶的发展，地面标志线检测进入工程实践阶段，尤其是在视觉定位方面。之前，大部分的定位方法依赖全球导航卫星系统和惯性导航系统，但当全球定位系统(global positioning system，GPS)在某些环境下失去信号后，它们将无法继续估计车辆的位置[15,16]。文献[17]、[18]提出一个集成的车辆导航系统，通过视觉的测量融合 GPS 和激光雷达(light detection and ranging，LiDAR)信号。然而，高昂的激光雷达成本阻止了这种系统的应用。基于地面标志线的定位算法可以弥补自主驾驶系统的不足。因此，更多基于标志线定位的优化算法被提出和改善，如贝叶斯网络[19]、粒子滤波[20]、时空变化[21]，以及与激光雷达、GPS 和高分辨率的数字地图的结合[22]。这些技术大多数只解决估计车辆横向距离车道边界的问题。

对于停止线检测，国内外还没有文献专门对其进行研究和分析。Du 等[23]提出一种停止线检测算法，使用 Canny 边缘检测器搜索每个图像中的边缘对。在文献[24]中，路标在 IPM 图像中被分割，并且使用提取特征的神经网络识别。Marita 等[25]在 2D 图像中基于 Hough 变换检测出水平特征后，进行 3D 图像的确认，识别停止线或斑马线。

7.3.1　车道线检测

传统的车道线边缘提取算法有 Canny、Sobel、Prewitt 和 Log 等方法。这些车道线边缘提取算法使用较简单，抗噪性能好，能提供准确的边缘方向信息，但是依然存在边缘定位精度不高，容易出现较多伪边缘等问题。

在实际道路环境中，由于地面标识，如车道线、斑马线、停止线、导向箭头等与地面有明显的对比度，即较大的灰度值，使其具有独有的特征。我们将这种特征称为地面标识特征。根据地面标识特征提取的点定义为地面标识特征点。经过统计，车道线特征点附近的灰度变化如图 7-8 所示。

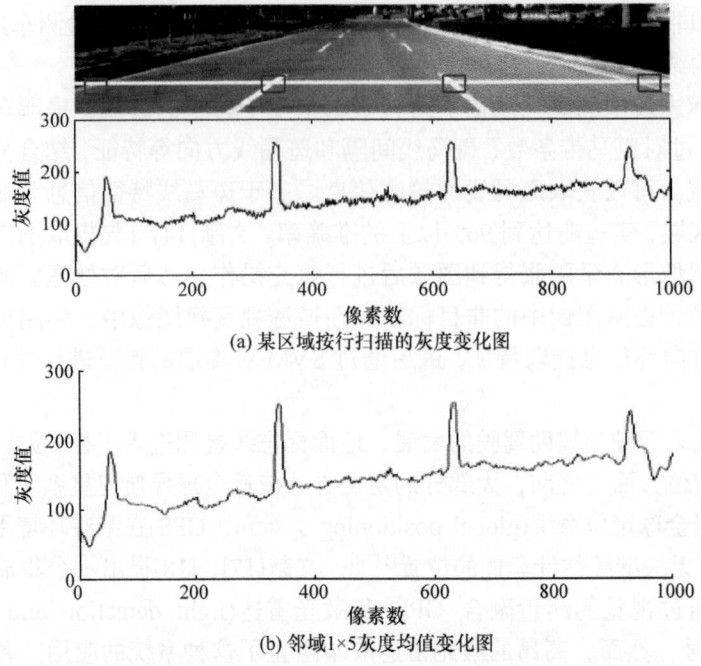

(a) 某区域按行扫描的灰度变化图

(b) 邻域1×5灰度均值变化图

图 7-8　车道线特征点附近的灰度变化图

可以看出，车道线部分(方框部分)的值比其两边的值要高，形成一个波峰；呈现从左到右先升后降的趋势；车道线区域内均值较高时，均值与其峰值相差较大。在地面标识的边沿处有跳变的点，分布在两侧，左侧的点叫上升沿点，右侧的点叫下降沿点，而这些点统称为地面标识特征点。我们利用这些特性，通过计算相邻图像像素的变化判断车道线的边缘。

地面标识有明显的上升沿和下降沿，因此在提取地面标识特征点时需要在上升沿和下降沿各提取一个点，组成一个点对。由此可知，地面标识特征点属于与相邻像素灰度值差值较大的跳变点，我们采用局部梯度方法提取地面标识特征点。具体步骤如下。

设点 (x,y) 满足 $y \in [0,h)$ 且 $x \in [2,w-2)$ ，其中 x 和 y 分别是像素点的列和行，w 是图像的宽度，h 是图像的高度。计算点 (x,y) 水平线附近的均值，评估该像素灰度值的强度水平。当该像素附近的灰度强度太高或太低的时候，地面标识与地面的灰度梯度就会变小。灰度平均值为

$$\text{avg}(x,y) = \frac{1}{t} \sum_{i=-t/2}^{t/2} f(i+x,y) \tag{7-12}$$

其中，t 为行的邻域，通常取奇数值，实验取 $t=5$ 能取得很好的效果。

根据灰度平均值可以估计该点所在局部区域的灰度情况，当 $\text{avg} > 200$ 时，认

为其处于高亮区，当 $\text{avg} \in (100, 200]$ 时，认为其处于中亮区，其他则认为其处于低亮区。每个区域的梯度阈值 ΔT 为

$$\Delta T = \begin{cases} \dfrac{\text{avg}}{t_h}, & \text{avg} > 200 \\[2mm] \dfrac{\text{avg}}{t_m}, & 100 \leqslant \text{avg} \leqslant 200 \\[2mm] \dfrac{\text{avg}}{t_l}, & \text{avg} < 100 \end{cases} \qquad (7\text{-}13)$$

其中，t_h、t_m 和 t_l 为高亮区、中亮区和低亮区的调节参数，实验中使用的参数为 $t_h = 12$、$t_m = 6$、$t_l = 10$。

计算边缘的升变点 e_p 和降变点 e_v，即

$$\begin{cases} e_p \in \{f(x+2, y) - f(x, y) > \Delta T\} \\ e_v \in \{f(x+2, y) - f(x, y) < -\Delta T\} \end{cases} \qquad (7\text{-}14)$$

要求地面标识特征点是相邻上升沿点和下降沿点组成的点对，并且它们之间满足一定的距离。设升变点和降变点的宽度为 Δw，即

$$\Delta w = e_p(x) - e_v(x) \qquad (7\text{-}15)$$

其中，$e_p(x)$ 和 $e_v(x)$ 为升变点和降变点的列像素坐标；若 $\Delta w > W$，则认为是不可能出现的车道线，需要舍弃，W 为车道线在图像中占有的最大像素个数。

由此可以将地面标识特征点提取出来。车道线检测的时候并不需要那么多的特征点，为了提高特征点的提取速度一般采用隔几行提取的方法，同时在图像中提取特征点时只需要在地面区域提取。

在得到了比较可靠的车道线特征信息后，将这些特征点经过聚类，与设计的模型进行匹配，获取待选车道线集。对地面图像车道线检测分析发现，无论车道线是否有曲率，近视野区域的车道线几乎保持直线。结合我国公路设计的特点，车道线模型以直线模型计算出的误差仅为 3mm。这样很难检测地面上的弯道，因此在近视野和中视野区域以直线模型进行匹配，远视野区域采用加权双曲线拟合模型。

1. 直线检测算法

Hough 变换是一种常用的、能够有效检测出图像中线形或圆形特征形状的检测方法。其基本思想是将原始图像中给定直线的检测问题转化为寻找霍夫参数空间峰值的问题。Hough 变换利用空间中点与线的对偶关系，可以将原始图像空间中给定的直线转换为霍夫参数空间的一个点。Hough 变换示意图如图 7-9 所示。

Hough 变换参数化直线方程为

$$\rho = x\cos\theta + y\sin\theta \tag{7-16}$$

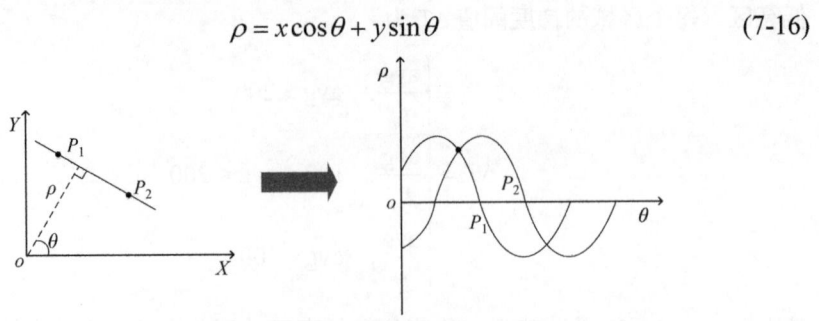

图 7-9 Hough 变换示意图

Hough 变换直线检测对含有噪声的特征进行直线检测时，分辨率过小，单元数会被打散分配到若干更小的离散参数单元中。这样，累加器就无法获得足够的累加票数，造成检测失败。

最小二乘法可以获得给定数据集在均方误差意义下的绝对精准直线。最小二乘线性拟合的直线方程为

$$y = Ax + B$$

求解 A、B 的公式为

$$\begin{cases} A = \dfrac{1}{C}\sum_{k=1}^{N}(x_k - \overline{x})(y_k - \overline{y}) \\ B = (\overline{y} - A\overline{x}) \end{cases} \tag{7-17}$$

其中，$C = \sum_{k=1}^{N}(x_k - \overline{x})^2$。

可以看出，当噪声点分布接近整个数据集的分布标准差时，很容易使噪声点被误认为正常数据点，从而无法被过滤掉。

因此，考虑 Hough 变换和最小二乘法的优缺点，一种结合两种算法优点的直线检测方法被提出。该方法首先利用 Hough 变换确定直线存在的大致范围，然后对每个区域内的特征点集采用改进的最小二乘得到精确的直线参数。

给定直线所在大致区域的距离误差限 d 和 Hough 变换的一系列参数，以及均值误差阈值 ϵ。算法的具体步骤如下。

① 在给定参数下，对车道线特征进行基于概率的 Hough 变换操作，获取直线。

② 对每一个通过 Hough 变换检测得到的直线，在所有的特征点集 S 中寻找距离直线不大于 d 的特征点，构成集合 E。

③ 利用最小二乘法确定集合 E 的回归直线参数 k 和 b，以及均方误差 e。

④ 对集合 E 中的任一特征点 (x_i, y_i)，所有满足 $kx_i + b > y_i$ 的特征点构成子集 E_{pos}，所有满足 $kx_i + b < y_i$ 的特征点构成子集 E_{neg}。

⑤ 在集合 E_{pos} 和 E_{neg} 中，找出误差最大的点，即

$$P_p = \arg\max_{P_p \in E_{pos}}^{d(P_p)}$$

$$P_n = \arg\max_{P_n \in E_{neg}}^{d(P_n)}$$

其中，$d(P)$ 为点 P 到回归直线的距离。

⑥ 移除 P_p 和 P_n，更新集合 E_{pos}、E_{neg} 和 E，重复③，直至误差 e 小于 ε。

2. 线性双曲线拟合算法

曲线拟合之前，需要建立曲线目标像素点集合。目标像素集合中的每一个像素点都应满足两个条件：一是尽量多地处于车道线上，二是集合中点的数量足够多。

我们以直线检测的参数为基础，依靠直线检测的高准确率估计远视野中车道线目标像素点提取的准确性。以直线端点作为搜索的起始种子点，在图像中进行梯度值相关性和灰度值相关性扫描查找。先根据梯度值相关性判定车道线的方向，划定搜索区域，再利用灰度值相关性局部搜索。

建立曲线目标像素点集合图示如图 7-10 所示。图中五角星为种子像素点，以上 2 行，左右 2 列区域为探索范围，如图 7-10(a)所示的矩阵为种子点及其周围像素点，以 1～15 编号。如图 7-10(b)所示，如果车道线的方向为左转时，车道线的真实像素点出现的位置发生在编号 1、2、6、7、11、12，设为区域 A；如果车道线的方向为直行时，车道线的真实像素点出现的位置是编号 2、3、4、7、8、9，设为区域 B；如果车道线的方向为右转时，车道线的真实像素点位置最可能在 4、5、9、10、14、15，设为区域 C。根据以上划分的区域，分别计算区域内的平均梯度值，与种子点梯度值差值最小的区域即选定的方向区域。

以上的判定只需要进行一次，有时为了更精确，可以将划定的区域进行扩充。得到车道线的方向后，我们利用灰度值相关性进行局部搜索。搜索优先级按编号序号进行。例如，当车道线方向判断为左转时，像素扫描优先级编号为 1、2、6、7、11、12。以二值化图像为例，图 7-10(c)所示为种子点及其周围点的像素值。假设判定为左转时，图 7-10(d)中实心圆处的位置像素点为选定的点集合。这种方法遇到虚线型车道线时，由于车道线不连续，无法获得像素点，因此在种子点选取时，还需要进行延伸选择。延伸选择的方法采用前一次得到的扫描方向在该方向进行像素延伸。如图 7-10(e)所示，当车道线方向判断为左转时，在划定的区域内未找到像素点，同时在向上和向左方向进行延伸，当其中某个方向出现匹配像

素时，终止两个方向的跳跃(图 7-10(f))，延伸同时对像素数进行统计，最长跳跃距离为设定最大的像素。

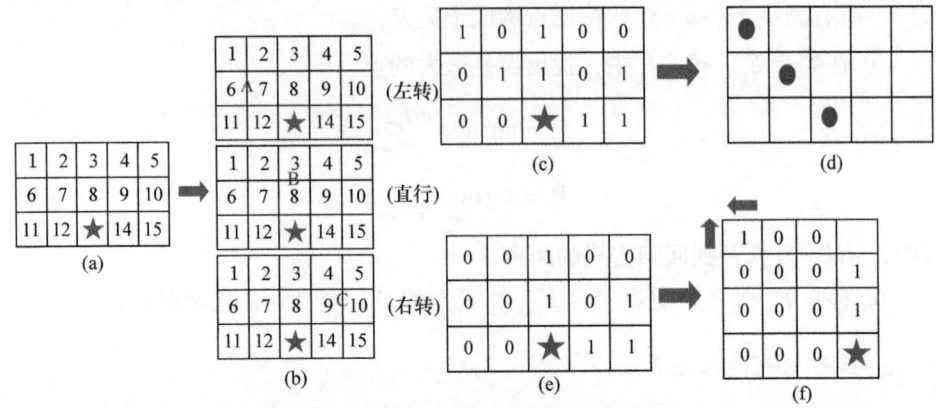

图 7-10　建立曲线目标像素点集合图示

在灰度图像中扫描像素点的方法与二值图像中扫描的方法类似，不同之处在于二值图像要求与种子点像素值相同的点作为匹配点，将灰度图像扫描到的点像素值与种子点像素差值在一定范围内的点作为匹配点。将匹配点像素坐标存入集合中即可获得曲线拟合的目标点集合。

基于直线检测模型，对于功能简单、车速要求不高的智能车辆，直线模型获得的车道线位置信息可以满足车道线检测，但是不能适应不同形状的道路环境。常用的抛物线曲线拟合模型在直线和弯道的连接处不具有自适应能力。本书提出一种线性双曲线拟合模型，可以适应弯曲道路和直线道路，并且实时性更好。

基于线性双曲线模型的拟合曲线算法为

$$u - u_H = \frac{k}{v-h} + b_l(v-h) + b_r(v-h) \tag{7-18}$$

其中，h 为道路平面在图像平面上消失点的纵向位置，即消失线位置；k 为道路标线的曲率大小；b_l、b_r 为左、右车道线相对于道路标线的方向，$b_l = 0$ 代表右边的车道标线，$b_r = 0$ 代表左边的车道标线；u_H 为车道线到纵轴的距离。

图 7-11 所示为曲线拟合模型。

3. 车道线实时跟踪与预测算法

在实际采集系统和大部分智能车辆系统中，车载相机直接获得的是视频流信息。视频流中的相邻两帧图像间往往具有很大的冗余性。车辆运动在时间和空间上都具有连续性，由于车载相机的采样频率快(100 帧/s 左右)，在图像帧的采样周期内，车辆只前进了一段很短的距离，道路场景的变化十分微小，表现为前后帧间的车道线位置变化缓慢，因此前一帧图像可以为后一帧图像提供非常强的车道

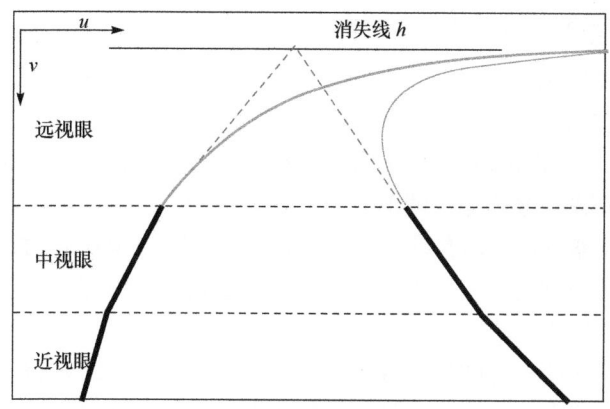

图 7-11　曲线拟合模型

线位置信息。为了提高车道线识别算法的稳定性和准确性，我们对检测车道线结果进行跟踪与预测，包括前后帧间关联约束和卡尔曼滤波。

（1）前后帧间关联约束

设当前图像帧检测到的车道线边缘为 $L = \{L_0, L_1, \cdots, L_m\}$，前帧检测的车道线边缘结果 $n \in N$，设为 $E = \{E_0, E_1, \cdots, E_m\}$，如果前后帧车道线关联成功，则用 $\cong$ 表示。

首先，建立一个 $m \times n$ 阶矩阵，即

$$C = [C_{ij}] = \begin{bmatrix} \Delta d_{11} & \Delta d_{12} & \cdots & \Delta d_{1n} \\ \Delta d_{21} & \Delta d_{22} & \cdots & \Delta d_{2n} \\ \vdots & \vdots & & \vdots \\ \Delta d_{m1} & \Delta d_{m2} & \cdots & \Delta d_{mn} \end{bmatrix} \tag{7-19}$$

其中，C_{ij} 为当前帧 L_i 和前帧 E_j 车道边缘的距离 Δd_{ij}，即

$$\Delta d_{ij} = \left[\left| x_i^{L_A} - x_j^{E_A} \right|, \left| x_i^{L_B} - x_j^{E_B} \right| \right]^{\mathrm{T}} \tag{7-20}$$

其中，A 和 B 为 L_i 和 E_j 的上下端点。

然后，在 $R = \{0, 1, \cdots, i, \cdots, m\}$ 行中，统计 i 行的 Δd_{ij} 在 $\Delta d_{ij} < T$ 内的个数 e。如果 $e < 1$，当前车道线信息没有满足关联的前帧，则将其作为新的车道线边缘，并删除集合中的 i；如果 $e = 1$，可认为当前帧 L_i 和前帧 E_j 车道边缘在连续空间内是同一个，则 $L_i \cong E_j$，同时置 $V_i = \varnothing$，删除集合 R 中的 i；如果 $e > 1$，记

$$V_i = \left\{ \Delta d_{i0}, \Delta d_{i1}, \cdots, \Delta d_{ij} \right\}, \quad \Delta d_{ij} = \begin{cases} 0, & \Delta d_{ij} > T \\ \Delta d_{ij}, & \text{其他} \end{cases} \tag{7-21}$$

统计 V_i 在 j 列的 $\Delta d_{ij} \neq 0$ 时的 V_{ij}，得到 $\left(\Delta d_{ij} \right)_{\min} = \min \{V_{ij}\}$。当前帧 L_i 和前帧

E_j 车道边缘在连续空间内是同一个，则 $L_i \cong E_j$，同时置 $V_{ij} = \varnothing$，删除集合 R 中的 i；当 $R = \varnothing$ 时，结束。

(2) 卡尔曼滤波

上述方法涉及当前帧和前帧车道线信息。如果想得到更稳定的信息，如当前帧和前三帧的关联，这种方法就不适用了。

卡尔曼滤波器可以实时预测每个车道的运动状态，观察运动状态与当前值的匹配，计算预测协方差来校正当前观测值。卡尔曼滤波跟踪车道线位置包括先验预测模块和后验校正模块。

先验预测模块使用时间更新等方式建立系统当前状态的先验估计，并及时转发当前状态变量和误差协方差估计的值构建下一状态的先验估计。先验预测模块主要由时间更新方程和误差协方差预测方程组成。

后验修正模块主要负责反馈，利用在先验预测模块中得到的先验估计值，以及当前系统的观测值，用状态修正方程对当前系统的状态进行最优后验估计。然后，更新当前系统状态的参数，返回给下一时刻。后验修正模块主要由卡尔曼增益方程、当前状态修正方程，以及协方差修正方程组成。卡尔曼滤波的状态转换如图 7-12 所示。

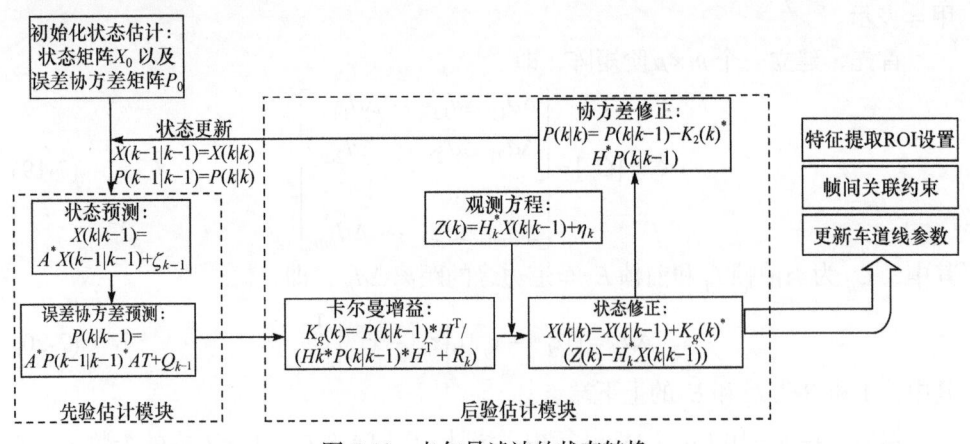

图 7-12　卡尔曼滤波的状态转换

4. 车道线颜色识别

数字图像处理中常用的彩色模型是 RGB 模型和 HSV(hue, saturation, value)模型。RGB 模型多用于彩色监视器和彩色视频摄像机。HSV 模型的彩色描述对人来说是自然且非常直观的。本书采用 HSV 模型。

HSV 表示色相、饱和度、亮度，是 Smith 在 1978 年根据颜色的直观特性创建的一种颜色空间。HSV 颜色空间的模型也称六角锥体模型，对应于圆柱坐标系中的一个圆锥形子集。圆锥的顶面对应 $V=1$，如图 7-13 所示。H 用角度度量，范围为 0°～360°，其中红色对应 0°，绿色对应 120°，蓝色对应 240°。S 取值从 0.0～1.0，值越大，颜色越饱和。V 取值范围为 0～255，0 代表黑色，255 代表白色。

当 S 和 V 在一定取值范围内时，H 表征某个物体的颜色。S 是 H 表征的物体颜色和白色的混合度，因此 S 越小，该物体颜色越发白。V 是 H 表征的物体颜色和黑色的混合度，V 越小，该物体颜色越发黑。实验表明，识别某个物体颜色为黄色时，H 取值在 26～34，S 和 V 取值都在 43～255；识别为白色时，H 取值在 0～180，S 的取值在 0～43，V 取值在 46～220。因为车道线颜色非黄即白，所以只需要判别 HSV 是否在黄色取值范围内，如果满足，则认为是黄色，否则是白色。

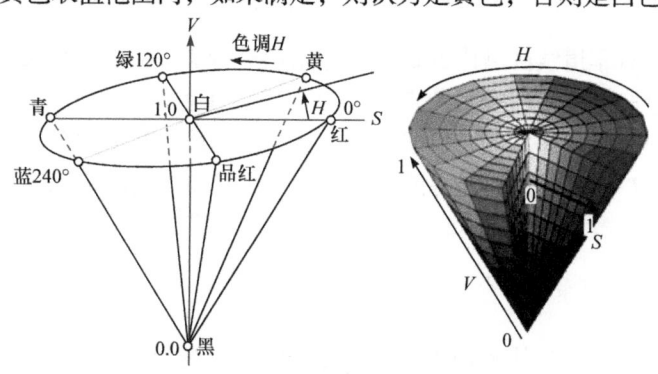

图 7-13　HSV 颜色空间模型描述

从摄像机获取的图像是 RGB 彩色模型，因此需要将图像从 RGB 空间转换到 HSV 空间。设 (r,g,b) 分别是原始图像在 RGB 颜色空间的红、绿、蓝坐标，它们是 0～1 的实数，即

$$\max V = \max(r,g,b)$$

$$\min V = \min(r,g,b)$$

H、S、V 的计算如下，即

$$V = \max V$$

当 $\max V = \min V$ 时，$H=0$；当 $r = \max V$，并且 $g \gg b$ 时，$H = 60 \times (g-b)/(\max V - \min V)$；当 $r = \max V$，并且 $g < b$ 时，$H = 60 \times (g-b)/(\max V - \min V) + 360$；当 $g = \max V$，并且 $g \gg b$ 时，$H = 60 \times (b-r)/(\max V - \min V) + 120$；当 $b = \max V$，并且 $g \gg b$ 时，$H = 60 \times (r-b)/(\max V - \min V) + 240$；当 $\max V \ne 0$ 时，$S = (\max V - \min V)/\max V$；当 $\max V = 0$ 时，$S = 0$。

RGB 图像转化为 HSV 图像如图 7-14 所示。可以看出，H 分量可以表示物体颜色的不同。

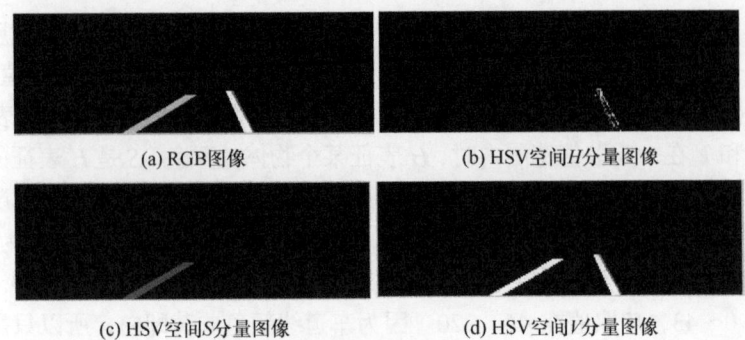

(a) RGB图像　　　　　　　　　　　　(b) HSV空间H分量图像

(c) HSV空间S分量图像　　　　　　　(d) HSV空间V分量图像

图 7-14　RGB 图像转化为 HSV 图像

接下来，对车道线区域内的每一个像素点进行 H、S 和 V 分量的条件判断，同时满足黄色取值范围的呈黄色点，否则认为是白色点。

统计当前车道线区域黄色像素点的个数 n_1，白色像素点的个数 n_2，只要满足 $n_1/(n_1+n_2)>T$，就可以判定当前车道线颜色为黄色。实验表明，阈值 T 设定为 $1/3$ 最合适。

5. 车道线线型识别

实际道路车道线的线型识别是较为复杂的，很难判断是虚线，还是实线。我们基于车道线检测结果对车道线线型进行识别。

对车道线线型的识别，可以看作是一个分类问题。对于分类方法，通常采用 SVM 分类器，但是车道线样本复杂多变且有些样本数量较少，采用这种方法不能达到理想的效果。我们已经知道车道线的位置，采用像素标记法统计车道线图像中连通域的数量，就可以确定当前车道线线型的类别。

目前有很多文献对连通域标记算法进行了改进，代表性的方法有前后扫描法、递归标记法和序贯法。前后扫描法是先对图像进行从上到下、从左到右扫描，标记一个与已知像素连通的区域，直到无法再找到连通像素后再进行反向扫描。这种方法在图像较大且连通域多的时候非常费时。递归标记法与前后扫描法类似，当标记一个新标记后，递归该标记与它连通的像素，如此反复，直至找不到连通像素。序贯法采用四邻接对图像进行两次全局扫描，对等价表进行 3 次扫描才能确定所有连通域的最终标记。

本书的方法能事先准确得到车道线的特征点，因此利用这些特征点优化连通域标记算法。区域生长算法的基本思想是从单个像素或区域(生长点)开始，将与该生长点性质相似的领域像素或区域与生长点合并，形成新的生长点，重复此过程直到不能生长。选择区域生长法的关键问题是选择合适的生长点，在车道线检测时获取的车道线特征点是非常适合的，不仅可以增强种子点的可靠性，还可以减少搜索种子点的时间。

6. 基于条件加权的地面环境检测

我们的目标是得到较为稳定的地面环境预测结果，因此需要对识别的结果进行优化，再基于优化结果进行条件加权组合。

对车道线的颜色和线型识别结果只是当前实时帧的结果，实际上车道线的颜色和线型是连续的，这是道路标记设计必然的要求。因此，为了防止跳动，我们设计了一种状态稳定器。

我们对颜色的识别以黄色为准，设计发生状态 Cc_i 和消失状态量 Cm_i，设当前帧识别为黄色时，黄色发生状态分量 $Cc_i=Cc_i+1$，黄色消失状态分量 $Cm_i=Cm_i+1$；否则，$Cm_i=0$。设 Ct_1、Ct_2、Lt_1 和 Lt_2 为实验中设定的生效阈值。当 $Cc_i>Ct_1$ 时，判断车道线颜色为黄色；当 $Cm_i>Ct_2$ 时，判断车道线颜色为白色，同时置 $Cc_i=0$。同理，当前车道线识别为虚线时，虚线发生状态分量 $Lc_i=Lc_i+1$，消失状态分量 $Lm_i=0$；否则，$Lm_i=Lm_i+1$。当 $Lc_i>Lt_1$ 时，判断车道线线型为虚线；当 $Lm_i>Lt_2$ 时，判断车道线线型为实线，同时 $Lc_i=0$。

假设摄像头安装在车轴中心位置，与水平线平行，采集的图像横向中心线可以将车道线分为左右两区域，位于左边区域的规定为左车道线，位于右边区域的规定为右车道线。经过对车道线类型进行场景分析，黄色车道线出现在左边的概率要远大于右边出现的概率；实线车道线出现在右边的概率远大于左边出现的概率。因此，根据经验对识别结果在组合前进行条件加权计算，具体方法如下。

① 车道线是左车道线，颜色识别为黄色时，设 $Ct_1>Ct_2$，如 $Ct_1=1$、$Ct_2=3$；车道是右车道线，线型识别为实线时，设 $Lt_1>Lt_2$，如 $Lt_1=3$。

② 若左右车道线同时存在，当左车道线识别为黄色，对右车道线颜色识别时，设 $Ct_1>Ct_2$，如 $Ct_1=3$、$Ct_2=1$；当左车道线识别为虚线，对右车道线线型识别时，设 $Lt_1>Lt_2$，如 $Lt_1=1$、$Lt_2=3$。

③ 其他情况，$Ct_1=Ct_2=Lt_1=Lt_2=3$。

通过这种条件加权的方式，可以得到相当不错的识别效果。

7.3.2　斑马线检测

1. 斑马线特征

斑马线也叫人行横道，是城市道路环境中比较重要的地面标志线。它表示在一定条件下，车辆行经斑马线时，必须减速行驶；遇行人正在通过时，应当停车让行；在没有交通信号的道路时，遇行人横过道路，应当避让。因此，斑马线识别对无人驾驶智能车辆十分重要。

斑马线有正交斑马线和斜交斑马线两种类型。根据路口类型。十字路口和丁字路口一般都是正交斑马线，而三岔路口等特殊路口会采用斜交斑马线，如图 7-15 所示。

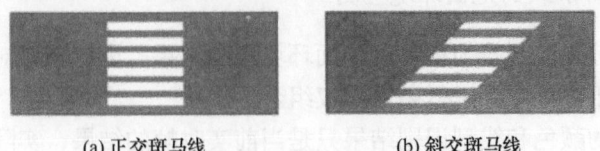

(a) 正交斑马线　　　　　　　　　(b) 斜交斑马线

图 7-15　斑马线类型

斑马线一般与公路中心线垂直，特殊情况下，与其中心线的夹角不小于 60°，其条纹应与公路中心线平行。斑马线的最大宽度应为 3m，可根据行人交通量以 1m 为一级进行加宽。斑马线的线宽应为 40cm 或 45cm，线间隔宜为 50cm，可根据车行道宽度进行调整，但是最大不应超过 80cm。

2. 斑马线常用检测方法

斑马线具有明显的黑白条相间，并且具有相对固定的尺寸，检测应该很简单，但是实际并非如此。一方面，受光照、道路旧损等因素影响，目前图像中的斑马线很难辨清。另一方面，在部分城市道路中，由于某些原因造成斑马线倾斜出现，原有的主要特征与其他地面标志线混淆，不易判别。目前的斑马线检测方法主要包括基于双极性的灰度对比方法和基于水平投影的方法。

基于双极性的斑马线检测方法是基于斑马线灰度信息的高对比性，利用双极性检测斑马线，首先利用双极性将灰度图像中提取的双极性高的区域作为候选区域；然后将候选区域图像与二值化图像进行融合，得到融合后的图像；最后通过人行横道的特征(如横道条纹的宽度、高度、宽高比、角度等)信息提取人行横道轮廓信息。根据黑色和白色条纹的宽度恒定，且两者宽度比是常量的特性，通过扫描轮廓图像，将人行横道从道路图像中提取出来。

基于水平投影的斑马线检测方法利用斑马线由很多长方形区域组成，对它们进行水平投影，在有斑马线的地方水平投影积分较大。基于水平投影的斑马线检测方法示意图如图 7-16 所示。

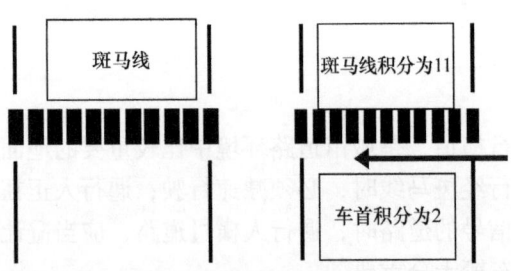

图 7-16　基于水平投影的斑马线检测方法示意图

　　基于水平投影的斑马线检测方法分为图像积分投影、斑马线检测和定位三个部分。投影方法是根据图像在某些方向上的投影分布特征进行计算的。根据斑马线的特点，其水平投影积分值较大，垂直投影积分值相对较小。进行水平投影后，统计图像中每一行像素点的值 s，并对归一化的统计结果 $H(j)$ 处理，即

$$H(j) = \begin{cases} 1, & s \geqslant T_1 \\ 0, & s < T_1 \end{cases} \tag{7-22}$$

其中，T_1 为阈值，需要根据实验设定；$H(j) = 1$ 时为有效投影区。

　　分别计算有效投影区中标识的个数，以及每一个标识的面积，并记下每一段有效投影区域中标识的个数 N 和每两个标识的面积之差 dS。若满足 $N > T_2$ 和 $dS < T_3$（其中 T_2、T_3 为经验值）时，记录该起始坐标和终止坐标，并在图像中定位斑马线。

3. 基于特征约束的斑马线检测方法

　　基于双极性的斑马线检测方法，在斑马线出现断裂或模糊时，检测的识别率将大大降低。基于水平投影的斑马线检测在斑马线条数较少或遮挡时，算法会失效。本书根据实际斑马线的特征，融合车道线信息，设计基于约束特征的斑马线识别方法。其核心思想是，通过计算斑马线的个数、宽度、间宽和长度来判断是否为斑马线。

　　(1) 斑马线区域确定

　　对获取的原始图像进行 IPM，得到道路画面的鸟瞰图像；对鸟瞰图像进行车道线检测，如果有车道线，则沿着车道线从图像中裁剪出车道区域图像。在此基础上进一步剪切，从上至下分成若干分区作为斑马线的区域图像，若没有车道线，斑马线范围确定为全图操作。

　　(2) 图像的预处理

　　斑马线检测的预处理包括图像的灰度化、平滑和增强处理。这部分可以和车道线检测进行相同的操作。

　　(3) 特征提取

　　对斑马线特征提取算法，沿用车道线的总体思路，在 $\Delta w = e_p(x) - e_v(x) > W_z$ 时，W_z 和车道线不同，并且是大于的关系。

　　(4) 直线拟合

　　在得到斑马线特征点后进行 Hough 变换，得到直线，并过滤与水平夹角不在 $\theta \in [10, 180]$ 的直线。

　　(5) 特征约束

　　统计直线 L_i 的像素情况，包括黑白像素跳变次数 Sum_i、连续黑色区域平均

宽W_{b_i}、连续白色区域平均宽W_{w_i}。跳变次数Sum_i用来计算本车道地面斑马线白条带个数，连续黑色区域平均宽W_{b_i}用来计算黑色条带的宽度，连续白色区域平均宽W_{w_i}用来计算白色条带的宽度，即

$$W_{b_i} = \frac{2b_i}{\text{Sum}_i + 2}, \quad W_{w_i} = \frac{2w_i}{\text{Sum}_i} \tag{7-23}$$

其中，W_{b_i}和W_{w_i}的初始值均为 0；b_i和w_i表示这一行中黑色像素(像素值为 0)和白色像素(像素值为 255)的个数。

由斑马线的特征可知，一个车道斑马线的黑白条带数量和宽度是有一定范围的。不在这个范围内说明不是斑马线而是其他干扰。对于不满足$\text{Sum}_i \in (3,10)$，$W_{b_i} \in (W/10, W/5)$和$W_{w_i} \in (W/10, W/5)$的需要舍去，其中W为图像的宽度。

统计所有直线的黑白像素跳变次数 Sum、连续黑色区域平均宽W_b、连续白色区域平均宽W_w，即

$$\text{Sum} = \frac{\sum_{i=0}^{n} \text{Sum}_i}{\text{non\_Sum}_i}, \quad W_b = \frac{\sum_{i=0}^{n} W_{b_i}}{\text{non\_}W_{b_i}}, \quad W_w = \frac{\sum_{i=0}^{n} W_{w_i}}{\text{non\_}W_{w_i}}, \tag{7-24}$$

其中，non_Sum_i、$\text{non\_}W_{b_i}$和$\text{non\_}W_{w_i}$分别表示$\text{Sum}_i \neq 0$、$W_{b_i} \neq 0$和$W_{w_i} \neq 0$的数量。

如果满足$\text{Sum} \geq 3$并且$|W_b - W_w| \in (W/5, W/10)$，意味着满足斑马线的所有特征，说明出现斑马线；否则，没有出现。

(6) 斑马线区域划定

当斑马线出现后，需要准确的坐标表示斑马线出现区域，并用一个矩形去表示。具体方法是将所有满足条件的直线段先按中点纵坐标进行排序得到L_{c_i}，并得到平均中心纵坐标值L_C，如果满足$|L_{c_i} - L_C| < T_{\max}$($T_{\max}$为经验阈值，一般取小于图像高度的 1/3)，则保留该直线；否则，舍弃这段直线。然后，计算保留直线段中点纵坐标的平均值L_C'、上下端点处的横坐标最大值$x_{\max}$、横坐标最小值$x_{\min}$、纵坐标的最大值$y_{\max}$、纵坐标最小值$y_{\min}$。最后，得到以$(W/2, L_C')$为矩形中心坐标，长度和宽度分别为$|x_{\max} - x_{\min}|$和$|y_{\max} - y_{\min}|$的矩形，其中W为图像的宽度。

7.3.3　停止线检测

停止线是一条与车道线近似垂直的白色实线，其作用是在车辆让行或等候放行的情况下表示车辆的停车位置。一般出现在交叉路口、人行横道线前，以

及其他需要车辆停止的位置。根据交通法规定，单向行驶的路口，停止线长度应横跨整个地面；双向行驶的路口，停止线应与对向车行道分界线连接。停止线的宽度，根据公路等级、交通量、行驶速度的不同，一般选用 20cm、30cm或 40cm。

1. 停止线常用检测方法

停止线特征虽然简单，但是意义却很大，在无人驾驶智能车视觉导航中起着关键的作用。在实际道路中，道路磨损或者泥土等污渍遮掩造成停止线不完整，会增加识别难度，并且停止线和减速带等地面标志容易造成误识别。

文献[26]提出基于边缘的停止线检测方法。首先，通过选取合适的卷积，在道路逆透视灰度图像上进行卷积滤波，提取停止线的上升沿和下降沿信息。其次，将上升沿和下降沿信息进行匹配，得到停止线候选区域。再次，进行形态学膨胀，获得更明显的停止轮廓。最后，利用 Hough 变换检测直线，并做进一步的特征匹配。基于边缘的停止线识别方法的流程图如图 7-17 所示。

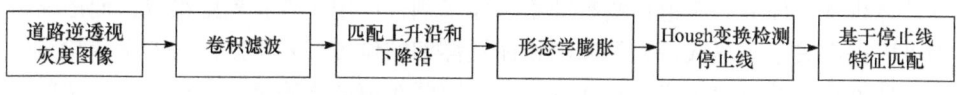

图 7-17　基于边缘的停止线识别方法的流程图

2. 基于概率约束的停止线检测方法

根据实际地面停止线的特征，融合车道线信息，我们设计了基于约束特征的停止线识别方法。其核心思想是通过车道线过滤后进行直线 Hough 变换，并基于停止线特征进行匹配。

(1) 停止线检测预处理

停止线检测的预处理包括图像的灰度化、平滑和增强处理。这部分与车道线检测和斑马线检测相同。

(2) 特征提取

对停止线的特征提取算法，沿用车道线的总体思路，但是改变扫描的方向。车道线和斑马线特征提取时都从上至下进行行扫描。停止线是融合车道线的射线扫描。

(3) 直线检测

利用 Hough 变换检测直线，得到停止线候选集。

(4) 特征约束

设直线 L_i 的上下两个端点分别为 $P_1(x_1, y_1)$ 和 $P_2(x_2, y_2)$，直线与水平的夹角 $L_i(\theta)$ 和直线长度 $L_i(d)$ 为

$$L_i(\theta) = \begin{cases} \left| \arctan\left(\dfrac{y_2 - y_1}{x_2 - x_1}\right) \times \dfrac{180}{\pi} \right|, & x_2 \neq x_1 \\ 90, & x_2 = x_1 \end{cases} \tag{7-25}$$

$$L_i(d) = \sqrt{(y_2 - y_1)^2 + (x_2 - x_1)^2} \tag{7-26}$$

过滤 $L_i(\theta) \in [10,180]$ 和 $L_i(d)$ 小于图像宽度一半的直线,得到的直线如果有多个,则根据多车道线区域内直线合并算法得到新的停止线候选集 R_s,如果 $size(R_s) > 1$,则取 $L = \max(R_s)$ 作为最终的停止线;$size(R_s) > 1$,则候选停止线就是最终停止线;$size(R_s) = 0$,则没有停止线。

7.4 基于深度学习的地面标志检测

自动驾驶最具挑战性的任务之一是交通场景理解,包括车道检测和语义分割等计算机视觉任务。车道检测有助于引导车辆,可用于驾驶辅助系统,而语义分割可以提供关于车辆或行人等周围物体更详细的位置。基于摄像头的车道检测是实现环境理解的重要一步,它允许汽车在道路车道内正确定位。这对于后续的车道偏离或轨迹规划决策也是至关重要的。因此,进行准确的基于摄像头的车道检测是实现自动驾驶的关键。在实际应用中,考虑恶劣的天气条件、昏暗或眩光等许多严酷的场景,这些任务非常具有挑战性。

随着并行计算的出现,大规模数据的训练过程加快了 CNN 在计算机视觉和模式识别中的应用[27,28]。CNN 能够自动学习图像的层次特征,避免人为设计和选择特征的盲目性,在目标检测、语义分割和实例分割任务中表现出良好的性能。

图像的语义分割是对图像中的每个像素标注其所属的类别。实例分割在区分类别的同时还要区分隶属于同一类别的不同个体。

CNN 通常采用下采样的方法实现更深层次的架构,通过扩大感知域来捕捉图像中的大尺度对象。然而,这种操作通常会减少获得的空间信息,这对于语义分割任务非常重要。因此,通常使用两种方法恢复或保留详细信息。第一种方法使用编解码器体系结构。该编码器类似于 VGG[28] 和 ResNet[29] 等网络。解码器由连续的上采样操作组成,以重建与输入图像相同的分辨率。反卷积是一种可学习的上采样层,是对特征图进行上采样的常用方法,如 FCN[30]。向上采样后,FCN 使用直接来自编码器的特征映射恢复更多的细节。DeepLab[31] 使用空洞卷积保持特征图的空间大小。RefineNet[32] 证明,基于编解码器结构的模型在语义分割基准上的有效性。基于 CNN 的 SegNet[33] 学习高阶特征,提高算法的性能。它通过将训练算法应用于一个通用的图像数据集,对其他测试图像进行分类,生成训练标签，提出一种基于颜色层融合的纹理描述方法，得到道路区域的最大一致性，将离线和在线信息结合起来检测道路区域。

车道线检测是整个路面检测的重要组成部分。在车道线检测问题中，利用神经网络学习车道线特征，可以提高车道线特征提取的准确性，适用于复杂的道路环境。最流行的检测方法 Faster R-CNN[34]和 YOLO[35]不是理想的车道实例分割方法，因为边界框检测更适合紧凑的对象，不适用于车道线。悉尼大学使用CNN[36]和递归神经网络[37]检测车道线。文献[38]将 CNN 和随机抽样一致算法相结合，即使在复杂的道路场景中也能稳定地检测到车道信息。He 等[39]提出一种名为"lane line"的神经网络用于车道线的检测。韩国机器人与计算机视觉实验室[40]提出一种提取多个 ROI 的方法，融合可能属于同一类的区域，使用主成分分析网络和神经网络对候选区域进行分类。Gurghian 等[41]使用 Deep Lanes 网络提取汽车两侧摄像头获取的车道线特征。鲁汶大学提出一种端到端的车道线分割方法 LaneNet[42]，可以解决车道线数量和上下坡角度问题。香港中文大学设计了一种多任务、多阶段的混合级联结构网络[43]用于实例分割，在数据集 COCO 上取得了较好的效果。

受益于深度学习理论的快速发展，基于深度学习的分割方法无论在识别精度，还是运算效率上都取得了巨大的进步。由于深度学习技术在鲁棒性特征的自主学习与分类等方面表现出强大的能力，直接利用深度学习方法训练语义分割和实例分割网络已成为当前的主流方法。同时，随着互联网的普及和多媒体技术的飞速发展，造就了以图像为代表的多媒体信息呈现爆炸式的增长，为深度学习训练提供了大量的真实数据。深度学习方法可以克服传统检测算法需要手动调节参数和鲁棒性差的缺点，具有更好的检测效果和泛化性。

2014 年，Long 等提出的 FCN，扩展了原有的 CNN 结构，在不带有全连接层的情况下能进行密集预测。这种结构的提出使分割图谱可以生成任意大小的图像，且与图像块分类方法相比可以提高处理速度。后来，几乎所有关于语义分割的最新研究都采用这种结构。除了全连接层结构，在分割问题中很难使用CNN 的另一个问题是存在池化层。池化层不但能增大上层卷积核的感受野，而且能聚合背景同时丢弃部分位置信息。语义分割方法需对类别图谱进行精确调整，因此需保留池化层中舍弃的位置信息。研究者提出两个不同形式的结构来解决这个问题。

7.4.1　基于编码器-解码器的算法

第一种方法是编码器-解码器结构。编码器使用池化层逐渐缩减输入数据的空间维度，而解码器通过反卷积层等网络层逐步恢复目标的细节和相应的空间维度。编码器到解码器通常存在直接的信息连接，可以帮助解码器更好地恢复目标细节。

在这种方法中，一种典型的结构是 U-Net。

U-Net 通过在编码器与解码器之间引入快捷连接，增强解码器恢复局部细节的能力。如图 7-18 所示，U-Net 由一个收缩路径和一个扩张路径组成。其中，收缩路径遵行典型的卷积网络结构，扩张路径的每一步都包括对特征进行上采样，同时级联收缩路径中同尺度的特征信息，因此丰富了细节信息。

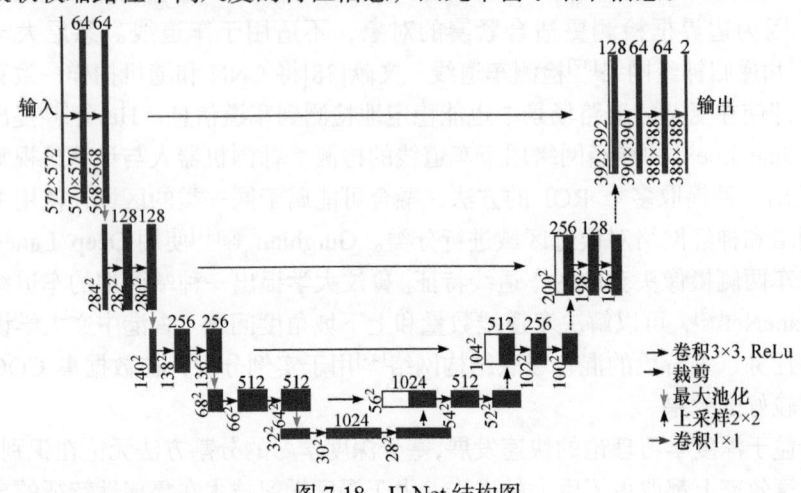

图 7-18　U-Net 结构图

7.4.2　基于整合上下文信息的算法

基于整合上下文信息算法的基本思路是整合不同尺度的特征，以及在局部信息与全局信息之间寻求最优平衡。语义分割需要整合不同尺度的特征，也需要平衡局部信息与全局信息。一方面，局部信息对于提高像素级别的分类正确率很重要。另一方面，全局信息对于解决局部模糊性问题来说很关键。目前，基于整合上下文信息的算法已经衍生出许多方法，如条件随机场(conditional random field, CRF)、空洞卷积、多尺度预测等。

CRF 通常作为后处理的步骤单独执行。CRF 在产生像素级标签时，考虑底层图像信息(如像素间关系)，这对优化分割结果的局部细节非常重要。DeepLab 系列模型使用全连接的 CRF 作为其独立的后端处理步骤，对分割结果进行优化。该模型将每个像素建模为区域中的一个节点。无论相距多远，两个像素间的关系都会影响像素标签的分类结果。这可以恢复 CNN 空间转化不变性导致的局部细节缺失。尽管全连接模型有非常大的计算量，但是 DeepLab v1 模型采用近似算法，可以大大降低计算成本。

此外，可以使用空洞卷积结构，同时去除池化层结构。空洞卷积又称带孔卷积，是 Holschneider 等提出的一种用于信号处理的技术[44]。在 CNN 中，带孔卷积可以在不引入额外参数的情况下成倍增大感受野，因此 CNN 不必采取大规模的池化操作来扩大感受野，避免池化操作带来的细粒度信息丢失。空洞卷积通常与多尺度预测结合使用，但是空洞卷积存在"网格化"现象，即空洞卷积在卷积核的两个采样像素之间插入 0 值，如果扩张率过大，卷积会过于稀疏，捕获信息能力差，因为对输入的采样将变得很稀疏，不利于模型学习，即一些局部信息丢失，而长距离上的一些信息可能并不相关。如图 7-19(a)所示，通过 3 个 3×3，扩张率为 r=2 的卷积核作用，对于中间像素点，其感受野为 13×13，但是有贡献的像素点只有 49 个，丢失局部信息，信息利用率低。对此，Wang 等提出混合带孔卷积架构(hybrid dilation convolution，HDC)，使用一组具有不同扩张率的卷积串结构，即一个块由 N 个大小为 $K×K$ 的带孔卷积组成。HDC 的目标是让最后的感受野全覆盖整个区域(没有任何空洞或丢失边缘)，在扩大感受野的同时减轻网格化现象。如图 7-19(b)所示，3 个扩张率分别为 1、2、3 的 3×3 卷积核组成一组，在保持感受野大小不变的情况下，可以提高信息利用率，但贡献的像素点远大于 49。多尺度预测也是整合上下文信息的一种方法。在 CNN 中，特定尺度的滤波器会检测特定尺寸的特征。多尺度预测的主要思想是增加多分辨率的感受野，通过融合不同尺度的特征可以更加有效地学习目标的特征信息，进一步提高目标检测的分割精度。

代表性的多尺度预测算法是 Deeplab v2。Deeplab v2 在 Deeplab v1 的基础之上提出带孔卷积的空间金字塔池化(atrous spatial pyramid pooling，ASPP)，如图 7-20 所示。为了对中央的橙色像素进行分类，ASPP 采用具有不同扩张率卷积核的带孔卷积提取不同尺度的特征，然后将不同尺度的特征进行融合，可以提高预测的准确率。

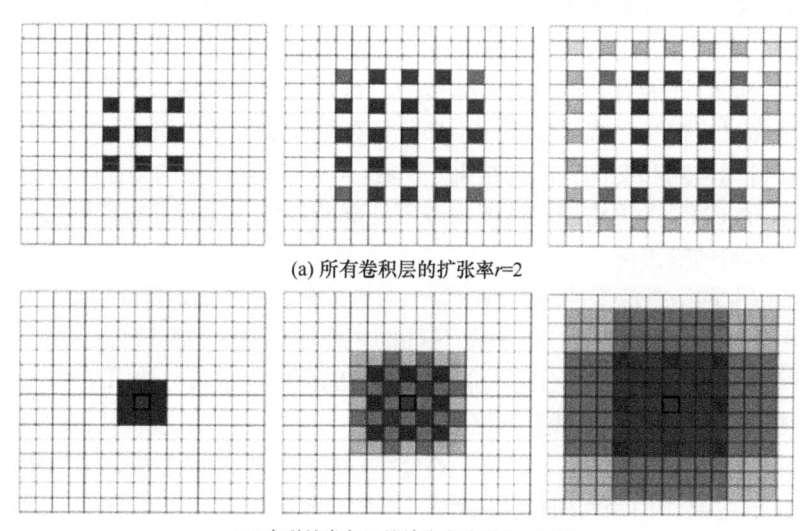

(a) 所有卷积层的扩张率 r=2

(b) 串联的卷积层的扩张率分别为 r=1,2,3

图 7-19　网格化现象示意图

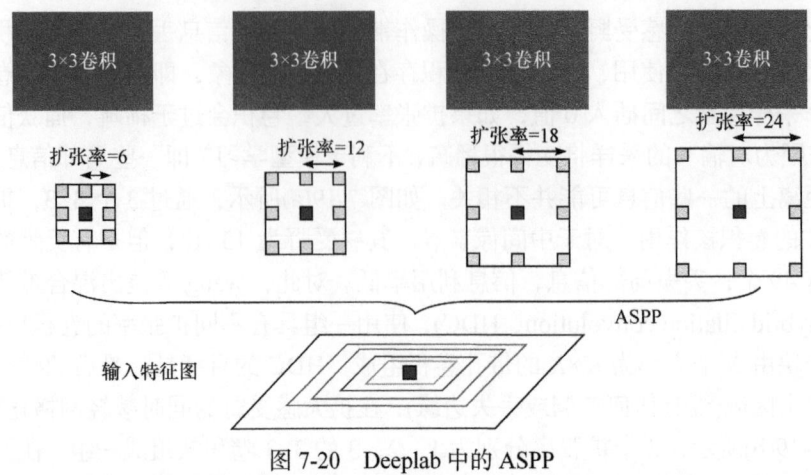

图 7-20　Deeplab 中的 ASPP

7.5　基于改进 Mask R-CNN 实例分割网络的地面标志检测方法

7.5.1　Mask R-CNN 实例分割网络架构

本节的实例分割模型建立在 Mask R-CNN 框架上。它是一个小巧、灵活、通用的实例分割框架，而且凭借优秀的目标检测能力，以及在分割任务中的表现成为当前最好的实例分割技术之一。Mask R-CNN 是 Faster R-CNN 算法的扩展，在每个 ROI 上加一个用于预测分割掩码的分层，为每个目标实例生成一个高质量的分割掩码的同时还能有效地进行目标检测。这样的设计就相当于多任务学习，掩码层的添加只给整个系统增加了一小部分计算量，所以该方法运行非常高效，能同时得到目标检测和实例分割的结果。Mask R-CNN 整体架构图如图 7-21 所示。

Mask R-CNN 的网络结构主要由以下几部分构成，即特征提取网络、RPN、ROI 对齐和实例输出部分。

特征提取网络是深度神经网络的骨干网络部分，主要负责特征提取，是整个网络模型中计算量最大的一部分。根据不同的应用需求，这一部分可以选择不同的特征提取网络，如骨架网络部分可以选择 ResNet50/101，也可以使用 FPN 替换前面的整个结构。ResNet 也叫残差网络学习框架，这种网络比以前使用的网络层次更深。FPN 根据特征规模的大小，从不同金字塔级别层次的特征中提取 ROI 特征。

RPN 的主要作用是利用特征图计算物体在图像中位置的候选框，通常采用锚箱技术完成区域候选。锚箱是一个预先设定好的矩形框，通过候选区域网络回归得出对每个锚箱的修正值，并对每个锚箱的长、宽和中心点进行修正。锚箱修正

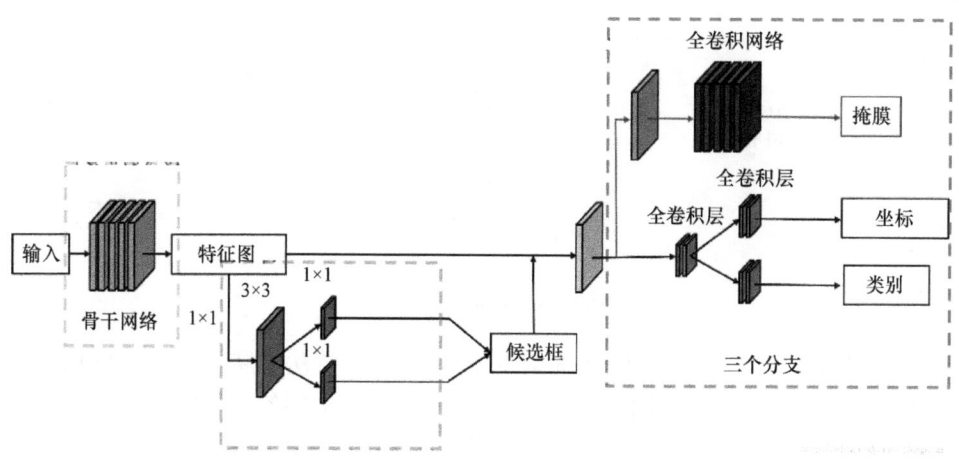

图 7-21　Mask R-CNN 整体架构图

示意过程如图 7-22 所示。图 7-22(a)为一个特征点预设的三个锚箱。图 7-22(b)为锚箱经过候选区域网络回归修正变换后的结果。

在获取候选框之后，之前的处理办法是根据候选框的位置从原图中找到对应的位置进行裁剪，然后对该区域进行分类和分割，以达到实例的效果。考虑后续分类、分割的操作都源于特征图，Mask R-CNN 引入 ROI 对齐，直接从特征图中裁剪候选框对应位置的特征信息。

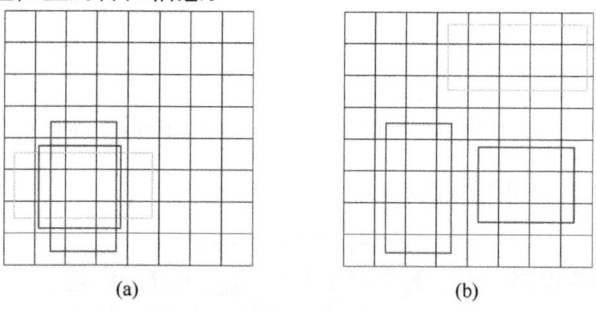

图 7-22　锚箱修正示意过程

ROI 对齐的想法很简单，取消量化操作并使用双线性插值法获得具有浮点坐标的像素点上的图像值，将整个特征聚合过程转换为连续的操作。ROI 对齐示意图如图 7-23 所示。值得注意的是，ROI 对齐将坐标点添加到候选区域的边界上将其合并。ROI 对齐的使用大大改进了算法。ROI 对齐之后有一个叫作头部(head)的部分。头部通常采用全连接层和 Softmax 层搭配。这一部分将参与后续的计算，主要作用是将 ROI 对齐的输出维度扩大，这样在预测 Mask 时会更加精确。在 Mask R-CNN 中，RPN 和 Faster R-CNN 算法中的 RPN 是相同的，但在增加 mask 层之后可以并行地对每个 ROI 预测类别和边缘，并且可以并行进行。

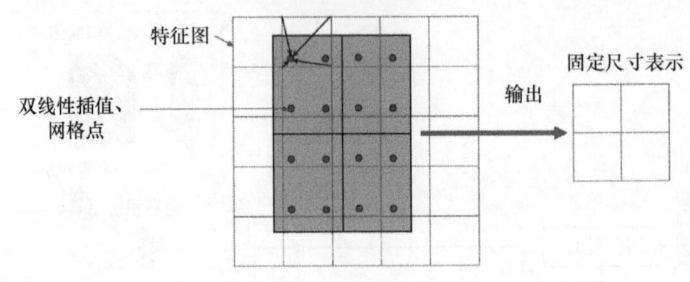

图 7-23　ROI 对齐示意图

Mask R-CNN 的分类和分割是对 Faster R-CNN 算法扩展。如图 7-24 所示，Faster R-CNN 算法对每个候选对象有两个输出，即类标签和外接边界框。Mask R-CNN 是在 Faster R-CNN 算法基础上添加用于预测分割的第三个分支，也就是 FCN 分支，从而获得更加精准的像素信息。需要注意的是，类输出和边界框输出不同，添加掩膜的输出是精确到像素级的分割信息。这意味着，模型需要提取目标更精细的空间布局。因此，Mask R-CNN 的关键要素包括像素对齐。这正是 Fast/Faster R-CNN 这类算法目标检测任务缺失的部分。

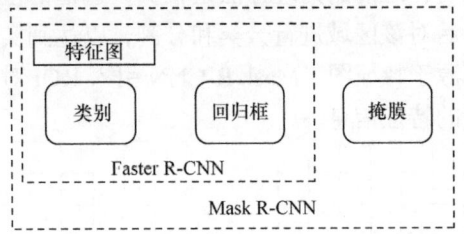

图 7-24　Mask R-CNN 和 Fast/Faster R-CNN 算法的区别

Mask R-CNN 的损失函数 L 定义为

$$L = L_{cls} + L_{box} + L_{mask} \tag{7-27}$$

其中，L_{cls} 为分类误差；L_{box} 为回归误差；L_{mask} 为分割误差。

Mask R-CNN 是 Faster R-CNN 算法基础上的更新优化，因此分类误差 L_{cls} 和回归误差 L_{box} 的定义与 Faster R-CNN 算法是相同的。Mask R-CNN 分割误差的计算方式对每一个 ROI 定义一个 $C \times n \times n$ 维的矩阵，对每一个 $n \times n$ 区域内的 C 个不同分类用 Sigmod 函数对每一个像素点求相对熵操作，最后得到平均相对熵，即 L_{mask}。值得注意的是，对于每一个 ROI，只计算该 ROI 所属类别分支的相对熵误差值。简单来讲，假设有人、车、狗三类物体，检测到当前 ROI 属于车这一类别，只在车这一类别中计算分割误差 L_{mask}。为了保证 ROI 中的空间信息不会损失，Mask R-CNN 的掩码分支还会对输入对象的空间布局进行编码操作，使用一个 $n \times n$ 矩阵对每一个 ROI 进行预测，以确保 ROI 内的空间信息不会损失。

总的来讲，Mask R-CNN 通过以上网络结构的设计，可以保证完成对目标的检测、分类、分割任务，很好地实现实例分割效果。因此，本书选取 Mask R-CNN 作为基础网络进行研究。

7.5.2　Mask R-CNN 实例分割网络的改进及优化

我们采用 ResNet101 作为 Mask R-CNN 的骨干网络进行特征提取。ResNet101 包括多个由 conv、bias、BN(batch norm)组成的运算块，在模型训练完成之后，只做前向运算模型的计算步骤存在冗余计算。我们对相关参数进行合并，通过参数合并减少冗余计算的步骤。为了减少重复计算的部分，我们将卷积运算之后的 bias 运算和 BN 运算合并成一个运算块统一运算，即

$$\begin{cases} X' = \mathrm{conv}(X) + \beta \\ Y = \alpha \dfrac{X' - \mu}{\sqrt{\varepsilon + \sigma^2}} + \beta \end{cases} \tag{7-28}$$

其中，X 为输入；X' 为输出中间结果；α 为规模；β 为偏置；μ 为均值；σ^2 为方差；$\varepsilon = 1 \times 10^{-5}$ Y。

$$\begin{cases} \alpha' = \dfrac{\alpha}{\sqrt{\varepsilon + \sigma^2}} \\ \beta' = \dfrac{\alpha(\beta_b - \mu)}{\sqrt{\varepsilon + \sigma^2}} + \beta \end{cases} \tag{7-29}$$

我们将 bias 运算的 β_b(偏置)，BN 运算的 α(规模)、β(偏置)、μ(均值)和 σ^2(方差)合并简化成 α' 和 β' 两个参数，然后通过 $Y = \alpha'X + \beta$ 计算结果，其中 Y 为整个模块的输出。通过以上操作可达到减少运算块中所需运算次数和运算参数的目的，加快模型的运行速度。

7.5.3　基于改进 Mask R-CNN 的分割实验结果

本节将样本按照 Mask R-CNN 标注规则进行标注，将标注完的样本图片送入改进后的 Mask R-CNN 进行训练，并在 Cityscapes 数据集上进行验证。

Cityscapes 数据集[45]是奔驰公司发布的一个大规模交通场景下的图像分割数据集。该数据集包括超过 50 个不同城市的街道场景立体视频序列，包括 5000 幅像素级的精细标注图像和超过 20000 幅的弱标注帧，是目前自动驾驶领域中公认的最具权威性和专业性的图像语义分割评测集。Cityscapes 数据集标注示意图如图 7-25 所示。

我们在 Cityscapes 数据集上对本节提出的优化方法进行验证。模型改进前后对比如表 7-3 所示。可以看出，本书改进后的方法的平均精度接近原始模型，

图 7-25　Cityscapes 数据集标注示意图

但是检测速度有了大幅度的提升,从每秒可以处理 3 帧的图像提升到 6 帧。同时,精度误差处于合理的范围。

表 7-3　模型改进前后对比

模型	交并比/%	检测速度/(帧/s)
Mask R-CNN	73.6	3
本书模型	72.2	6

通过分析可以发现,基于深度学习得到的地面标志特征并不能直接使用,对于地面指示箭头这一完整的具有独立信息的地面标志,我们无法对其进行进一步的聚类处理,只能在识别出来之后进行标志记录。对于车道线部分,虽然学习到了车道线特征,但是提取的车道线特征只有车道线离散的坐标点信息,并没有车道线性方程,不能直接应用到车道偏离检测中。考虑分割出的车道线边缘像素点不够平滑,我们提出一种将车道线特征点聚类的方法。这样不仅可以有效地排除多车道线互相之间的干扰,还能进一步获取路面多车道线信息,为后续车道线的拟合提供更精准、更全面的输入。

7.6　地面标志检测综合实验结果及应用

7.6.1　实验数据集介绍

1. RM-Data 数据集

虽然网络上有一些公开的自动驾驶环境数据集,但是这些数据集很少标注地面指示箭头等标记。考虑不同国家道路标志的规定并不完全相同,这些数据集不能很好地适用于中国的驾驶环境。我们依托智能驾驶平台,基于北京、天津等地的真实路况,自主标注并构建了 RM-Data 数据集。RM-Data 数据集有超过 8000 张精细标注好的图片,全部采集于中国真实的驾驶场景。其中标注了中国路面环境中出现的路面信息、车道线(白黄虚实)、直行、左转、右转、掉头等 11 类常见的地面标志,包含光线不足、过度曝光、夜晚、雨雪等场景。RM-Data 数据集及标注细节如图 7-26 所示。我们自主构建的智能驾驶数据集覆盖了实际驾驶环境路况的复杂性,可以保证样本的丰富性,对基于中国真实驾驶环境的道路标志检测具有重要价值。

图 7-26　RM-Data 数据集及标注细节

2. TuSimple 车道线数据集

Tusimple 车道线数据集是图森未来公司针对自动驾驶发布的开源车道线数据集。该数据集主要针对高速公路驾驶环境中的车道线,由大量短视频组成。Tusimple 数据集标注图如图 7-27 所示。数据集中的训练集包含 3626 张标注好的车道线图像,测试集包含 2782 张标注好的图像,图像大小均为 1280×720。

7.6.2　评定标准

本书以分割任务中常见的分割指标作为评判标准。评定细节如下,输入在真值区域内的离散点被视为正检点,设定正检点的总长度为 TP(true positive),若输入在真值区域内被视为错检的离散点,将这些点记录为错检点,总长度为 FP(false positive);将所有 Ground Truth 中标注的真值点集与 TP 做差可以得到漏检值,记为漏检长度 FN(false negative),则得到的精度 $S(\text{IoU})$ 为

$$S(\text{IoU}) = \frac{\text{TP}}{\text{TP+FP+FN}} \tag{7-30}$$

图 7-27　Tusimple 数据集标注图

根据中国智能车未来挑战赛——离线比赛的评定标准,采用查准率(Precision)、查全率(Recall)和调和平均值(F-measure)作为评定依据,即

$$Precision = \frac{TP}{TP+FP} \tag{7-31}$$

$$Recall = \frac{TP}{TP+FN} \tag{7-32}$$

$$F\text{-measure} = \frac{2Precision}{Precision+Recall} \tag{7-33}$$

7.6.3　实验结果及分析

本书的实验对比分析主要包含三部分:一是在自主标注的真实道路数据集下进行路面信息的实验验证;二是对车道线这一主要地面标志在 Tusimple 数据集上和相关算法进行对比实验;三是将本书算法应用到车道偏离检测中,并在相关公开比赛中进行验证。本书的相关实验都是基于 Ubuntu 16.04 环境下的 Pytorch 深度学习框架实现,在 NVIDIA GTX 1080Ti GPU 平台上进行训练和测试。

考虑大多数公开数据集对地面标志的关注较少,Tusimple 等相关公开权威数据集主要针对不同场景下地面标志中的车道线,并不涉及指示箭头等目标的标注,同时考虑不同国家对地面指示箭头的交通规定并不相同,因此我们对国内的驾驶路面环境自主采集构建 RM-Data 数据集,并对地面指示箭头等进行训练和验证。

RM-Data 数据集不同地面标志的最终检测结果如表 7-4 所示。其中包括整体路面、各类车道线、各类地面指示箭头的最终检测结果。由于掉头指示箭头的总体数据较少且在斜视等角度与其他指示箭头结构相似,因此会有一定的错检、漏检。下一步应针对这一目标进行数据扩充等处理,以提高对该目标的检测精度。

不同地面标志在掩膜层的训练结果如图 7-28 所示。可以看出，本书模型对不同类型的地面标志均具有较好的特征提取效果，每一类目标的特征都被清晰检测出来了。图 7-29 所示为本书模型与真实值的混淆矩阵的精度对比。可以看出，本书模型具有较高的检测精度。

表 7-4　RM-Data 数据集不同地面标志的最终检测结果

路面	掉头箭头	白色实线	白色虚线	黄色实线	黄色虚线	直行箭头	直行左转	直行右转	左转箭头	右转箭头
0.96	0.31	0.87	0.87	0.79	0.87	0.83	0.90	0.84	0.86	0.88

图 7-30 所示为不同场景下各类地面标志检测训练结果。可以看出，本书模型可以准确识别整个路面和车道标志。如图 7-31 所示，本书模型可以清楚地标识整条道路上的所有信息，如道路面积、车道线、道路标记。

针对地面标志的实验结果，本书模型分割精度高，具有较强的鲁棒性。在智能车辆的驾驶过程中，由于驾驶环境的复杂性和多样性，经常会发生错误和遗漏的检测。我们提出的基于实例分割方法的检测算法不仅可以通过实例化结果区分相同的标记，还可以很好地屏蔽这些不确定因素对地面标志提取结果的影响，从而适应复杂多变的真实道路环境。

图 7-29 中不同地面标志的检测精度从左到右分别是地面区域、掉头箭头、白色实线、白色虚线、黄色实线、黄色虚线、直行箭头、直行加左转、直行加右转、左转、右转。

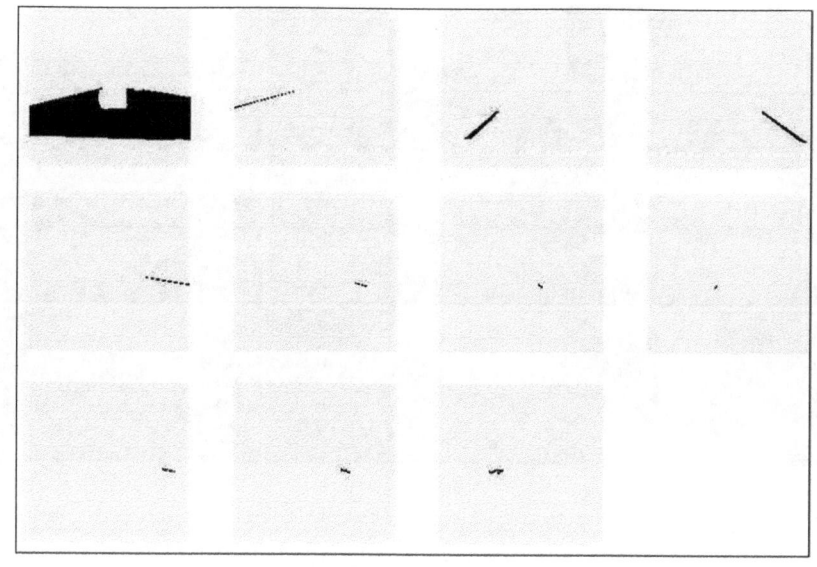

图 7-28　不同地面标志在掩膜层的训练结果

预测值	地面区域	掉头箭头	白色实线	白色虚线	黄色实线	黄色虚线	直行箭头	直行加左转	直行加右转	左转	右转
地面区域	0.965	0.003	0.020	0.020	0.020	0.001	0.001	0.000	0.002	0.002	0.004
掉头箭头	0.002	0.000	0.000	0.000	0.000	0.000	0.000	0.000	0.000	0.866	0.000
白色实线	0.001	0.000	0.000	0.000	0.000	0.000	0.835	0.000	0.002	0.002	0.004
白色虚线	0.019	0.000	0.000	0.879	0.000	0.000	0.000	0.000	0.000	0.000	0.000
黄色实线	0.002	0.317	0.000	0.000	0.000	0.000	0.000	0.000	0.000	0.000	0.000
黄色虚线	0.001	0.000	0.000	0.000	0.000	0.876	0.000	0.000	0.000	0.000	0.000
直行箭头	0.018	0.000	0.873	0.000	0.000	0.000	0.000	0.000	0.000	0.000	0.000
直行加左转	0.003	0.000	0.000	0.000	0.000	0.000	0.000	0.000	0.000	0.000	0.883
直行加右转	0.001	0.000	0.000	0.000	0.000	0.000	0.000	0.000	0.848	0.000	0.002
左转	0.000	0.000	0.000	0.000	0.000	0.000	0.903	0.000	0.000	0.000	0.000
右转	0.005	0.000	0.000	0.000	0.799	0.000	0.000	0.000	0.000	0.000	0.000

真实值

图 7-29　本书模型与真实值的混淆矩阵的精度对比

图 7-30　不同场景下各类地面标志检测训练结果

　　Tusimple 车道线数据集在车道线检测领域具有很高的权威性，我们将本书的检测方法在 Tusimple 数据集上加以验证。检测结果如表 7-5 所示。由于 Tusimple 车道线数据集主要采集自结构化较好的高速公路，并且光照等环境没有明显的变化，车道线的条数也较为固定，场景变化小，因此整体的检测结果较好。值得一提的是，虽然文献[45]中空间卷积神经网络(spatial convolutional neural network，SCNN)的检测结果略高于本书的结果，但是 SCNN 模型的检测对车道线的位置分布有一定的要求，适合 Tusimple 这类整体线型数量固定、变化小的车道线数据集，同时我们也给出了不同模型之间的速度对比。还可以看到，最慢的 LaneNet 每帧的运行速度达到 0.62s，其次是 VPGNet，SCNN 模型的运行速度同样较慢。本书模型的精度与 SCNN 相差较多，但能同时兼顾速度和精度。

表 7-5　Tusimple 车道线数据集下检测结果

模型	交并比	运行时间/s
FCN	0.76	0.20
VPGNet	0.89	0.41
LaneNet	0.91	0.62
SCNN	0.94	0.21

　　图 7-31～图 7-35 给出了在不同场景下针对车道线检测和拟合完成后的可视化结果图，其中第一列是直线拟合的结果，第二列是曲线拟合的结果，第三列是本书方法拟合的结果。图 7-36 所示为本书拟合方法在其他各类复杂场景下的实验

结果。可以看出，普通的直线和曲线效果可以满足场景简单、变化少的真实环境，但在复杂的场景下精度有所缺失，本书拟合方法的车道线更能适应不同的场景，在各类复杂场景下均具有较高的精度。

图 7-31 直线场景

图 7-32 大曲率场景

图 7-33 多车道场景

图 7-34 遮挡场景

图 7-35 曝光不足场景

图 7-36 其他复杂场景

7.7 本 章 小 结

本章提出适用于实际驾驶道路的地面标志融合检测算法，以多车道线检测算法框架为核心，利用标志线之间的关联性进行快速准确的检测。

首先，利用传统的检测算法对车道线进行预处理操作，然后对车道线特征进行提取与筛选，匹配车道线模型获取车道线候选标志线，约束标志线得到准确的车道线位置信息，最后利用卡尔曼滤波实现车道线跟踪和预测，以及视频帧间关联性预测后续图像中的车道线位置，提高图像处理的一致性。其中，车道线特征提取与筛选算法、标志线约束算法是本章的创新。这一部分是完整的多车道线检测流程，实践效果非常理想。

斑马线和停止线与车道线具有很大的关联。在车道线特征提取部分，我们利用斑马线和停止线的特点进行定制操作，如斑马线的宽度比车道线要宽、停止线的扫描方向是向车道线方向(射线)等。对每一部分，我们也做了相应的独立性处理，如果检测不到车道线，我们的算法依然是有效且准确的。

参 考 文 献

[1] Pomerleau D. RALPH: Rapidly adapting lateral position handler//Proceedings of the Intelligent Vehicles'95 Symposium, Detroit, 1995: 506-511.

[2] Hillel A B, Lerner R, Levi D, et al. Recent progress in road and lane detection: A survey. Machine Vision and Applications, 2014, 25(3): 727-745.

[3] Mechat N. Lane detection and tracking by monocular vision system in road vehicle// International Congress on Image and Signal Processing, Chongqing, 2012: 1276-1282.

[4] Lin G Y, Chen X, Zhang W G. Information fusion based on multi-lane optimization robust detection algorithm. Journal of Southeast University, 2010, 40(4): 771-777.

[5] Yim Y U, Oh S Y. Three-feature based automatic lane detection algorithm(TFALDA) for

autonomous driving. IEEE Transactions on Intelligent Transportation Systems, 2003, 4(4): 219-225.

[6] Borkar A, Hayes M, Smith M T, et al. A layered approach to robust lane detection at night// Computational Intelligence in Vehicles and Vehicular Systems, Nashville, 2009: 51-57.

[7] Li Q, Zheng N, Cheng H. Springrobot: A prototype autonomous vehicle and its algorithms for lane detection. IEEE Transactions on Intelligent Transportation Systems, 2004, 5(4): 300-308.

[8] Wang Y, Teoh E, Shen D. Lane detection and tracking using B-snake. Image and Vision Computing, 2004, 22(4): 269-280.

[9] Wang J, Gu F, Zhang C, et al. Lane boundary detection based on parabola model//International Conference on Information and Automatio, Harbin, 2010: 1729-1734.

[10] Wang J, An X. Amulti-step curved lane detection algorithm based on hyperbola-pair model//International Conference on Automation and Logistics, Jinan, 2010: 132-137.

[11] Xu H R, Wang X D, Fang Q. Based structured road detection algorithm b-spline curve model. Journal of Automation, 2011, 37(3): 270-275.

[12] Wang X Y, Wang Y Z. Based on the lane line detection algorithm linear hyperbolic model. Hangzhou University of Electronic Science and Technology, 2010, 30(6): 64-67.

[13] Cao Y, Chen L, Jia S. An image based detection of pedestrian crossing// International Congress on Image and Signal Processing, Tianjin, 2009: 1-5.

[14] Pepin G, Gaudet M, Hamel P. Wireless handheld portabel navigation system and method for visually impaired pedestrians.U. S. Patent Application 10/391, 604. 2003-9-25.

[15] Montremerlo M, Beeker J, Bhat S, et al. The stanford entry in the urban challenge. Journal of Field Robotics, 2008, 7(9): 468-492.

[16] Sünderhauf N, Obst M, Lange S, et al. Switchable constraints and incremental smoothing for online mitigation of non-line-of-sight and multipath effects//IEEE Intelligent Vehicles Symposium, Gold Coast City, 2013: 262-268.

[17] Rose C, Britt J, Allen J, et al. An integrated vehicle navigation system utilizing lane-detection and lateral position estimation systems in difficult environments for GPS. IEEE Transactions on Intelligent Transportation Systems, 2014, 15(6): 2615-2629.

[18] Li Q, Chen L, Li M, et al. A sensor-fusion drivable-region and lane-detection system for autonomous vehicle navigation in challenging road scenarios. IEEE Transactions on Vehicular Technology, 2014, 63(2): 540-555.

[19] Lee S, Kim S W, Seo S W. Accurate ego-lane recognition utilizing multiple road characteristics in a Bayesian network framework//IEEE Intelligent Vehicles Symposium, Seoul, 2015: 543-548.

[20] Lu W, Seignez E, Rodriguez F S A, et al. Lane marking based vehicle localization using particle filter and multi-kernel estimation//International Conference on Control, Automation, Robotics and Vision, Singapore, 2014: 601-606.

[21] Jung S, Youn J, Sull S. Efficient Lane detection based on spatiotemporal images. IEEE Transactions on Intelligent Transportation Systems, 2015, 17(1): 1-7.

[22] Li Q H, Zhang H. A modified PNN-based method for traffic signs classification. Systems Engineering, 2006, 24(4): 97-101.

[23] Du X, Tan K K. Comprehensive and practical vision system for self-driving vehicle lane-level localization. IEEE Transactions on Image Processing, 2016, 25(5): 2075-2088.

[24] Kheyrollahi A, Breckon T P. Automatic real-time road marking recognition using a feature driven approach. Machine Vision and Applications, 2012, 23(1): 123-133.

[25] Marita T, Negru M, Danescu R, et al. Stop-line detection and localization method for intersection scenarios// IEEE International Conference on Intelligent Computer Communication and Processing, Cluj-Napoca, 2011: 293-298.

[26] LeCun Y, Bengio Y, Hinton G. Deep learning. Nature, 2015, 521(7553): 436.

[27] 张军阳, 王慧丽, 郭阳, 等. 深度学习相关研究综述. 计算机应用研究, 2018, 35(7): 1921-1928, 1936.

[28] Simonyan K, Zisserman A. Very deep convolutional networks for large-scale image recognition//International Conference on Learning Representations, San Diego, 2015: 1-14.

[29] He K, Zhang X, Ren S, et al. Deep residual learning for image recognition//Proceedings of the IEEE Conference on International Conference and Pattern Recognition, Las Vegas, 2016: 770-778.

[30] Long J, Shelhamer E, Darrell T. Fully convolutional networks for semantic segmentation// Proceedings of the IEEE Conference on International Conference and Pattern Recognition, Boston, 2015: 3431-3440.

[31] Chen L C, Papandreou G, Kokkinos I, et al. Semantic image segmentation with deep convolutional nets and fully connected CRFS//International Conference on Learning Representations, San Diego, 2015:90-104.

[32] Lin G, Milan A, Shen C, et al. RefineNet: multi-path refinement networks for high-resolution semantic segmentation//Proceedings of the IEEE Conference on International Conference and Pattern Recognition, Hawaii, 2017: 1925-1934.

[33] Badrinarayanan V, Kendall A, Cipolla R. Segnet: A deep convolutional encoder-decoder architecture for image segmentation. IEEE Transactions on Pattern Analysis and Machine Intelligence, 2017, 39(12): 2481-2495.

[34] Ren S, He K, Girshick R, et al. Faster R-CNN: Towards real-time object detection with region proposal networks//Advances in Neural Information Processing Systems, Montreal, 2015: 91-99.

[35] Redmon J, Farhadi A. YOLOv3: An incremental improvement//Proceedings of the IEEE Conference on International Conference and Pattern Recognition, Salt Lake City, 2018: 1-6.

[36] Alsenan S, Ykhlef M. Statistical machine translation context modelling with recurrent neural network and LDA//International Conference on Advanced Intelligent Systems and Informatics, Egypt, 2016: 75-84.

[37] Hermanto A, Adji T B, Setiawan N A. Recurrent neural network language model for english-indonesian machine translation: Experimental study//International Conference on Science in Information Technology, Yogyakarta, 2015: 132-136.

[38] Kim J, Lee M. Robust lane detection based on convolutional neural network and random sample consensus//International Conference on Neural Information Processing, Bangkok, 2014:

454-461.

[39] He B, Ai R, Yan Y, et al. Accurate and robust lane detection based on dual-view convolutional neutral network// IEEE Intelligent Vehicles Symposium, Gothenburg, 2016: 1041-1046.

[40] Bailo O, Lee S, Rameau F, et al. Robust road marking detection and recognition using density-based grouping and machine learning techniques//IEEE Winter Conference on Applications of Computer Vision, Santa Rosa,2017: 760-768.

[41] Gurghian A, Koduri T, Bailur S V, et al. Deeplanes: End-to-end lane position estimation using deep neural networks//Proceedings of the IEEE Conference on International Conference and Pattern Recognition, Las Vegas, 2016: 38-45.

[42] Neven D, De Brabandere B, Georgoulis S, et al. Towards end-to-end lane detection: An instance segmentation approach//IEEE Intelligent Vehicles Symposium, Changshu, 2018: 286-291.

[43] Chen K, Pang J, Wang J, et al. Hybrid task cascade for instance segmentation//Proceedings of the IEEE Conference on International Conference and Pattern Recognition, Long Beach, 2019: 4974-4983.

[44] Holschneider M, Kronland-Martinet R, Morlet J, et al. A real-time algorithm for signal analysis with the help of the wavelet transform. Berlin: Springer Verlag, 1990.

[45] Cordts M, Omran M, Ramos S, et al. The cityscapes dataset for semantic urban scene understanding//Proceedings of the IEEE Conference on International Conference and Pattern Recognition, Las Vegas, 2016: 3213-3223.

第8章 交通信号检测

8.1 交通信号介绍

道路场景中交通信号灯和标识牌的检测与识别是无人驾驶与辅助驾驶必不可少的一部分,其识别精度直接关乎智能驾驶的安全。经典的深度学习目标检测方法仅利用深度网络的最后一层特征进行分类,但是交通信号标识大多是小目标,深度网络最后一层特征中小目标的特征信息特别少,对小目标的检测识别效果比较差。在实际应用中,只有精准识别尺度小的交通信号标识才能保证智能驾驶的安全。

交通信号灯是指挥交通运行的信号灯,一般由红灯、绿灯、黄灯组成。红绿灯是国际统一的交通信号灯。红灯表示禁止通行,绿灯表示准许通行,黄灯表示警示。红灯亮,禁止直行或左转弯,在不妨碍行人和车辆的情况下,允许车辆右转弯;绿灯亮,准许车辆直行或转弯;黄灯亮,停在路口停止线或人行横道线以内,禁止继续通行;黄灯闪烁时,警告车辆注意安全。

交通信号灯一般包括机动车信号灯和非机动车信号灯、人行横道信号灯、车道信号灯、方向指示信号灯、道路与铁路平面交叉道口信号灯。

机动车信号灯(图 8-1)是由红色、黄色、绿色三个无图案圆形单位组成的一组灯,指导机动车通行。非机动车信号灯(图 8-2)是由红色、黄色、绿色三个内有自行车图案的圆形单位组成的一组灯,指导非机动车通行。

在未设置非机动车信号灯和人行横道信号灯的路口,非机动车和行人应当按照机动车信号灯的指示通行。红灯亮时,右转弯的车辆在不妨碍被放行的车辆、行人通行的情况下,可以通行。绿灯亮时,准许车辆通行,但转弯的车辆不得妨碍被放行的直行车辆、行人通行。黄灯亮时,已越过停止线的车辆可以继续通行。

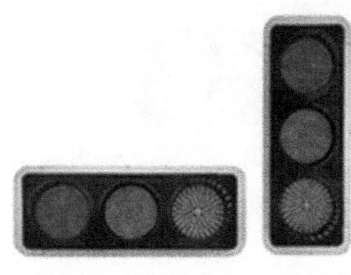

图 8-1　机动车信号灯

图 8-2　非机动车信号灯

人行横道信号灯(图 8-3)是由内有行人站立图案和行人行走图案组成的一组信号灯，指导行人通行。行人行走图案亮起时，准许行人通过人行横道。行人站立图案亮起时，禁止行人进入人行横道，但是已经进入人行横道的，可以继续通过或者在道路中心线处停留等候。

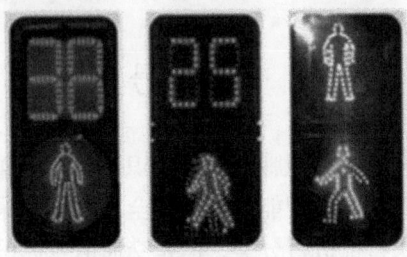

图 8-3　人行横道信号灯

车道信号灯(图 8-4)是由叉形图案和箭头图案组成的信号灯，指导本车道内的车辆按指示通行。当信号灯为绿色时，表示允许通行；当信号灯为红色时，表示禁止通行。

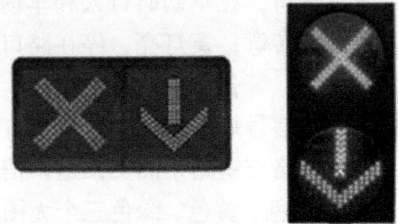

图 8-4　车道信号灯

方向指示信号灯(图 8-5)是由三个内有箭头的图案组成的一组灯，用于指导机动车按指示方向通行。箭头方向向左、向上、向右分别表示左转、直行、右转。

图 8-5　方向指示信号灯

道路与铁路平面交叉道口信号灯(图 8-6)是设置在道路与铁路相交路口的两个或一个信号灯，用于指导车辆和行人通行。当信号灯为红色时，表示禁止车辆、行人通行；红灯熄灭时，表示允许车辆、行人通行。

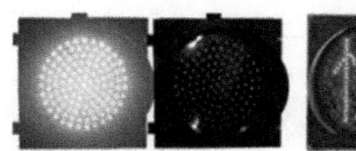

图 8-6　道路与铁路平面交叉道口信号灯

道路交通标志由颜色、形状、字符、图形等组成，显示交通法规和道路信息的图形符号可使交通法规得到形象、具体、简明的表达，同时表达难以用文字描述的内容。道路交通标志适用于公路、城市道路，以及一切专用公路，具有法令的性质，车辆、行人都必须遵守。交通标志应结合道路及交通情况设置，提供准确及时的信息和引导，使道路使用者顺利快捷地抵达目的地，促进交通畅通和行车安全。

交通标志牌分为主标志和辅助标志两大类。主标志牌包括警告标志、禁令标志、指示标志、指路标志、旅游区标志、道路施工安全标志、限速标志。辅助标志牌附设在主标志下，是起辅助说明作用的标志。

交通标志牌具有固定的形状和颜色，正等边三角形用于警告标志；圆形用于禁止和指示标志；倒等边三角形用于"减速让行"禁止标志；八角形用于"停车让行"禁止标志；叉形用于"铁路平交道口叉形符号"警告标志；方形用于指路标志，部分警告、禁止和指示标志，旅游区标志，辅助标志，告示标志等。除个别标志外，标志边框的颜色与标志的图形或字符的颜色一致。除指示标志外，标志衬边的颜色应与标志底色一致。

标志版面颜色、含义及适用范围如表 8-1 所示。交通标志版面颜色及图形如表 8-2 所示。

表 8-1　标志版面颜色、含义及适用范围

颜色	含义	适用范围
红色	禁止、停止、危险	禁令标志的边框、底色、斜杠，叉形符号和警告性线性诱导标志底色等
黄色(荧光黄色)	警告	警告标志的底色
蓝色	指示、指路	指示标志的底色、干路和支路的指路标志的底色
绿色	快速路指路	城市快速路指路标志底色
棕色	旅游区及景点指引	旅游区指引和旅游项目标志的底色
黑色	警告、禁令等	标志的文字、图形符号和部分标志的边框
白色	警告、禁令等	标志的底色、文字和图形符号，以及部分标志的边框
橙色(荧光橙色)	警告、指示	道路作业区的警告、指路标志
荧光黄绿色	警告	注意行人、注意儿童的警告标志

表 8-2　交通标志版面颜色及图形

序号	类型	图形示例
1	与行驶方向相关的指示标志	
2	指导驾驶人驾驶行为的指示标志	
3	与车道使用目的相关的指示标志	
4	与道路路权相关的指示标志	
5	与道路优先权相关的禁令标志	
6	与道路通行权相关的禁令标志	

续表

序号	类型	图形示例
7	与某方向通行权相关的禁令标志	
8	与交通管理相关的禁令标志	
9	与限制相关的禁令标志	
10	与停车检查相关的禁令标志	
11	与道路平面交叉相关的警告标志	
12	与道路平面线性相关的警告标志	
13	与道路纵断面线形相关的警告标志	

续表

序号	类型	图形示例
14	与道路横断面相关的警告标志	
15	与交通流状况相关的警告标志	
16	与可能出现危险状况相关的警告标志	
17	与建议安全措施相关的警告标志	30km/h

　　随着社会经济的高速发展，汽车越来越普及。汽车给人们带来出行便利的同时，也带来城市交通拥挤加剧、交通事故频发，以及公路运输效率变低的问题。此时，智能交通系统(intelligent traffic system，ITS)应运而生，并且得到众多学者的广泛关注，其中基于图像处理技术的交通标志识别(traffic sign recognition，TSR)系统与交通信号灯识别(traffic lights recognition，TLR)系统，是 ITS 的重要组成部分。信号灯检测与识别技术在智能汽车、辅助驾驶系统中有重要的作用。交通信号灯检测与识别技术能够辅助司机做出正确的驾驶决策，减少交通事故的发生，为无人驾驶的实现提供安全保障。

　　在实际的交通场景中，人们感兴趣的信号灯和标志牌区域只占很小的一部分，并且城市道路极其复杂，这会严重影响信号灯和交通标志牌的检测。例如，城市道路中存在形形色色的广告牌、宣传标语等，其固定的形状和颜色往往与标志牌极其相似。这会严重影响交通标识的识别。

　　针对这些难点，国内外众多研究者先后提出了相应的解决方案。基于传统的图像处理方法，随着神经网络在目标检测方面的应用，越来越多的基于神经网络的信号灯检测方法被提出。

8.2　基于特征融合的交通信号检测

交通信号标识检测作为 ITS 的重要组成部分，检测算法性能的好坏是 ITS 的重要指标。在 ITS 中，交通信号标识检测能够检测路况信息，将信息反馈给驾驶员可以避免大部分交通事故，也有助于道路交通的管理控制。在城市道路场景中，交通信号标识通常为小目标[1,2]，并且所处的环境都较为复杂，会严重影响交通信号标识的检测精度。尺寸小、分辨率低、特征信息容易缺失等因素是造成小目标难以精准检测的主要原因。城市道路中背景复杂多变，存在大量与交通信号标识特征相似的物体，天气变化、光照变化等都是精准检测交通信号标识需要面对的问题。为了解决上述问题，本章使用特征融合网络检测交通信号标识。算法主要是在 Faster R-CNN 算法框架的基础上增加特征融合模块，将深层特征图与浅层特征图融合，以获取更多交通信号标识的特征。此外，算法使用 ResNet50 网络作为骨架网络，将锚框尺寸大小调整为 32×32、64×64、128×128 三种尺度，检测交通信号标识这类小目标。

8.2.1　算法结构设计

1. 检测框架基本结构

本书算法以 Faster R-CNN 算法为基本框架。Faster R-CNN 算法由卷积层、RPN 层、ROI 层，以及全连接层组成。Faster R-CNN 算法使用卷积层对输入的图片数据进行特征提取，生成并得到特征图；将特征图送入 RPN 中生成目标建议区域；ROI 层通过遍历的方式，将建议区域在特征图上映射，生成固定大小的目标候选区域特征图；大小固定的目标候选区域特征图在经过全连接层的全连接后，分类器对目标进行具体分类，并通过目标在特征图中的位置信息获取目标的精确位置。Faster R-CNN 算法结构如图 8-7 所示。不同的特征提取网络会影响最终的目标检测效果，本书选取 ResNet50 网络作为特征提取网络。ResNet50 网络在前馈网络的结构上，增加跳跃连接跨过一些层的连接。每有一个这样的跳跃连接就产生一个残差模块。ResNet50 网络通过残差学习的方式解决深度网络退化的问题。图 8-8 所示为 ResNet50 网络中的残差单元结构。

2. 特征融合模块

输入的图片在卷积层中提取特征时会经过五个卷积块(Conv1~Conv5)。由于图片在经过每个卷积块时分辨率会减小，因此卷积块提取的目标特征信息就会减

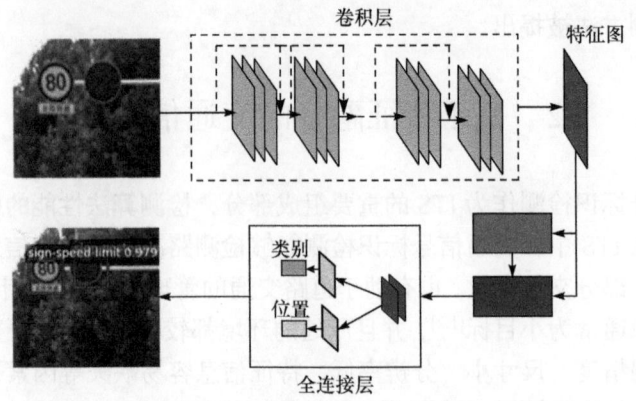

图 8-7　Faster R-CNN 算法结构

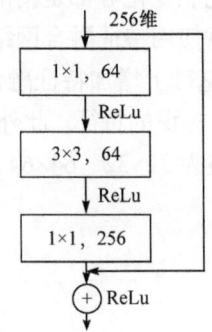

图 8-8　ResNet50 网络中的残差单元结构

少，造成小目标特征信息的缺失，不利于交通信号标识的检测。在特征提取网络中，浅层特征图中包含小目标丰富的颜色、形状等特征信息，但是包含的语义信息很少。深层特征图包含丰富的小目标语义信息，但是特征信息较少。现在主流的深度学习目标检测方法大多只使用最深层的特征图检测目标，所以对小目标检测的精准度不高。为了更精准地检测交通信号标识，算法对各个卷积块提取的特征图进行特征信息融合。

多层特征图的信息融合方法是对语义强的低分辨率特征图进行上采样，与卷积后高分辨率特征图中对应的元素相加。因此，低分辨率特征图包含高分辨率特征图中目标的特征信息。这样就能同时利用高层低分辨率特征图的语义信息和低层高分辨率特征图中目标的特征信息检测交通信号标识。输入图像经过 Conv1 卷积后的输出记为 $C1(C2$~$C5$ 同理)。特征信息融合的具体操作过程是，首先使用一个 1×1 的卷积块对 $C5$ 卷积，获取低分辨率的特征图 $P5$；然后将 $P5$ 经过两倍的上采样与经过 1×1 卷积后的 $C4$ 对应元素相加；最后将两层元素相加后的结果经过一个 3×3 卷积块的卷积后得到 $P4(P2$、$P3$ 同理)。3×3 的卷积操作能消除低分辨率的特征图在上采样过程中产生的混叠效应。由于庞大的内存占用，不将 $C1$ 放入特征金字塔中。特征融合模块如图 8-9 所示。

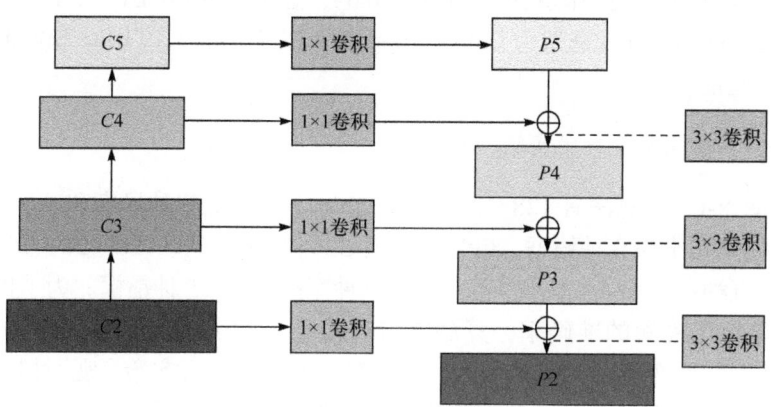

图 8-9　特征融合模块

3. 区域推荐网络

RPN 能够同时预测每个位置中对象的概率信息和边界信息。建立一个 RPN 需要额外增加两个卷积层：一个卷积层用来编码每个卷积图位置，将其转换成特征向量；另一个卷积层在卷积图的位置上输出目标概率和回归 n 个区域建议框参数化坐标。RPN 使用的特征信息是由特征提取网络提供的，可以解决选择性搜索速度慢的问题。RPN 的具体操作是使用一个窗口在特征图上进行平移，将平移产生的向量送到平行的全连接分类层和全连接位置回归层，获取目标的分类信息和位置信息。

图 8-10 所示为 RPN 结构图。每个滑动窗口的中心对应 k 个锚框。窗口在移动到每个位置时会得到预测的候选区域和位置回归坐标信息，并通过分类层获取候选区域是检测目标的概率。针对大部分交通信号标识尺寸小的情况，算法中锚尺寸的大小调整为 32×32、64×64 和 128×128，并且每个尺度都有宽高比为 1∶2、1∶1 和 2∶1 三种比例，即整个特征金字塔共有 9 种锚。

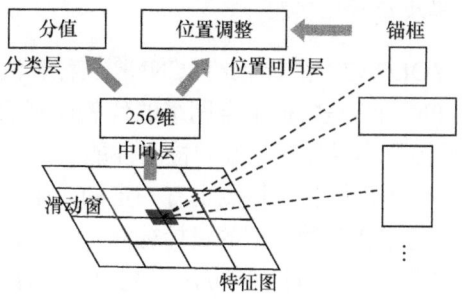

图 8-10　RPN 结构图

8.2.2 实验结果与分析

实验环境平台的操作系统为 Ubuntu16.04，显卡为 NVIDIA TITAN Xp，计算机内存为 16 GB，开发框架为 Caffe。实验使用 BUU-sign、TT100k 和博世三个数据集进行验证。

1. 调整锚框大小对比实验

Faster R-CNN 算法有 128×128、256×256、512×512 三种尺度和 1∶1、1∶2、2∶1 三种宽高比的 9 种锚框。FPN 算法有 32×32、64×64、128×128、256×256、512×512 五种尺度和 1∶1、1∶2、2∶1 三种宽高比的 15 种锚框。为了提升小尺度的交通标识检测的准确率，算法提出将锚尺寸大小调整为 32×32、64×64、128×128 三种尺度和 1∶1、1∶2、2∶1 三种宽高比。通过实验，观测相同宽高比下不同尺度的锚框对检测结果的影响，从而选出最优的锚框尺度。不同尺度锚框的检测结果如表 8-3 所示。实验数据显示，在上述三种交通信号标识数据集中，锚框的尺度调整为 32×32、64×34、128×128 的方法检测精度分别为 83.8%、82.1%、86.7%，比其他锚框尺寸的精度都要高，证明了调整锚框尺寸方法的有效性。不同锚框尺寸检测结果如图 8-11 所示。可以更直观地看出，锚框尺寸为 32×32、64×64、128×128 的网络检测精度最高，所以本书算法使用该尺寸大小的锚框。

表 8-3　不同尺度锚框的检测结果(mAP/%)

尺度	数据集		
	E+OS_TT100k	E+OS_BUU-sign	博世交通信号
128×128、256×256、512×512	81.9	79.7	83.6
32×32、64×64、128×128、256×256、512×512	83.4	81.3	85.2
32×32、64×64、128×128	83.8	82.1	86.7

2. 加入特征融合模块后对比实验

本书选取 FPN[3]、YOLO v3[4]和 Faster R-CNN[5]三种算法与本书算法在上述数据集进行对比实验。FPN 网络是特征融合网络的代表性算法，能够兼顾不同尺度的目标，对多尺度的目标及小目标有较好的检测性能。YOLO v3 对较小尺度目标的检测有较好的效果，对多尺度目标检测也有一定的效果。Faster R-CNN 算法是常用的目标检测算法，应用在各种类型的目标检测上。因此，选取以上三种目标检测算法与本书算法进行对比。不同检测方法对交通信号标识的检测精度如表 8-4 所示。可以看出，本书算法在上述三个数据集中的检测精度分别为 85.3%、82.9%、

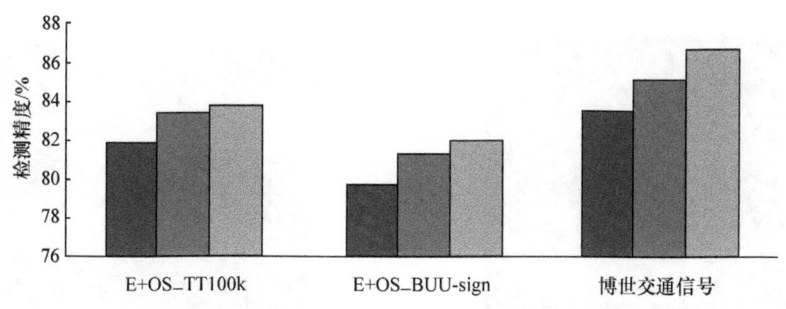

图 8-11　不同锚框尺寸检测结果

88.1%，比 FPN、YOLO v3 和 Faster R-CNN 算法都要高。四种算法检测精度对比如图 8-12 所示。可以看出，本书算法的检测精度更高。为了更直观地展示实验效果，我们将本书算法检测图像可视化，如图 8-13 和图 8-14 所示。

表 8-4　不同检测方法对交通信号标识的检测精度(mAP/%)

算法	数据集		
	E+OS_TT100k	E+OS_BUU-sign	博世交通信号
本书算法	85.3	82.9	88.1
FPN	83.5	80.6	86.3
YOLO v3	81.8	79.2	84.7
Faster R-CNN	71.3	70.4	75.2

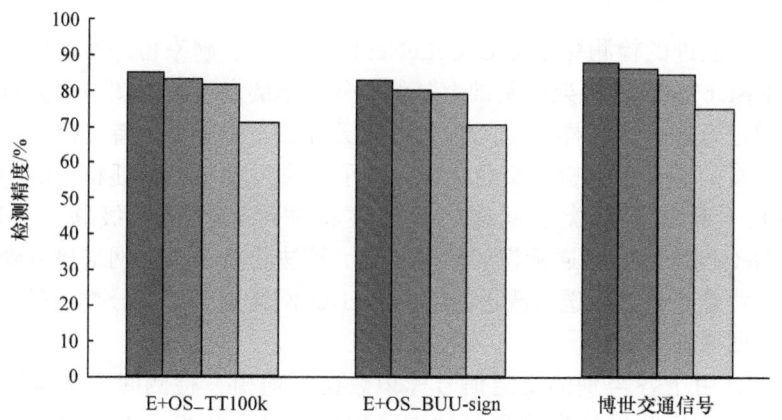

图 8-12　四种算法检测精度对比

图 8-13　场景检测结果图示　　　　图 8-14　交通路口场景检测结果图示

8.3　基于深度级联网络的交通标识检测

精准检测并识别交通信号标识能够将路况信息反馈给驾驶员。对驾驶员进行预警，有助于道路交通的管理控制，减少交通事故的发生。在城市道路场景中，交通信号标识受天气和光照变化、物体遮挡、城市中复杂背景等影响[6-8]会增加交通信号标识检测的难度。使用深度学习算法识别交通信号标识是比较通用的方法，它的结构简单高效，可以自动提取和学习交通信号标识的特征信息，利用学习到的规律在分类器中进行分类识别[9-11]。为了精准检测城市道路场景中的交通信号标识，本书使用级联网络检测交通信号标识，在特征融合检测算法后级联 GoogLeNet 网络对交通信号标识进行精准分类。

8.3.1　级联网络结构

本书将改进的检测算法与 GoogLeNet 网络[12]级联起来检测交通信号标识。算法在 Faster R-CNN 框架的基础上，将低分辨率的高层特征图与高分辨率的低层特征图进行融合。这样就能同时利用低层特征图中丰富的特征信息与高层特征图中丰富的语义信息检测交通标识。为了解决尺度小、特征相似的物体引起的交通信号标识误分类的问题，算法在特征融合网络后级联一个改进的 GoogLeNet 网络进行交通标识的精准分类。算法将特征融合网络检测到的交通标识去除背景并放大后送入改进的 GoogLeNet 网络进行精准分类，最终把检测的结果返回原图并输出。

此外，由于各类别的交通信号标识数据不均衡，检测时会影响模型的检测精度，使用级联网络先将量少的交通信号标识合并为一类，检测它们的精准位置，然后通过精准分类网络对它们进行分类识别，提高交通信号标识的检测精度。

本书算法的具体流程是将输入的图片送入卷积层，经过 5 个卷积块进行特征提取，得到各个卷积块的特征图；在特征融合模块中，将深层的特征图与浅层的特征图融合；将融合后的特征图送入 RPN 中生成目标建议区域；通过 ROI 层和全连接层的处理，生成固定大小的目标候选区域特征图并获得目标的精确位置；根据目标位置获得该区域的目标，放大后送入精准分类网络，在目标精准分类网络中进行精准分类；将精准分类信息与目标位置信息输出，得到交通信号标识检测结果。特征融合级联网络模型结构如图 8-15 所示。

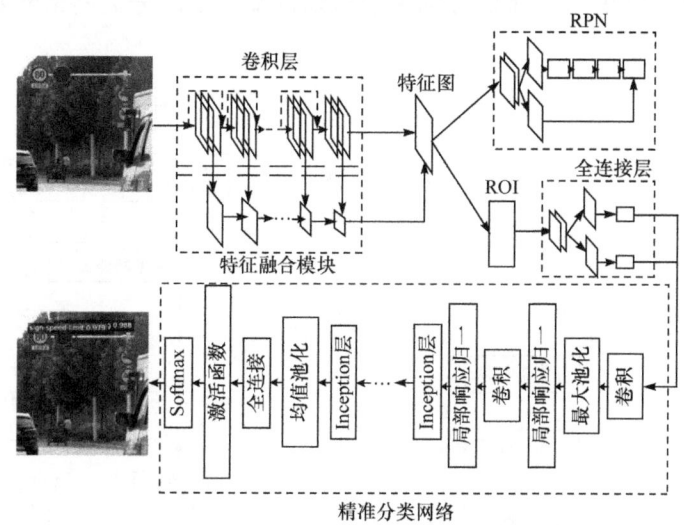

图 8-15 特征融合级联网络模型结构

8.3.2 精准分类网络

1. 分类网络结构

本书使用 GoogLeNet 网络[10]对交通信号标识进行精准的分类识别。GoogLeNet 由一系列 Inception 模块堆叠构成，并使用多个小卷积核替代大卷积核，既可以增加网络的宽度和深度，也可以加强网络对不同尺度目标的适应性。采用 Inception 模块结构可以在增加网络深度和宽度的同时减少参数量，还可以将网络模块化，方便增加与修改。GoogLeNet 引入两个辅助分类器用于向前传播梯度，可以有效地减轻网络中梯度消失的问题。辅助分类器对中间某一层输出分类，并按照一定的权重加入最终分类结果中，相当于做了多层间的融合，也增加了反向传播的梯度信号。GoogLeNet 对中间的输出进行 Softmax 操作，并在相同的标签上计算辅助损失。辅助分类器只用于训练过程，不用于预测过程。

GoogLeNet 的网络结构如图 8-16 所示。网络的输入尺寸为 299×299×3，对其进行零均值化处理后送到卷积池化层模块(图 8-17)；在卷积池化层(Stem)中经过 11 次卷积操作和 3 次池化操作后尺度变为 35×35×256；经过 5 个 Inception 模块(图 8-18)后送入降维(Reduction)模块(图像在经过 Inception 模块后尺寸不变化)，经过降维模块(图 8-19)，图像尺度变为 17×17×896，并进入辅助分类器；经过 10 个 Inception 模块和 1 个降维模块，尺度变为 8×8×1792，并进入辅助分类器；经过 5 个 Inception 模块平均池化操作后进入分类器模块。分类器模块的输出即交通信号标识的类别概率。精准分类网络参数如表 8-5 所示。

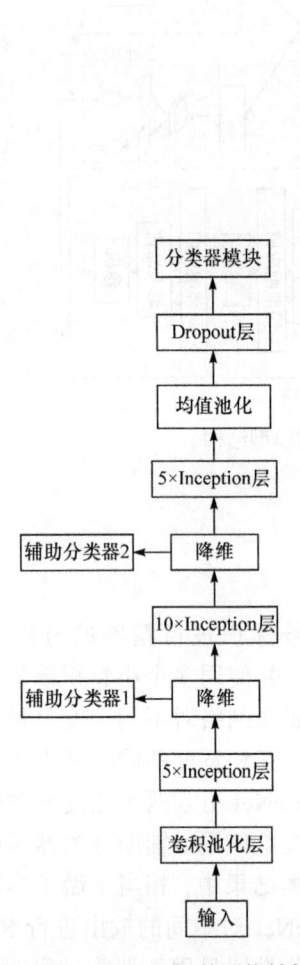

图 8-16　GoogLeNet 的网络结构

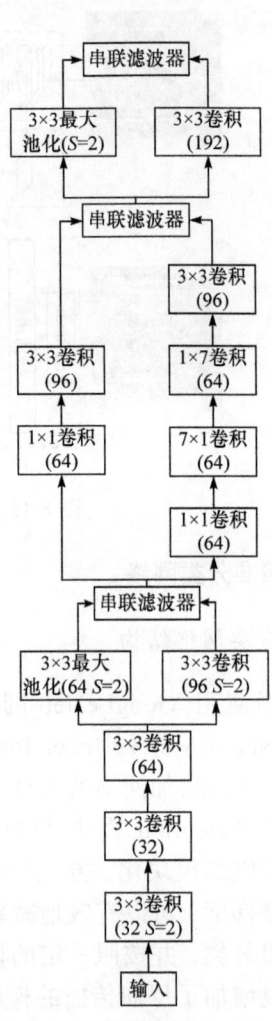

图 8-17　卷积池化层结构

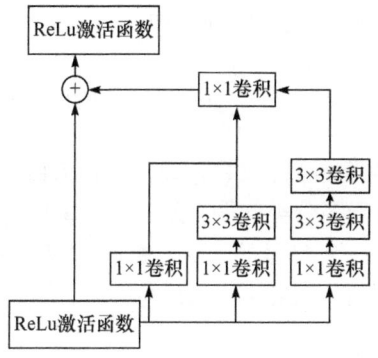

图 8-18 Inception 结构

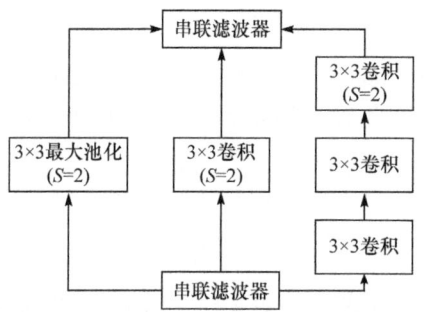

图 8-19 Reduction 结构

表 8-5 精准分类网络参数

模块	图像尺寸(像素)	通道数	卷积核大小	输出尺寸(像素)
Input	299×299	3	—	—
Stem	299×299	256	3×3	35×35
5×Inception	35×35	256	3×3	35×35
Reduction	35×35	896	3×3	17×17
10×Inception	17×17	896	3×3	17×17
Reduction	17×17	1792	3×3	8×8
5×Inception	8×8	1792	3×3	8×8
Average Pooling	8×8	1792	—	1×1
Softmax	1×1	1000	—	1×1

2. 分类器损失函数

损失函数也称代价函数,用来衡量模型预测值和真实值不一致的程度,损失函数越小,模型的鲁棒性就越好。我们将模型的预测值记为 $f(x)$、真实值记为 Y,则损失函数可以表示为 $L(Y, f(x))$。损失函数是结构风险函数的重要组成部分。

结构风险函数包含经验风险项和正则项，即

$$\theta^* = \arg\min \frac{1}{N} \sum_{i=1}^{N} L(y_i, f(x_i, \theta)) + \lambda \Phi(\theta) \tag{8-1}$$

其中，均值部分是经验风险函数；$L(Y, f(x))$ 为损失函数；$\Phi(\theta)$ 为正则项。

Softmax 分类器常用于多分类问题，是二元逻辑回归分类泛化到多类的情况。Softmax 函数的本质是将一个 N 维的任意实数映射成一个 N 维的实数向量，向量中每个元素的取值都在 0~1。Softmax 函数为

$$f(x_i) = \frac{e^{x_i}}{\sum_{n=1}^{N} e^{x_n}}, \quad i = 1, 2, \cdots, N \tag{8-2}$$

在神经网络中，Softmax 函数常被放在最后一层作为输出，用于多分类，将某个值转化为激活概率。此时，Softmax 的形式可以表示为

$$P_t(a) = \frac{e^{q_t(a)/T}}{\sum_{n=1}^{N} e^{q_t(n)/T}} \tag{8-3}$$

其中，T 为温度参数，当 T 趋于无穷大时，激活值对应的激活概率差异性越小；当 T 趋于 0 时，激活值对应的激活概率就越大。

Softmax 函数的分子和分母部分都是进行指数运算，当数值较大时会出现指数爆炸问题，常用的处理方法是同时在分子和分母上乘以一个常数 C，即

$$\frac{e^{x_i}}{\sum_{n=1}^{N} e^{x_n}} = \frac{Ce^{x_i}}{C\sum_{n=1}^{N} e^{x_n}} = \frac{e^{x_i + \log C}}{\sum_{n=1}^{N} e^{x_n + \log C}} \tag{8-4}$$

Softmax 分类器是将估计分类概率和真实分布之间的交叉熵最小化，其中估计分类概率就是 $f(x_i)$。若将真实分布记为 p、估计分布记为 q，则 p 和 q 之间的交叉熵可以表示为

$$H(p, q) = -\sum_{x} p(x) \log q(x) = H(p) + D_{KL}(p \| q) \tag{8-5}$$

其中，$H(p)$ 为 p 的熵；D_{KL} 为相对熵用来衡量分布 p 和分布 q 之间的距离，也称 KL 散度。

交叉熵和相对熵相差 $H(p)$，当 p 已知时，$H(p)$ 为常数，此时交叉熵等价于相对熵，它们都能反映分布 p 和分布 q 的相似度。Softmax 分类将分布 p 和分布 q 的交叉熵最小化就是尽量使预测分布的概率密度都在正确分类上，即

$$D_{KL}(p \| q)$$
$$= \sum_{x \in X} p(x) \log(p(x) / q(x))$$
$$= \sum_{x \in X} p(x) \log p(x) - \sum_{x \in X} p(x) \log q(x) \qquad (8\text{-}6)$$
$$= -H(p) - \sum_{x \in X} p(x) \log q(x)$$

8.3.3　实验结果分析与参赛测试证明

实验操作系统为 Ubuntu16.04，显卡为 NVIDIA TITAN Xp，计算机内存为 16 GB，开发框架为 Caffe。使用 BUU-sign、TT100k 和博世数据集作为对比实验验证数据集，在数据处理前后的 BUU-sign 和 TT100k 数据集上进行对比实验。

对比算法依然使用具有代表性的目标检测算法 FPN、YOLO v3 和 Faster R-CNN 算法与本书算法对比，并与 8.2 节级联前改进的特征融合网络进行对比。五种算法检测结果如表 8-6 所示。可以看出，级联网络的检测效果要优于级联前的，级联网络将检测到的交通信号标识放大后在分类网络中分类，放大后的特征更加清晰，能够准确地识别交通信号标识。在上述五个交通信号标识数据集中，级联网络的平均检测精度分别为 83.3%、85.4%、89.8%、84.2%、87.1%。与 FPN、YOLO v3、Faster R-CNN 算法相比，本书使用的级联网络方式对交通信号标识的检测精度都有一定程度上的提升，证明了使用级联网络对提升交通信号标识检测精度的有效性。五种算法检测精度对比如图 8-20 所示。可以看出，使用级联网络对交通信号标识的检测效果更好。

表 8-6　五种算法检测结果(mAP/%)

算法	数据集				
	BUU-sign	TT100k	博世	E+OS_BUU-sign	E+OS_TT100k
级联网络	83.3	85.4	89.8	84.2	87.1
级联前网络	81.5	83.7	88.1	82.9	85.3
FPN	79.9	82.2	86.3	80.6	83.5
YOLO v3	78.3	80.8	84.7	79.2	81.8
Faster R-CNN	68.4	72.1	75.2	70.4	71.3

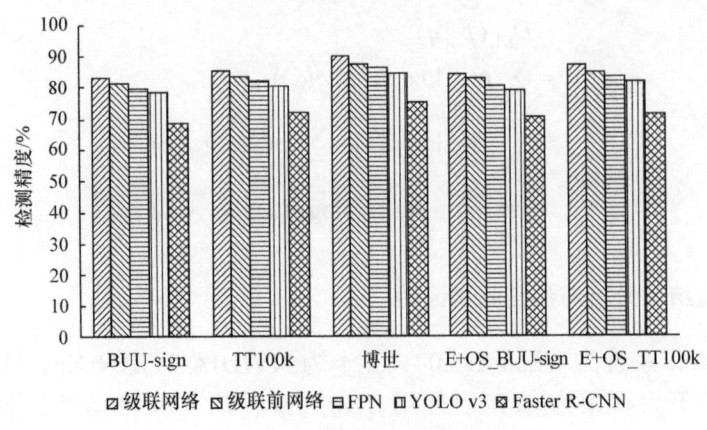

图 8-20　五种算法检测精度对比

　　交通信号标识检测结果如图 8-21 所示。数据集选取的交通场景可以分为强光照射场景、弱光照射场景、夜晚场景和博世交通信号场景。在四个场景中，使用的算法从左到右依次为 Faster R-CNN 算法、YOLO v3、FPN 和级联网络。强光照射场景光照强烈，摄像机距交通标识的距离较远，目标数量较多，交通标识基本都很小。弱光照射场景光照较弱，摄像机距交通标识的距离较近，存在少量中等尺度交通标识和数量较多的小尺度交通标识。夜晚场景光照很弱，摄像机距交通标识的距离较近，交通标识的尺度大多为中等大小。博世交通信号场景光照昏暗，摄像机距交通标识的距离较远，交通标识基本都很小。在以上四种场景中，Faster R-CNN 算法有较多的目标漏检；YOLO v3 能够准确地检测出大部分交通信号标识，但是有部分误检和漏检情况；FPN 能够检测出极大部分的交通信号标识，存在少量小尺度交通信号标识的误检和漏检；本书算法基本能够检测绝大部分的交通信号标识，极少出现误检和漏检现象。

图 8-21 交通信号标识检测结果

8.4 本 章 小 结

交通信号灯和交通标志是实施交通管理，保证道路交通安全、顺畅的重要措施。本章介绍了几种常用的、传统的交通信号灯和标志牌的检测方法。交通信号灯和交通标志牌的检测与识别技术在智能汽车，以及辅助驾驶系统中有重要的作用，能够辅助司机做出正确的驾驶决策，减少交通事故的发生，为无人驾驶提供安全保障。

参 考 文 献

[1] Wang J, Luo H, Yu P, Li C. Small objects detection in UAV aerial images based on improved Faster R-CNN. Journal of Measurement Science and Instrumentation, 2020, 11(1): 11-16.

[2] Li J, Liang X, Wei Y, et al. Perceptual generative adversarial networks for small object detection//Proceedings of the IEEE Conference on Computer Vision and Pattern Recognition, Hawaii, 2017: 1222-1230.

[3] Lin T, Dollár P, Girshick R, et al. Feature pyramid networks for object detection//Proceedings of the IEEE Conference on International Conference and Pattern Recognition, Hawaii, 2017: 2117-2125.

[4] Redmon J, Farhadi A. YOLO9000: Better, faster, stronger//Proceedings of the IEEE Conference on International Conference and Pattern Recognition, Hawaii, 2017: 7263-7271.

[5] Girshick R. Fast R-CNN//Proceedings of the IEEE International Conference on International Conference, Santiago, 2015: 1440-1448.

[6] 徐岩, 韦镇余. 一种改进的交通标志图像识别算法. 激光与光电子学进展, 2017, 54(2): 124-131.

[7] Lim K, Hong Y, Choi Y, et al. Real-time traffic sign recognition based on a general purpose GPU

and deep-learning. Plos One, 2017, 12(3): 1017-1027.

[8] 王晓斌, 黄金杰, 刘文举. 基于优化卷积神经网络结构的交通标志识别. 计算机应用, 2017, 37(2): 530-534.

[9] Saadna Y, Behloul A. An overview of traffic sign detection and classification methods. International Journal of Multimedia Information Retrieval, 2017, 6(3): 193-210.

[10] Do H N, Vo M T, Luong H Q, et al. Speed limit traffic sign detection and recognition based on support vector machines//International Conference on Advanced Technologies for Communications, Quy Nhon, 2017: 274-278.

[11] 谢锦, 蔡自兴, 邓海涛, 等. 基于图像不变特征深度学习的交通标志分类. 计算机辅助设计与图形学学报, 2017, 29(4): 632-640.

[12] Szegedy C, Ioffe S, Vanhoucke V, et al. Inception-v4, inception-ResNet and the impact of residual connections on learning//Proceedings of the Thirty-First AAAI Conference on Artificial Intelligence, Francisco, 2017: 4278-4284.

第9章 前方车辆位置监测

随着人工智能的发展，汽车智能驾驶技术方面的研究取得了很大进步，其中前方障碍物检测是智能驾驶技术的核心。在驾驶场景中，视觉探测技术相较于超声波、激光、雷达等技术，具有更大的信息量，更符合人眼捕捉信息的习惯和成本更低廉等优点。因此，基于视觉的车辆检测技术已经成为当今研究的主流。但是，只对驾驶场景中前方车辆进行检测已无法满足智能驾驶技术发展的需求，还需要能够对车辆进行跟踪和测距，实现对各个目标车辆的精准定位，为汽车智能驾驶的决策系统提供重要的信息基础，保障车辆的行驶安全。

前方车辆位置监测[1]是智能驾驶汽车发展的关键技术之一，可以为车辆控制系统提供前方车辆的精确位置，是车辆安全行驶的根本保障。该技术要求我们准确地将驾驶场景中前方车辆相对自身的位置计算出来，包括横向距离、纵向距离，并且具有跟踪能力。前方车辆位置监测主要包括三部分工作，即前方车辆目标检测、车辆目标跟踪、车辆目标测距。

9.1 基于 Faster R-CNN 的 2D 车辆检测

9.1.1 整体框架结构

Faster R-CNN 算法[2]的结构如图 9-1 所示。输入图片的尺度根据实际图片的像素大小进行动态调整，短边最小值限定为 600，长边最大值限定为 1000。两者满足其中一个条件时，根据缩放尺度对另外一个进行等比例缩放，得到调整之后的输入图像。网络的特征提取层使用残差网络。网络深度选用 ResNet 101 网络，提取更加丰富的特征。RPN 使用锚点机制，在特征图的每个像素点上提取固定数量和尺寸的候选框，并通过 Softmax 判定是前景目标还是背景，同时使用另外一条分支网络进行包围框偏移量的回归，得到更准确的目标候选框。通过候选框和特征图映射，可以得到候选区域框对应的特征向量，进行 R-CNN 的分类和包围框的回归，可以完成目标的类别判断和位置估计。

9.1.2 RPN 结构与锚点生成

Faster R-CNN 引入 RPN 结构[2]提高候选框生成的速度，相对于之前的 Fast R-CNN

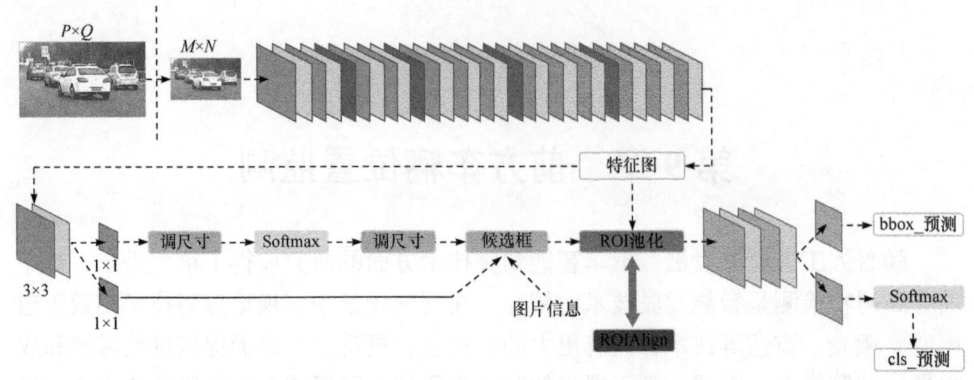

图 9-1　Faster R-CNN 算法的结构

使用选择性搜索的候选框生成机制，可以提高整体的检测速度，并且在检测准确度上有所提高。这得益于 RPN 结构中的两条分支网络，第一条分支网络用于生成候选区域，利用锚点机制生成固定尺寸和大小的候选框，并进行 Softmax 分类，判断该候选区域是前景目标还是背景；第二条分支网络用于候选区域边界框位移量的回归。

　　RPN 中锚点的设计非常重要，会直接影响检测精度。最初的锚点设计为 3×3 尺度，每个像素点生成的矩形框为 9 个，共有 3 种形状，长宽比分别为 2∶1、1∶1、1∶2，三种尺度分别为 8、16、32。为了满足更多尺度目标的情况，使用更多的形状和尺度进行锚点选取，形状改为 5 种，长宽比表示为 1∶2、2∶3、1∶1、3∶2、2∶1，尺度改为 3、6、9、16、32，5×5 可以在每个像素点上得到 25 个候选矩形框区域。

9.1.3　尺度归一化

　　完成 RPN 候选区域框生成工作之后，需要将候选框对应的原图映射到特征图上。Faster R-CNN 为了将尺度大小不同的目标候选区域框转变成同等尺度大小的特征图，以方便进行类别判断和边框回归，就需要进行尺度归一化处理，默认的输出尺寸为 7×7。在整个卷积过程中存在两次量化，称为 ROI 池化。其中第一次是原图经过 CNN 卷积网络提取特征时，目标映射到特征图上会进行一次像素取整操作，即第一次量化。当特征图再次映射到 7×7 的特征向量时，再次取整(取各区域内最大值，即最大值池化)，即第二次量化。经过两次量化造成偏差，对后面回归产生影响，造成边框估计出现偏移。

　　为了解决 ROI 池化产生的问题，使用 ROI 对齐方式替换最大值池化操作。在进行第一次映射时，不进行取整操作，保留浮点数，第二次映射时不进行最大值池化，使用双线性差值算法，计算得到每个小区域内代表的像素值，组成需要输出的

7×7 的特征向量，进行后续的分类和回归操作，提高边框回归的精度。

9.1.4 损失函数

Faster R-CNN 算法的损失函数主要包含两部分，第一部分是 RPN 中的损失函数，包括分类损失和边框回归损失；第二部分是 R-CNN 中的损失函数，包括分类损失和边框回归损失。损失函数为

$$L(\{p_i\},\{t_i\}) = \frac{1}{N_{\text{cls}}}\sum_i L_{\text{cls}}(p_i, p_i^*) + \lambda\frac{1}{N_{\text{reg}}}\sum_i p_i^* L_{\text{reg}}(t_i, t_i^*) \qquad (9\text{-}1)$$

其中，分类损失为

$$\frac{1}{N_{\text{cls}}}\sum_i L_{\text{cls}}(p_i, p_i^*) \qquad (9\text{-}2)$$

其中，p_i 为锚箱预测为目标的概率；p_i^* 为真值标签，即

$$p_i^* = \begin{cases} 0, & \text{负样本} \\ 1, & \text{正样本} \end{cases} \qquad (9\text{-}3)$$

$L_{\text{cls}}(p_i, p_i^*)$ 为两个类别(目标和非目标)的对数损失，即

$$L_{\text{cls}}(p_i, p_i^*) = -\log\left[p_i^* p_i + (1-p_i^*)(1-p_i) \right] \qquad (9\text{-}4)$$

可以看出，第一部分使用的是二分类的交叉熵损失。因为该部分只需要进行前景和背景的判断，而在 R-CNN 部分需要的就是多分类损失，用于对前景目标进行分类。

回归损失可以表示为

$$\lambda\frac{1}{N_{\text{reg}}}\sum_i p_i^* L_{\text{reg}}(t_i, t_i^*) \qquad (9\text{-}5)$$

在实际过程中，N_{cls} 和 N_{reg} 差距过大，所以使用参数 λ 平衡二者，使总的 Loss 能够均匀考虑两种 Loss。这里比较重要的是 L_{reg} 使用的 Smooth L_1 损失，即

$$L_{\text{reg}}(t_i, t_i^*) = \sum_i \text{Smooth}_{L_1}(t_i - t_i^*) \qquad (9\text{-}6)$$

$$\text{Smooth}_{L_1}(x) = \begin{cases} 0.5x^2, & |x| < 1 \\ |x| - 0.5, & \text{其他} \end{cases} \qquad (9\text{-}7)$$

9.1.5 测试结果

本书算法在中国智能车未来挑战赛真实道路场景数据集、联大数据集及

KITTI 数据集[3]上进行训练和测试验证。如图 9-2 所示，ROI 对齐方式在边框回归时效果更好，回归的精度更高，车辆的外接矩形框更加贴合车辆，更为准确的矩形框检测结果有利于后期车辆测距精度的提高。

(a) ROI池化

(b) ROI对齐

图 9-2　两种尺度归一化处理方法的结果对比

在 KITTI 数据集上，2D 车辆检测如图 9-3 所示。测试结果显示，车辆的 2D 检测可以很好地对目标进行定位。由于后期需要通过车辆检测结果对车辆进行距离测量，因此需要检测阶段实现高精度的目标定位，要求车辆包围框具有更高的定位精度。可以看出，车辆的外接包围框贴合非常紧密，可为下阶段的车辆位置监测提供较为准确的数据基础。

图 9-3　KITTI 数据集 2D 车辆检测

但是，仅定位车辆外接矩形框无法得到车辆准确的测距关键点，容易造成车辆距离计算出现误差，需要对车辆检测进行改进，提高测距关键点的定位精度。

9.2　基于关键点回归网络的 3D 车辆检测

常用的车辆单目视觉测距方法都是基于 2D 车辆检测结果进行测距,从最小外接矩形中取矩形的下边中点作为测距关键点进行测距。该方法得到的测距关键点不是车辆下边沿中心位置,会增大车辆测距误差。因此,采用 3D 车辆检测技术能够得到目标三维信息,获取车辆的精准下边沿中心点,从而提高测距的精度。

9.2.1　算法整体流程

基于关键点回归网络的 3D 车辆检测,与现有的技术相比,只使用深度回归网络[4]回归车辆进行 3D 构建时需要的关键点坐标,然后结合几何约束条件、相机成像原理和图像消失点信息,通过 2D 对象边界框生成完整的 3D 包围框。其主要步骤是采用深度神经网络一次性回归车辆侧边与地面接触的位置坐标和车辆的位姿坐标,然后得出估计值,利用相机的成像原理和几何先验知识计算缺失的顶点坐标位置,实现车辆 3D 检测。3D 车辆检测算法整体流程如图 9-4 所示。

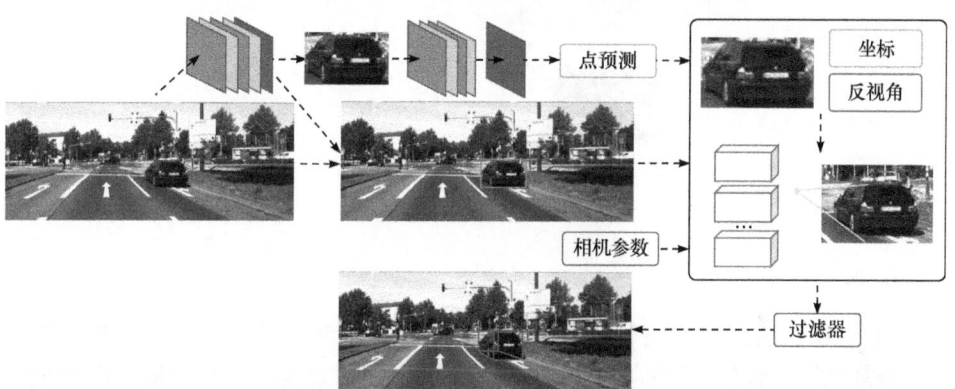

图 9-4　3D 车辆检测算法整体流程

我们在 2D 车辆检测得到的边界包围框的基础上构建车辆的 3D 立体框。因为车辆目标的 3D 外接立体包围框一定是紧紧围绕在 2D 外接矩形包围框上的,所以输入是原图像中目标车辆外接矩形框包围的 2D 像素信息。本书算法通过使用深度回归网络预测需要的关键点信息,依据相机成像消失点信息和几何先验知识进行推理,计算立体框的各个顶点坐标,并对得到的结果进行滤波处理,最终构建车辆的外接立体包围框。

9.2.2　关键点回归

算法需要回归的关键点坐标有三个,即车辆目标侧面的两个车轮与地面相接的两个点，以及车辆侧棱的位置横坐标。回归网络如图 9-5 所示。前两个关键点的像素坐标分别为 w_0、w_1，第三个为车辆侧棱所在的直线 $L(x = p_0)$。需要回归的变量 $G = (w_0, w_1, p_0)$，即需要得到的参数值为 5 个，即 $N(w_{0(x)}, w_{0(y)}, w_{1(x)}, w_{1(y)}, p_0)$。

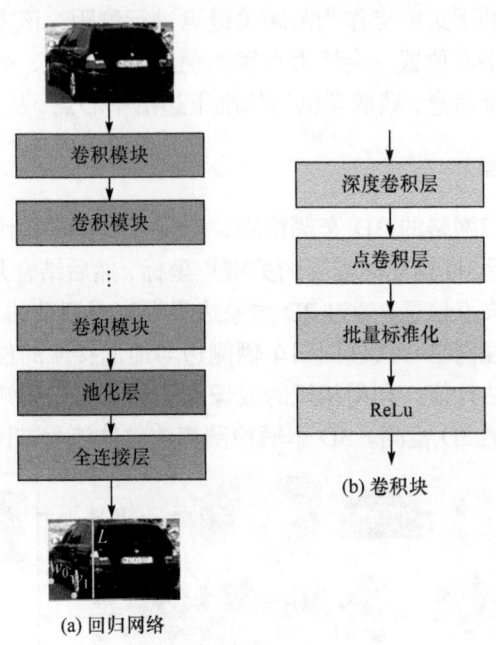

图 9-5　回归网络

9.2.3　回归网络

本书算法的回归网络输入的是 2D 车辆目标检测的结果，是矩形框所包围的像素区域，通过在原图上进行截取目标矩形框像素得到，所以输入图像的尺寸通常都非常小，需要从该小尺寸图像中估计需要的 5 个参数值。这个阶段网络模型选择的标准是使用网络层不深、检测效率高的网络。因为该阶段是对一帧图像中的多个车辆目标实例进行 3D 关键点检测，这就要求对当前帧图像中出现的多个目标循环执行 3D 检测操作，所以要充分考虑推理效率的问题。此外，在对单个车辆目标外接矩形框像素区域进行检测时，理论上是一个相对容易的事情，所以无须使用深层多通道的网络。因此，本书算法使用深度可分离卷积思想的 MobileNet v1 网络[4]作为骨架网络，提高网络前向传播的速度和检测效率。

如图 9-5 所示，截取车辆外接矩形框包围的像素图像作为深度回归网络的输入。经过多层的卷积结构(包括深度可分离卷积和逐点卷积)与传统卷积不同，后面是 BN 层和 ReLu 层。网络的最后是池化层和全连接层，池化层的尺寸是 7×7，全连接层的尺寸为 1024×5。

回归网络的输入尺寸是 224×224，使用深度可分离卷积，降低运算次数，加快计算速度，中间的 5 层分离卷积结构改成 3 层。全连接层采用 5 个通道，输出需要的 5 个变量值。这里只使用一个全连接层，因为多次全连接比较费时。网络的输出为坐标所在的位置占用总体尺度的比例值，这样可以更加方便地定位坐标的大小。

9.2.4　损失函数

本书算法的回归网络使用 Smooth L_1 损失。由于 L_1 损失使权值稀疏，但是导数不连续，L_2 损失的导数连续可以防止过拟合，因此使用 Smooth L_1 损失可以分段结合两者优势。这相当于，在小于 1 的部分使用 L_2 范数，这样可以更加平滑，并且求导方便，收敛得更快；在大于 1 的部分使用 L_1 范数，这样可以减少离群点和异常值的影响，梯度变化相对更小，训练时不容易梯度爆炸。对于本书算法中的回归任务，只需要在较小尺寸的图像中回归 5 个参数值。该任务对于回归网络的要求不高，但是车辆角度变化较大，会出现异常值的问题，因此 Smooth L_1 可以很好地避免这个问题。

9.2.5　3D 包围框估计

得到构建 3D 立体框的关键点之后还不能直接使用，因此需要确定关键点所处的位置，并计算其他顶点坐标。

首先，对车辆的 3D 边界框在图像中的像素坐标进行定义(图 9-6)。设车辆目标的外接立体框用 $C = \{a, b, c, d, e, f, g, h\}$ 表示，其中 $\{a, b, c, d\}$ 为目标车辆靠近相

图 9-6　车辆 3D 结构定义

机侧垂直切面上从左上角按顺时针方向的四个顶点在二维图像上的像素坐标，$\{e,f,g,h\}$ 为远离相机侧垂直切面上，从左上角按照顺时针方向的四个顶点在二维图像上的像素坐标。

根据车辆位姿和观察视角的不同，车辆关键点的选择可以分为两种情况。

① 可以观察到车辆侧面的情况。如图 9-7 所示，选取车辆侧面的两个车轮和地面相接的地方作为两个关键点，即 $w_0(w_{0(x)}, w_{0(y)})$ 和 $w_1(w_{1(x)}, w_{1(y)})$。目前，算法研究的车辆只针对常见的轿车和 SUV 等四轮普通车辆。此外，对于车辆的车尾或者车头和车辆能观察到车轮的侧面相交的棱，定义为直线 $L(x = p_0)$，其中 p_0 为图像坐标横轴的坐标值，该算法实际需要 5 个参数值，即 $N(w_{0(x)}, w_{0(y)}, w_{1(x)}, w_{1(y)}, p_0)$。

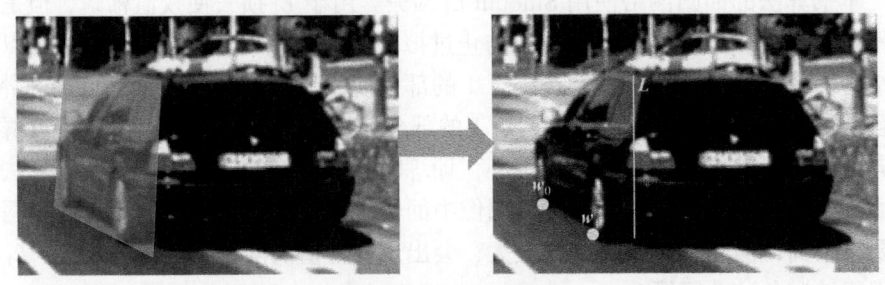

图 9-7　车辆侧方视角

② 无法观察到车辆侧面的情况。这种情况通常出现在正前方的车辆。如图 9-8 所示，车辆的外接立体框构建之后，在平面图像中只能得到最后方靠近相机的平面。该平面和直接进行车辆 2D 检测的结果非常相近，所以直接使用 2D 检测结果的外接矩形框来表示，不作 3D 立体包围框估计。

图 9-8　车辆正后方视角

综合分析驾驶场景的两种情况，3D 立体框检测只考虑第一种情况，对侧方视角的车辆进行 3D 构建。对顶点坐标估计需要根据已知的 5 个参数值 $N(w_{0(x)}, w_{0(y)}, w_{1(x)}, w_{1(y)}, p_0)$ 进行推理计算，依据相机成像的几何模型和消失点信息，得到构建车辆 3D 边界框的顶点坐标(图 9-9)。

图 9-9　顶点计算

首先由

$$(w_0, w_1) \Rightarrow F(x) \tag{9-8}$$

计算经过 $w_0(w_{0(x)}, w_{0(y)})$ 和 $w_1(w_{1(x)}, w_{1(y)})$ 的直线方程 $F(x)$，由

$$\left.\begin{array}{c} F(x) \\ L(x = p_0) \end{array}\right\} \Rightarrow d \tag{9-9}$$

计算 $F(x)$ 与 $L(x = p_0)$ 相交的点，记为构建 3D 立体框 $C = \{a, b, c, d, e, f, g, h\}$ 中的一个顶点 d。由

$$\left.\begin{array}{c} F(x) \\ K(x = k_0) \end{array}\right\} \Rightarrow h \tag{9-10}$$

计算 $F(x)$ 与 2D 矩形框左侧的边 $K(x = k_0)$ 相交的点，记为 $C = \{a, b, c, d, e, f, g, h\}$ 中的一个顶点 h。延长线段 hd，可以找到需要的图像的消失点 O。连接消失点 O 与 a，线段 Oa 与 2D 边界框相交于点 e，通过取 2D 边界框右侧上下两个顶点可以得到 b 点和 c 点，至此可得 $\{a, b, c, d, e, h\}$。通过 dc 和 eh 的几何先验关系和点 e、h 位置坐标估计点 f、g 坐标。因此，通过计算可以得到构建 3D 立体框的全部顶点坐标 $C = \{a, b, c, d, e, f, g, h\}$。

通过关键点可以得到构建车辆外接立体框的顶点坐标 $C = \{a, b, c, d, e, f, g, h\}$。一般可以直接根据 C 进行简单的连接，还原出 3D 立体框，但有时会因为回归网络估计关键点。$G = (w_0, w_1, p_0)$ 不够准确，会使这几个值出现误差，进而使 3D 立体框出现偏差。所以，本书算法对 $C = \{a, b, c, d, e, f, g, h\}$ 进行一次滤波，防止出现较大的误差。滤波方式是从构建 3D 立体框的原理出发，在得到 d 点坐标之后，根据 c 点坐标计算经过 c、d 两点的直线斜率 k_{cd}。k_{cd} 直接关系到立体框的倾斜程度，由驾驶场景下车辆的角度位姿先验可知，可以定义一个滤波函数 $\mathrm{Fsen}(x)$ 来限制斜率的范围，即

$$\text{Fsen}(x) = \begin{cases} 0, & x \geqslant 0 \\ x, & -0.1 < x < 0 \\ -0.1, & x \leqslant -0.1 \end{cases} \tag{9-11}$$

此外，本书算法还利用相机投影成像过程中存在消失点的原理对 $C = \{a,b,c,d,e,f,g,h\}$ 进行成像误差修正，得到更为准确的顶点坐标，即

$$f(x,y) = \left(f(x), \frac{e^2}{8} e(y) \right) \tag{9-12}$$

$$g(x,y) = \left(\left(1 + \frac{8-e^2}{8}\right) g(x), g(y) \right) \tag{9-13}$$

$$e(x,y) = \left(e(x), \left(1 + \frac{8-e^2}{8}\right) e(y) \right) \tag{9-14}$$

然后，校验图像中立体框顶点的像素坐标是否满足几何模型关系，即

$$\begin{cases} e(y) < h(y) < d(y) \\ b(y) < c(y) \leqslant d(y) \\ e(x) < d(x) < b(x) \\ e(x) < g(x) < b(x) \\ e(y) < g(y) \leqslant h(y) \end{cases} \tag{9-15}$$

令三维信息估计结果标志变量为 t，如果满足式(9-15)，$t=1$；否则，$t=0$。通过这些计算，可以得到车辆目标的外接立体框坐标 $C = \{a,b,c,d,e,f,g,h\}$。

9.2.6　测试结果

3D 车辆检测测试结果如图 9-10 所示。完成车辆 3D 检测之后，需要首先根

图 9-10　3D 车辆检测测试结果

据车辆三维结构信息计算车辆的下边沿位置，然后计算测距关键点，最后测量车辆距离。

9.3　基于车辆下边沿和逆透视变换的车距测量

目前基于单目视觉的车辆测距技术大都忽略车辆与地面相接的下边沿问题。基于车辆下边沿和逆透视变换(inverse perspective mapping，IPM)的单目视觉测距模型可以很好地解决该问题，进而提高视觉测距精度，实现对前方车辆高精度的车距测量。该方法首先根据车辆 3D 结构提取车辆下边沿，然后计算测距关键点，利用基于点的 IPM 测距模型计算距离。

9.3.1　算法整体流程

首先，根据车辆 3D 结构信息提取车辆下边沿，计算测距关键点。然后，由相机 IPM 模型及相机内外参数，对测距关键点进行距离计算。最后，通过卡尔曼滤波器对距离结果滤波，完成车辆距离估计。测距流程如图 9-11 所示。

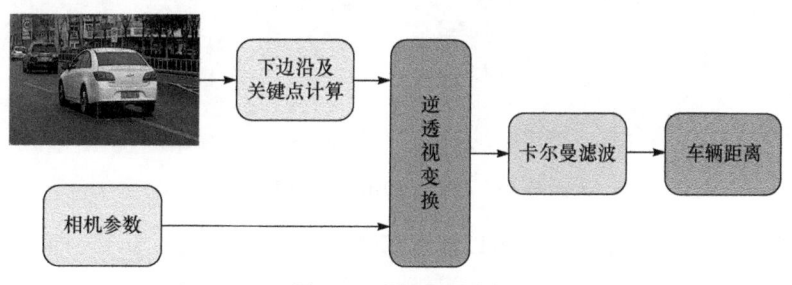

图 9-11　测距流程图

9.3.2　车辆下边沿及关键点计算

在行驶过程中，车辆由于所在位置相对于当前车辆会发生变化，相机捕捉到的车辆在图像中会呈现不同的位姿角度，增加车辆下边沿估计的难度。如图 9-12 所示，车辆在行驶过程中随着位置发生变化，观察到的车辆位姿也在变化。与此同时，车辆的下边沿相对于车辆矩形检测框的位置也在发生变化，因此需要结合车辆 3D 检测结果获得下边沿位置。

得到车辆的 3D 结构信息后，根据车辆的外接立体框可以很容易地计算出车辆与地面相接的下边沿位置坐标，进一步得到车辆测距的关键点。车辆下边沿和测距关键点如图 9-13 所示。

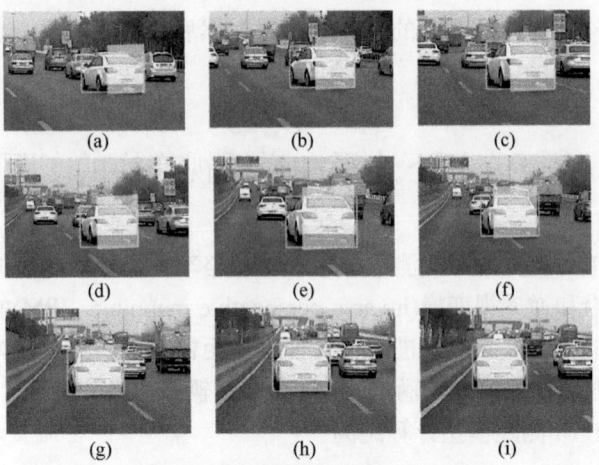

图 9-12　不同车辆观察视角对比

图 9-13　车辆下边沿和测距关键点

通过估计车辆三维信息，可以提取车辆下边沿 $R(x_1, y_1, x_2, y_2)$，即

$$R = \begin{cases} (c(x), c(y), d(x), d(y)), & t = 1 \\ (B(x_1), B(y_2), B(x_2), B(y_2)), & t = 0 \end{cases} \tag{9-16}$$

其中，B 为车辆 2D 检测得到的矩形框坐标。

由车辆下边沿信息 $R(x_1, y_1, x_2, y_2)$ 和下式可得测距关键点像素坐标 $E(x, y)$，即

$$\begin{cases} x = \dfrac{R(x_1) + R(x_2)}{2} \\ y = \dfrac{R(y_1) + R(y_2)}{2} \end{cases} \tag{9-17}$$

9.3.3　逆透视变换模型

相机 IPM 的目的是将图像像素坐标还原回物理世界坐标系中(图 9-14)。相机成

像的基本原理是将世界坐标系中的物理坐标点映射到像素坐标系中(图 9-15(a))。IPM
依据该原理将像素坐标系转换到世界坐标系，是相机成像的逆过程(图 9-15(b))。

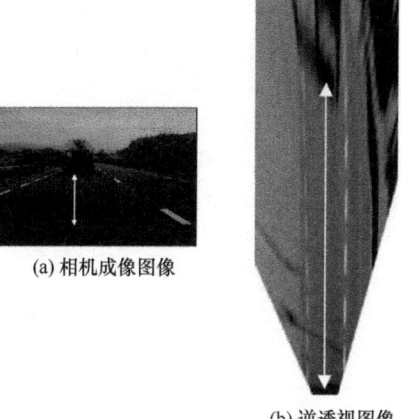

(a) 相机成像图像

(b) 逆透视图像

图 9-14　IPM

　　基于 IPM 的测距模型创新之处在于，利用前方车辆目标处在道路平面这一先
验，结合标定原理，计算尺度缩放因子，然后基于点的 IPM 测距。Tuohy 等[5]将
图像中的道路信息还原成真实道路俯视图，利用该平面与道路平面线性比例关系
计算车距。但是，他们忽略了车辆的视角姿态，在具有线性比例的关系图中难以
找到车辆的下边沿位置坐标，只能近似估计车辆的整体车身距离；在对整体路面
进行 IPM 的过程中，需要对缺失的像素信息进行估计，因此会增大误差。本书采
取先找到车辆下边沿，计算测距关键点，结合缩放因子，对该关键点进行 IPM 来
计算车辆距离，从而减小测距误差。

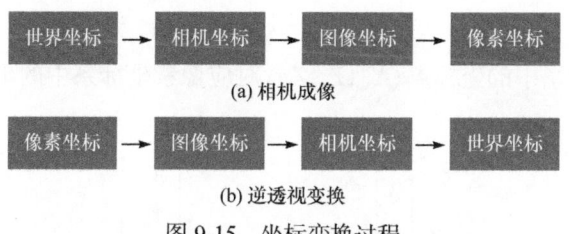

(a) 相机成像

(b) 逆透视变换

图 9-15　坐标变换过程

　　单目 RGB 相机在成像过程中，像素的深度距离信息会在相机坐标到图像坐
标映射过程中丢失。在完成相机标定之后，可以得到相机外参旋转矩阵 $R_{3\times3}$ 、平
移矩阵 $T_{3\times1}$ 。外参的作用是将世界坐标系和相机坐标系(图 9-16)对齐。它包含一个
隐藏的物理参数值，即世界坐标系原点和相机坐标系原点之间的位移，利用该物
理参数值，以及目标车辆和当前车辆处于同一道路水平面先验，可求出道路平面
像素点对应的尺度缩放因子，从而实现基于点的逆透视测距。

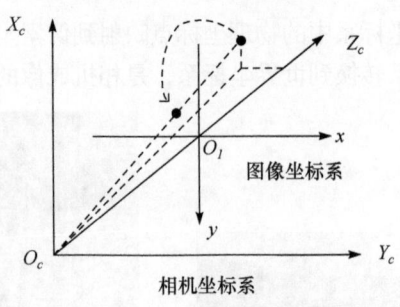

图 9-16　相机坐标系和图像坐标系

令 $K_{3\times3}$ 为相机内参矩阵，即

$$K_{3\times3} = \begin{bmatrix} \dfrac{f}{d_x} & r & u_0 \\ 0 & \dfrac{f}{d_y} & v_0 \\ 0 & 0 & 1 \end{bmatrix} \tag{9-18}$$

其中，f 为相机焦距；d_x 和 d_y 为相机横向和纵向单位像素的物理尺寸；(u_0,v_0) 为图像坐标系原点 O_1 在像素坐标系中的像素位置；r 为内参矩阵因子。

由成像矩阵方程，即

$$Z_c \begin{bmatrix} u \\ v \\ 1 \end{bmatrix} = \begin{bmatrix} \dfrac{f}{d_x} & r & u_0 \\ 0 & \dfrac{f}{d_y} & v_0 \\ 0 & 0 & 1 \end{bmatrix} \begin{bmatrix} R_{3\times3} & T_{3\times1} \end{bmatrix} \begin{bmatrix} X_w \\ Y_w \\ Z_w \\ 1 \end{bmatrix} \tag{9-19}$$

其中，世界坐标系中的坐标点 (X_w,Y_w,Z_w) 对应像素坐标系中的坐标 (u,v)。

由此可得

$$Z_c \begin{bmatrix} u \\ v \\ 1 \end{bmatrix} = K_{3\times3} \begin{bmatrix} R_{3\times3} & T_{3\times1} \end{bmatrix} \begin{bmatrix} X_w \\ Y_w \\ Z_w \\ 1 \end{bmatrix} \tag{9-20}$$

令 $P_{3\times4} = K_{3\times3} \begin{bmatrix} R_{3\times3} & T_{3\times1} \end{bmatrix}$，可得

$$Z_c \begin{bmatrix} u \\ v \\ 1 \end{bmatrix} = P_{3\times4} \begin{bmatrix} X_w \\ Y_w \\ Z_w \\ 1 \end{bmatrix} \Rightarrow Z_c \begin{bmatrix} u \\ v \\ 1 \end{bmatrix} = A \begin{bmatrix} R_{3\times3} & t_{3\times1} \end{bmatrix} \begin{bmatrix} X_w \\ Y_w \\ Z_w \\ 1 \end{bmatrix} \tag{9-21}$$

令 $\tilde{m} = [u, v, 1]^T$ $\tilde{M} = [X, Y, Z, 1]^T$ ，可得 $s\tilde{m} = A[R \quad t]^T \tilde{M}$ ，并且 $K_{3\times3} \Rightarrow A = [r_1 \quad r_2 \quad r_3]$ 。在标定时，将世界坐标系固定在标定平面上，即 $Z_w = 0$ ，可得

$$Z_c \begin{bmatrix} u \\ v \\ 1 \end{bmatrix} = A \begin{bmatrix} r_1 & r_2 & r_3 & t \end{bmatrix} \begin{bmatrix} X_w \\ Y_w \\ 0 \\ 1 \end{bmatrix} = A \begin{bmatrix} r_1 & r_2 & t \end{bmatrix} \begin{bmatrix} X_w \\ Y_w \\ 1 \end{bmatrix} \tag{9-22}$$

因此， $Z_c\tilde{m} = H\tilde{M}$ ，其中 $H = A \begin{bmatrix} r_1 & r_2 & t \end{bmatrix}$ ，即

$$Z_c \begin{bmatrix} u \\ v \\ 1 \end{bmatrix} = H \begin{bmatrix} X_w \\ Y_w \\ 1 \end{bmatrix} \tag{9-23}$$

令单应性矩阵 $H = \begin{bmatrix} h_1 & h_2 & h_3 \end{bmatrix}$ ，因为 H 是 3×3 矩阵，有一个元素为齐次坐标，即有 8 个未知元素，通过四组对应点计算 H 可以得到相机参数。

设测距关键点像素坐标 $E(x, y)$ ，令 $Z_c = s$ ， s 即尺度缩放因子，可得

$$s \begin{bmatrix} u \\ v \\ 1 \end{bmatrix} = K_{3\times3} \begin{bmatrix} R_{3\times3} & T_{3\times1} \end{bmatrix} \begin{bmatrix} X_w \\ Y_w \\ Z_w \\ 1 \end{bmatrix} \tag{9-24}$$

$$s \begin{bmatrix} u \\ v \\ 1 \end{bmatrix} = K_{3\times3} \begin{bmatrix} R_{3\times3} \begin{bmatrix} X_w \\ Y_w \\ Z_w \end{bmatrix} + T_{3\times1} \end{bmatrix} \tag{9-25}$$

由车辆下边沿位置先验可得 $Z_w = 0$ ，将 $Z_w = 0$ 、 $(u, v) = E(x, y)$ 代入式(9-26)，可得 $s = s_0$ 。又由式(9-26)，可得

$$\begin{bmatrix} X_w \\ Y_w \\ Z_w \end{bmatrix} = sR_{3\times3}^{-1}K_{3\times3}^{-1} \begin{bmatrix} u \\ v \\ 1 \end{bmatrix} - R_{3\times3}^{-1}T_{3\times1} \tag{9-26}$$

将 $Z_w = 0$ 、 $(u, v) = E(x, y)$ 、 $s = s_0$ 代入式(9-26)，可得矩阵 $\begin{bmatrix} X_w \\ Y_w \\ 0 \end{bmatrix}$ ， $\begin{bmatrix} X_w & Y_w \end{bmatrix}$ 即车辆

纵向和横向物理距离。

9.4　本章小结

前方车辆位置监测的目的是对驾驶场景中的前方车辆进行定位和识别，获取当前车辆横向、纵向的距离。特别是，多辆车同时出现时，可以分别对每辆车分配一个序号。本章主要介绍车辆的检测、跟踪和测距。车辆的检测是进行后续工作的前提，所以一定要充分做好车辆的检测工作，否则将影响后续跟踪和测距的精度。车辆的跟踪关系到车辆的标识问题。障碍物目标的测距是驾驶场景安全行为分析的前提，只有精准得到目标距离信息，才能使车辆的决策系统做出更准确的判断，保障行驶的安全。

参 考 文 献

[1] 张玉鹏. 基于卷积神经网络的车辆检测与测距. 北京: 北京邮电大学, 2019.

[2] Ren S, He K, Girshick R, et al. Faster R-CNN: Towards real-time object detection with region proposal networks// Advances in Neural Information Processing Systems, Montreal, 2015: 91-99.

[3] Geiger A, Lenz P, Urtasun R. Are we ready for autonomous driving? the kitti vision benchmark suite//Proceedings of the IEEE Conference on International Conference and Pattern Recognition, Providence, 2012: 3354-3361.

[4] Howard A G, Zhu M, Chen B, et al. Mobilenets: Efficient convolutional neural networks for mobile vision applications// Proceedings of the IEEE Conference on International Conference and Pattern Recognition, Hawaii, 2017: 1-9.

[5] Tuohy S, O'Cualain D, Jones E, et al. Distance determination for an automobile environment using inverse perspective mapping in OpenCV//IET Irish Signals and Systems Conference, Cork, 2010:100-105.

第 10 章　疲劳驾驶检测

疲劳驾驶是造成交通事故的重要因素之一，仅次于超速。所谓疲劳驾驶是指驾驶员在较长时间持续驾车后，其生理机能和心理状态缓慢发生变化，而在客观上出现驾驶操作失误或基本无法驾驶车辆的现象。驾驶员在疲劳状态下驾驶车辆，身体会出现打瞌睡、注意力分散、反应迟钝或对危险情况的预判能力下降等不安全因素，以致发生碰撞、冲出路面等严重道路交通事故，给自己和他人造成巨大的损失。因此，设计开发一套立足于实际驾驶环境的疲劳驾驶检测系统，有效检测驾驶员的疲劳状态，及时发出危险预警，提醒驾驶员保持高度警觉，安全驾驶车辆，对减少交通事故和保障人民的生命财产具有重要的现实意义。

10.1　驾驶员的人脸检测

10.1.1　人脸检测概述

人脸检测源于人脸识别。早期的人脸识别算法假定已经检测到一个正向的人脸或者假定人脸比较容易检测到，随着人脸分析不断扩大的应用范围和实际开发中不断提高的系统应用需求，上述假定下的研究已经不能满足实际需求，人脸检测逐渐独立于其他研究内容发展起来。

人脸检测即对给定的一张自然图像，以某种特定的策略对其进行检索，确定图像中是否包含人脸，若包含则返回人脸边界框的坐标位置。目前，人脸检测算法主要包括传统人脸检测算法和基于深度学习的人脸检测算法。

传统人脸检测算法主要分为 4 类。

① 基于知识的人脸检测方法。此类方法基于人们的先验知识或共识来制定一定的检测规则。这些共识包括把人脸轮廓看成一个椭圆；人脸的五官分布是有规律的；人脸具有一定的轴对称；相对于背景，人脸是有动作的，如眨眼、张嘴。

② 基于模型的人脸检测方法。这类方法首先建立并存储一些人脸模板，然后将其作为标准模板，采用一些相关辅助算法计算标准人脸模板与待测区域之间的相似程度，最后根据相似程度来判断图像待测区域是否为人脸区域。

③ 基于特征的人脸检测方法。由于人脸含有许多不变特征(如人脸边缘轮廓、肤色等有效特征)，因此可先检测特征，然后判断是否为人脸，但是仅依靠不变特征不够准确，一般依靠不变特征来快速选出区域，再使用其他算法从候选区域检测人脸。

④ 基于外观的人脸检测方法。此类方法首先使用机器学习和统计分析的工具探索人脸与非人脸图像的相关特性，然后将相关特性抽象为判别函数或者分布模型，最后使用这些判别函数或者分布模型检测人脸区域。

传统的人脸检测方法使用的特征都相对简单且稳定性较低，对于解决正面人脸效果较好，但是对于人脸的遮挡、姿态等复杂情况的处理效果并不理想。基于深度学习的人脸检测方法能够较好地表征人脸图像各个层级的特征，有着对外界更强的抗干扰能力。近几年，其研究主要集中在基于 CNN 的人脸检测，如基于级联 CNN 的人脸检测[1]、基于多任务 CNN(multi-task convolutional neural network, MTCNN)的人脸检测、FaceNet[2]等。人脸检测有很多公开测试数据集，如 FDDB(Face Detection Data Set and Benchmark)[3]、WIDER FACE[4]等，其中 WIDER FACE 是最常用的训练集，也是目前最大、最难的公开训练集。

人脸检测是疲劳驾驶检测系统的首要任务。本书选取 MTCNN 模型并对其改进，训练数据集选取 WIDER FACE。

10.1.2　基于级联卷积神经网络的人脸检测

1. 基于级联结构的 MTCNN 的人脸检测

MTCNN 是一个基于由粗到精思想，同时实现人脸检测与人脸关键点检测的级联结构模型，是目前应用较为广泛的检测器。它利用人脸检测和人脸关键点检测的内在关联性来提升检测性能，是少数能在传统硬件上使用的检测器，在人脸检测任务中有较高的精度。由于 MTCNN 输出的仅仅是 5 个标定的人脸关键点，驾驶疲劳检测需要更多的关键点精确定位人脸部件(如眼睛、嘴部等)来计算疲劳特征，因此这里只利用 MTCNN 的人脸检测功能。整个级联结构包括 3 个 CNN 模型，即 P-Net(Proposal Network)、R-Net(Refinement Network)、O-Net(Output Network)。其中，P-Net 是一个全卷积网络(fully convolutional network, FCN)[5]，用于快速产生一系列的人脸候选窗口；R-Net 用于过滤 P-Net 生成的绝大部分非人脸候选窗口，并对可能是人脸的候选窗口的边界框坐标位置进行纠正；O-Net 与 R-Net 的功能类似，不同的是 O-Net 有更多的特征输入和复杂的网络结构，具有更好的性能，可以生成最终的人脸窗口和人脸关键点的位置。

2. MTCNN 具体实现流程

首先，对输入的图像进行预处理。对给定的输入图像，将根据不同尺度生成的图像金字塔(图 10-1)作为 P-Net、R-Net、O-Net 的输入。其目的是使模型对图像中不同大小的人脸具有更好的泛化性能。

图 10-1　生成的图像金字塔

其次，将图像金字塔的每张图像输入网络深度较浅的 P-Net，获取人脸候选窗口及其边界框回归坐标，利用非极大值抑制合并高度重合的候选窗口。以某一尺度的图像为例，P-Net 工作原理及其网络结构如图 10-2 所示。

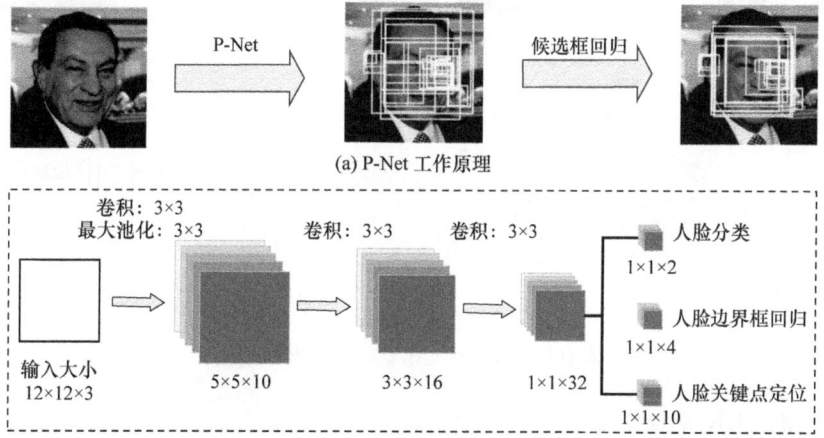

图 10-2　P-Net 工作原理及其网络结构

再次，将 P-Net 生成的候选窗口输入结构复杂的 R-Net，并对筛选后的候选窗口的边界框坐标在精度上做进一步的纠正。此阶段同样使用 NMS 对高度重合的候选窗口进行合并。R-Net 工作原理及其网络结构如图 10-3 所示。

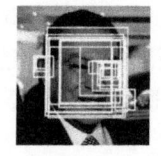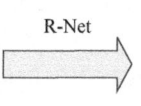

(a) R-Net 工作原理

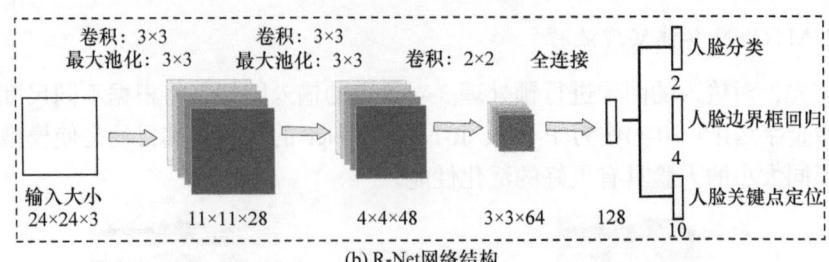

(b) R-Net网络结构

图 10-3　R-Net 工作原理及其网络结构

最后，O-Net 以 R-Net 生成的人脸候选窗口为输入，分别对人脸框进一步过滤和坐标的精确调整，输出最后的人脸边界框。O-Net 工作原理及其网络结构如图 10-4 所示。

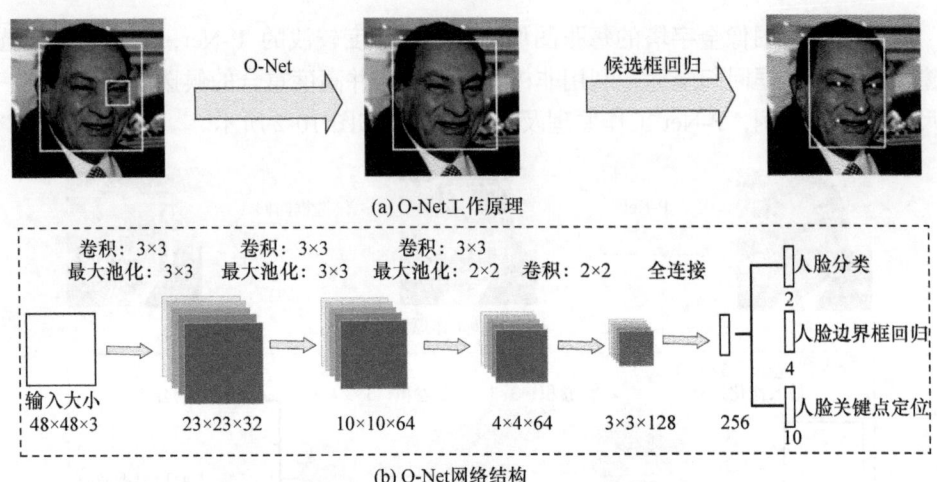

(a) O-Net工作原理

(b) O-Net网络结构

图 10-4　O-Net 工作原理及其网络结构

3. MTCNN 推理流程

MTCNN 的推理流程分为三个阶段。第一阶段，原始图片经过 P-Net 生成人脸区域边界框。第二阶段，R-Net 以原始图片和第一阶段生成的边界框为输入，生成纠正后更加精确的边界框。第三阶段，将原始图片和 R-Net 输出的边界框作为 O-Net 的输入，生成最后的人脸区域边界框。MTCNN 推理过程如图 10-5 所示。

MTCNN 首先使用网络深度较浅的 P-Net 生成有一定可能性的人脸候选框，然后使用较复杂的模型(R-Net 和 O-Net)进行细分类和更高精度的人脸候选框回归，构成三阶段级联网络，实现高性能的人脸检测任务，可以避免传统思路(如滑动窗口和分类器等)带来的较大性能的消耗。

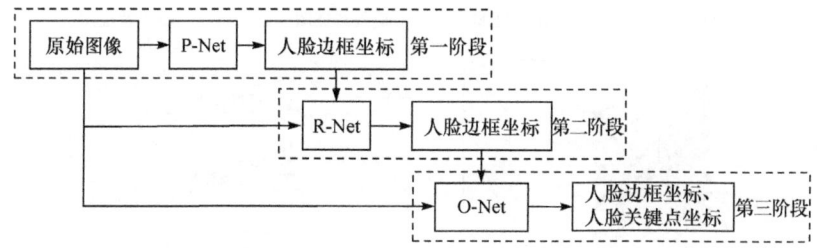

图 10-5　MTCNN 推理过程

10.1.3　基于 ShuffleNet 改进的 MTCNN 人脸检测模型

1. 改进 MTCNN 模型使用的卷积类型

ShuffleNet 是一个效率极高的 CNN 架构，主要应用于低计算力的终端设备，通过逐点组卷积和通道混洗(图 10-6)来降低模型计算量。

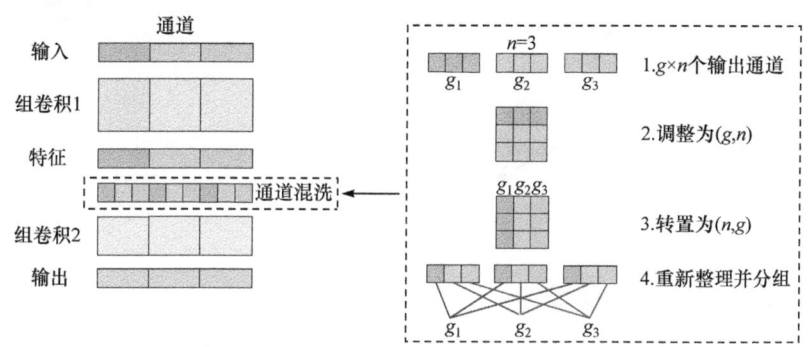

图 10-6　通道混洗

逐点组卷积是组卷积与逐点卷积的组合应用。组卷积的作用是减少参数量，若分成 G 组，则该层的参数量减少为原来的 $1/G$。组卷积可以看成结构化稀疏，每个卷积核的尺寸由 $C×K×K$ 变为 $C/G×K×K$，可以将其余 $(C–C/G)×K×K$ 的参数视为 0，有时可以在减少参数量的同时获得更好的效果(相当于正则)。当分组数量等于输入特征图的数量，输出特征图的数量等于输入特征图的数量，即 $G=N=C$，N 为卷积核数量，每个尺寸为 $1×K×K$ 时，组卷积就成为 MobileNet 和 Xception 提到的深度卷积，参数量进一步缩减。常规卷积与组卷积的卷积过程如图 10-7 所述。逐点卷积的运算与常规卷积运算相似，卷积核的尺寸为 $1×1×M$，M 为上一层的通道数，因此此时的卷积操作会将上一步的特征图在深度方向上进行加权组合，生成新的特征图。有几个卷积核就有几个输出特征图。逐点卷积如图 10-8 所述。

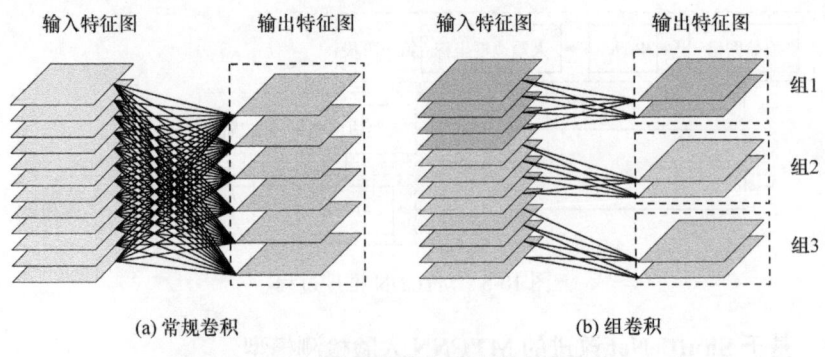

(a) 常规卷积　　　　　　　　　(b) 组卷积

图 10-7　常规卷积与组卷积的卷积过程

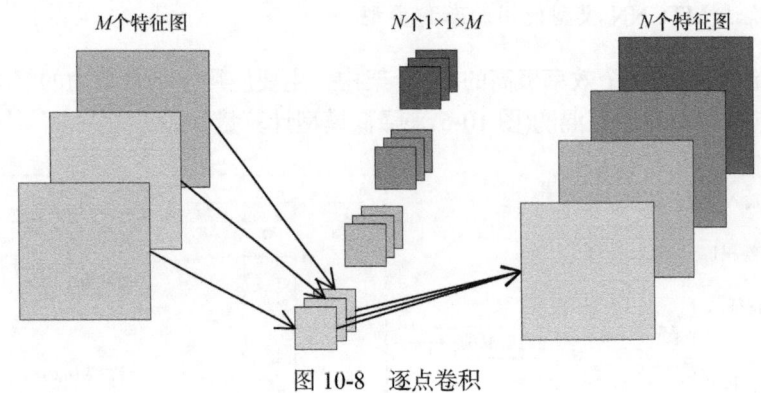

图 10-8　逐点卷积

2. 改进的人脸检测模型

近几年，移动端轻量级深层神经网络发展较快。通过结合其相关技术与训练模型的技巧，可使 MTCNN 模型在移动端达到极快的检测速度。MTCNN 模型在检测速度上的瓶颈主要有三点。

① 第一阶段 P-Net 的输入图像分辨率越大，耗时越多。

② 图像中的人脸越多，第二阶段和第三阶段 O-Net 和 R-Net 的耗时越长。

③ 在检测夜晚图像时，由于图像噪点较多，因此 P-Net 误检的情况会增加。

MTCNN 存在较大的优化空间，采用优化模型网络结构的策略可以解决第一个问题和第二个问题，即采用 ShuffleNet 中的通道混洗思想改进模型。在不同的组里平均分配特征通道，这样在进行卷积操作时每组特征都能得到其他组的信息，增强不同通道特征图之间的关联性。此策略既可以尽可能地减少计算量，又可以保证模型的检测精度。图 10-9 所示为以 R-Net 为例的改进示意图。对于第三个问题，可在 P-Net 检测之前对图像使用中值滤波快速去噪，减少误检的情况。

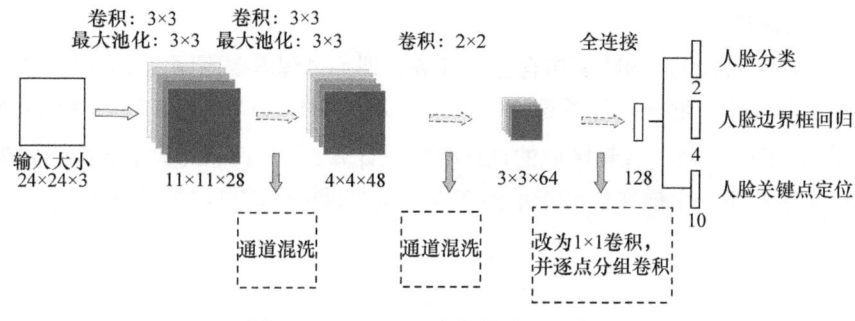

图 10-9 以 R-Net 为例的改进示意图

3. 损失函数

改进后的 MTCNN 依然利用三个任务(图 10-2)来训练模型,即人脸分类、人脸边界框回归、人脸关键点回归。

(1) 人脸分类

学习目标可以公式化为一个人脸、非人脸的二分类问题。对于每一个输入网络的样本 x_i,使用交叉熵损失,即

$$L_i^{\text{det}} = -\left[y_i^{\text{det}} \log(p_i) + (1 - y_i^{\text{det}}) \log(1 - p_i) \right] \tag{10-1}$$

其中,p_i 是网络判定是否为人脸的概率;$y_i^{\text{det}} \in \{0,1\}$ 是训练样本是否为人脸的实际标签,0 表示不是人脸,1 表示是人脸。

(2) 人脸边界框回归

对于每一个候选窗口,预测其与最近的人工标注边界框的偏移量(如边界框左上角的坐标及其高度和宽度)。学习的目标可以公式化为一个回归问题,对于每一个样本 x_i 使用欧几里得距离来计算损失,即

$$L_i^{\text{box}} = \| \hat{y}_i^{\text{box}} - y_i^{\text{box}} \|_2^2 \tag{10-2}$$

其中,$\hat{y}_i^{\text{box}}$ 为网络回归输出的值;y_i^{box} 为人脸实际的标注位置坐标,包括人脸框左上角在原始图像中的坐标(横坐标和纵坐标)、高度和宽度,因此 $y_i^{\text{box}} \in R^4$。

(3) 人脸关键点回归

与人脸边界框的回归任务相似,人脸关键点的回归也可以公式化为回归问题(最小化欧几里得距离损失),即

$$L_i^{\text{landmark}} = \| \hat{y}_i^{\text{landmark}} - y_i^{\text{landmark}} \|_2^2 \tag{10-3}$$

其中,$\hat{y}_i^{\text{landmark}}$ 为网络输出的第 i 个样本的关键点的值;y_i^{landmark} 为第 i 个样本人脸关键点的真实坐标,即左眼、右眼、鼻尖、左右嘴角,因此 $y_i^{\text{landmark}} \in R^{10}$。

(4) 多源训练

由于每个阶段的 CNN 都包含三个任务，训练过程需要不同类型的训练图片，如人脸、非人脸，部分标注关键点的人脸，因此式(10-1)~式(10-3)在训练时有些是不使用的。例如，对于背景区域的训练样本只计算 L_i^{det} ，其他的两个损失设置为 0。这可以直接使用一个样本类型指示器实现，学习目标函数可以公式化为

$$\min \sum_{i=1}^{N} \sum_{j \in \{det, box, landmark\}} \alpha_j \beta_i^j L_i^j \tag{10-4}$$

其中，N 为整个训练数据集中样本的数量；α_j 为学习任务的重要程度，在对 P-Net 和 R-Net 进行训练时，$\alpha_{det}=1$、$\alpha_{box}=0.5$、$\alpha_{landmark}=0.5$ ，训练 O-Net 时，为了使关键点位置更加精确，$\alpha_{det}=1$、$\alpha_{box}=0.5$、$\alpha_{landmark}=1$；β_i^j 为样本类型指示器。

10.1.4　实验结果与分析

实验在数据集 WIDER FACE 上训练改进的 MTCNN 人脸检测模型。WIDER FACE 数据集包含 12880 张图片、159424 张人脸。图 10-10 为 WIDER FACE 人脸数据集样例，图中的矩形框为人工标注的人脸区域。

图 10-10　WIDER FACE 人脸数据集样例

训练改进的 MTCNN 模型时，以人脸图像的识别难度为准则，将 WIDER FACE 分成 3 个子集，其中测试集占 50%、训练集占 40%、验证集占 10%。正负样本的处理参考原始 MTCNN 模型的方法。实验除了使用 ShuffleNet 的通道混洗方法改进模型，还采用 Xception 中深度卷积的思想改进模型，并通过训练和测试实验对比改进方法的优势。模型训练损失变化如图 10-11 所示。可以看到，随着迭代次数的增加，模型整体训练损失误差在逐渐减小，训练逐渐收敛。

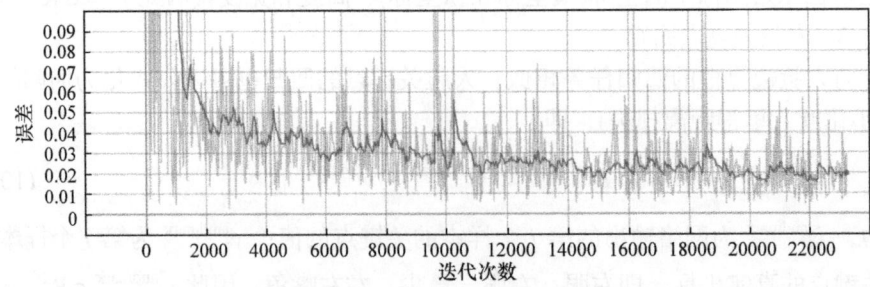

图 10-11　模型训练损失变化

驾驶环境中的人脸检测效果图如图 10-12 所示。

图 10-12　驾驶环境中的人脸检测效果图

MTCNN 不同改进方法的比较如表 10-1 所示。其中，第 2 组为使用深度卷积的方法，第 3 组为使用通道混洗的方法。

表 10-1　MTCNN 不同改进方法的比较

组号	模型	速度/(帧/s)
1	原始 MTCNN	25
2	MTCNN-DW	138
3	MTCNN-shuffle	231

可以看到，使用深度卷积的方法比使用通道混洗的速度慢，这是由于深度卷积 80%~90%的计算量被 1×1 的卷积占据，而通道混洗方法可以大大降低卷积的计算量。另外，通道混洗的方法还可以解决不同通道之间的通信问题，使模型在提高检测效率的同时，保证人脸检测的精度。

10.2　驾驶员去人脸遮挡的人脸关键点检测

10.2.1　基于生成对抗网络与自编码器的人脸去遮挡

参照 GLCIC(globally and locally consistent image completion，全局和局部一致

的图像补全)[6]、GFC(generative face completion，生成面部补全)[7,8]模型，基于生成对抗网络与自编码器，设计针对人脸遮挡区域恢复的带自改进的自编码器的生成对抗网络(generative adversarial network with improved autoencoders，GAN-IA)，失去遮挡后的人脸能更加真实地还原本来的面貌，人脸关键点的检测更加精确。以嘴部遮挡为例，恢复人脸遮挡区域的网络结构如图 10-13 所示。

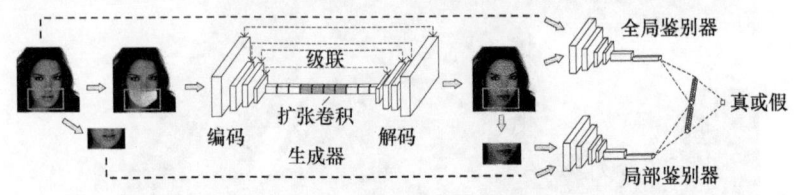

图 10-13　恢复人脸遮挡区域的网络结构

具体网络结构如下。

① 人脸图像生成网络(Generator)。它是自编码器结构。由于自编码器只能提供高级特征，而 U-Net[8]网络结构能够同时提供低级和高级特征，因此生成图像过程参照 U-Net，使用跳层连接，使生成网络获取高级特征和低级特征。这样网络既关注局部细节又关注整体，生成的图像更加接近真实。自编码器与 U-Net 的输入到输出的重构过程如图 10-14 所示。

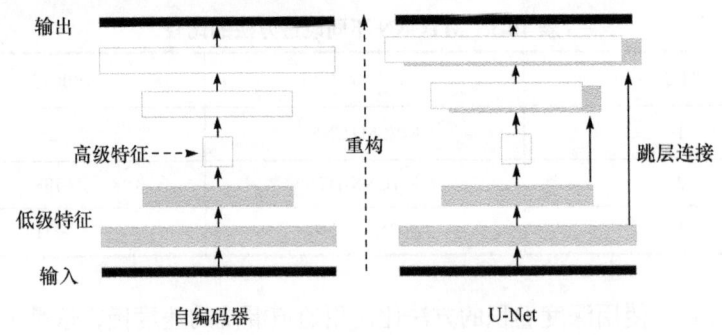

图 10-14　自编码器与 U-Net 的输入到输出的重构过程

② 全局判别网络(global discriminator)与局部判别网络(local discriminator)。全局判别网络以整张人脸图像为输入，而局部判别网络以部分人脸遮挡区域为输入。判别网络旨在判别生成的图像是否更加真实。生成网络生成图像来欺骗判别器。全局与局部判别器作为辅助网络只在整个网络训练阶段使用，测试网络时则不再使用。

③ 模型引入自注意力机制(self-attention)[9]。在使用模型对遮挡的左眼或右眼恢复时，恢复的眼睛与另一只眼睛往往不对称，会出现"分眼"现象。如图 10-15 所示，与原始图片相比，右眼去遮挡后，与左眼注视的方向并不在同一视线中。

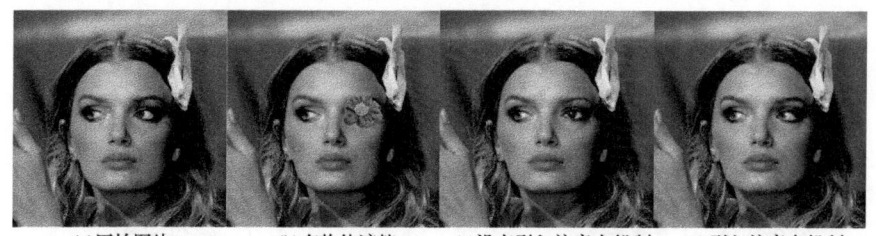

(a)原始图片　　　(b)有物体遮挡　　　(c)没有引入注意力机制　　　(d)引入注意力机制

图 10-15　人脸去遮挡有无引入自注意力机制效果对比

在生成对抗网络中，自注意力机制可以很好地处理长范围、多层次的依赖。生成图像时，每一个位置的细节和远端(局部和整体)的细节协调较好。判别网络可以更准确地将复杂的几何约束实施在全局图像结构上，大大缓解生成人脸图像不对称的情况。

10.2.2　基于深度回归网络与去人脸遮挡网络的人脸关键点检测

深度回归网络(deep regression network, DRN)主要用于人脸外观到人脸形状的非线性映射。对于具有 m-1 个隐藏层的深度网络，其优化目标函数为

$$F^* = \arg\min_F \sum_{i=1}^{N} \| \Delta S_i - f_m(f_{m-1} \cdots (f_1 \varphi(x_i, \overline{S}))) \|_2^2 + \lambda \sum_{i=1}^{m} \| W_i \|_F^2 \qquad (10\text{-}5)$$

其中，F 为 DRN，由多个非线性映射函数 f 组成；W_i 为权重参数；$\varphi(x_i, \overline{S})$ 为提取的人脸图像特征；λ 为正则化项，可以使模型具有更强的泛化能力。

参考分布式关系数据库架构(distributed relational database architecture, DRDA)模型设计思路，使用人脸 68 个关键点并将其分为 7 个部分。每个部件对应一个 GAN-IA，并对检测模型做两点改进。

① 使用 GAN-IA 代替原有遮挡自编码器(decorrupt autoencoder, DA)模型。单纯使用自编码器的解码部分作为人脸图像生成器效果并不好，主要原因在于，提取的特征本身是一个启发式的特征，没有任何显式含义。生成对抗网络作为一个很好的生成模型，同样也存在一个问题，即生成的图像缺乏合理的解释，而且不是特别真实。GAN-IA 利用生成对抗网络的形式提升自编码器的生成能力，而利用自编码器实现图像的重构可以使生成的图像更加真实。

② 使用精度高、速度快、模型小的 PFLD(practical facial landmark detector)[10] 模型代替 DRN。PFLD 是非限定条件下具有理想检测精度的轻量级人脸关键点检测模型，在移动设备上能达到超实时的性能，模型大小为 2.1MB，在高通 845 处理器上可以达到 140 帧/s。相对于原始模型 DRN 仅有三层的神经网络，PFLD 模型有更强的特征表达能力。

使用改进的模型设计架构，去遮挡的人脸关键点检测如图 10-16 所示。

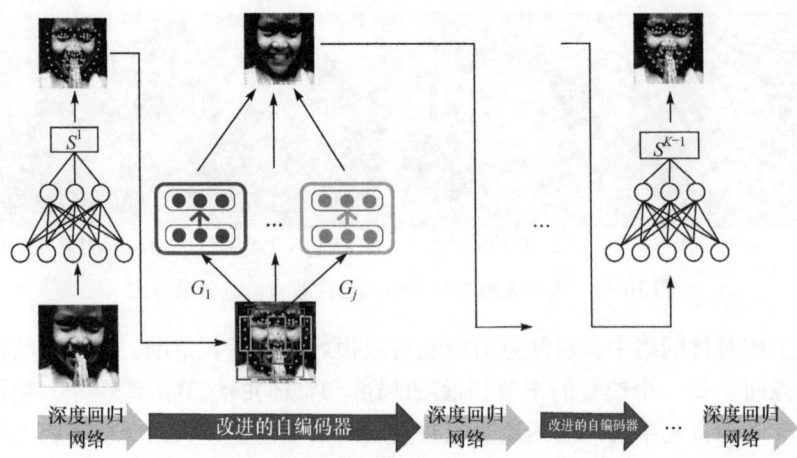

图 10-16 去遮挡的人脸关键点检测

10.2.3 实验结果与分析

1. GAN-IA 模型人脸遮挡区域恢复实验

实验采用的数据集为 CelebAMask-HQ[11]。该数据集是一个大规模人脸图像数据集，包含 30000 张从数据集中挑选的高分辨率人脸图像，数据集原始格式为层次性数据格式第五版(hierarchical data format version 5, HDF5)，并不适合模型的训练，因此我们编写了脚本，将数据还原成 256×256 的图像。实验收集部分遮挡物，并将其随机置于 CelebAMask-HQ 的人脸图像上，用来训练模型。CelebAMask-HQ 数据集人脸去遮挡实验效果如图 10-17 所示。其中，第 1 行为原始图像，第 2 行为对人脸图像添加遮挡物体的样例，第 3 行为对人脸遮挡部分的恢复结果。可以看到，模型能够较好地恢复遮挡部分。

图 10-17 CelebAMask-HQ 数据集人脸去遮挡实验效果

模型训练时使用的是对抗损失，可以使生成器最大限度地欺骗判别器，更好

地区分真实图像与生成的图像。两个判别器的对抗损失函数为

$$L_{D_i} = \min_G \max_{D_i} \varepsilon_{x \sim p_{\text{data}(x)}}(\log D_i(x)) + \varepsilon_{z \sim p_z(z)}(\log(1 - D_i(G(z)))) \tag{10-6}$$

其中，$i = \{1,2\}$ 为两个判别器的索引；$p_{\text{data}}(x)$ 与 $p_z(z)$ 为真实数据 x 与噪声变量 z 的分布。

两个判别器损失函数的定义是一致的，唯一的区别是局部判别器提供局部区域的损失梯度，全局判别器在整张图像上反向传播损失梯度。

生成器的重构损失 L_r 为网络输出图像与原始图像的距离，因此训练模型的总损失为

$$L = L_r + \lambda_1 L_{D_1} + \lambda_2 L_{D_2} \tag{10-7}$$

其中，λ_1 与 λ_2 为平衡不同损失的权重。

2. 基于 DRN 与 GAN-IA 的人脸关键点检测实验

通过学习级联结构的 GAN-IA 与 DRN，两者在性能上互相促进，相辅相成。一方面，更加精确的 DRN 能够使人脸部件划分得更加标准，进而使 GAN-IA 能够更好地恢复人脸遮挡区域。另一方面，GAN-IA 恢复的人脸图像越真实，回归的人脸关键点就越准确。

在两个人脸关键点数据集 OCFW[12] 和 COFW[13] 上，验证改进模型的性能。OCFW 包含 3837 张图像，每张人脸图像都人工标注 68 个人脸关键点，实验使用其中 2591 张图像作为训练集，1246 张图像为测试集。COFW 是一个有遮挡人脸图像的人脸关键点数据集，包括 1345 张图像的训练集和 507 张图像的测试集，每张人脸都人工标注 68 个关键点。实验还在这两个数据集上对已训练完成的 GAN-IA 模型做微调处理，以便拟合数据集。为满足实验需要，人工将其中的 1000 张人脸图像添加人脸遮挡物(墨镜)，其中 800 张训练图像，200 张测试图像。模型在遮挡数据集上的拟合效果如图 10-18 所示，其中第 1 行为合成的具有遮挡物的图像，第 2 行为人脸去遮挡后的图像，第 3 行为原始图像。可以看到，模型能够较好地还原出人脸遮挡区域。

图 10-18　模型在遮挡数据集上的拟合效果

　　为验证改进的模型在人脸遮挡条件下的性能，实验选取两个评估标准，即相对于眼间距离计算的归一化均方根误差(normalized root mean squared error，NRMSE)和累积误差分布(cumulative error distribution，CED)曲线。

　　(1) 数据集 OCFW 上的评估

　　在 OCFW 训练集上，训练用于预测 68 个人脸关键点的所有方法，并进行评估。OCFW 数据集上 CED 曲线的比较如图 10-19 所示。可以看到，鲁棒级联位置回归方法(robust cascade pose regression，RCPR)[13]的性能优于监督下降方法(supervised descent method，SDM)[14]，因为 RCPR 设计了插值，并应用智能重启策略减轻形状初始化的敏感性；当 NRMSE 大于 0.04 时，DRDA 的性能优于 RCPR，主要是由于其面部遮挡区域建模的能力，以及建模从面部外观到面部形状的非线性映射的良好能力。与其他方法相比，实验设计的方法可以实现较好的性能，当 NRMSE 为 0.06 时，相比 DRDA 提高 9%。这种明显的改善可以归因于 DRN 与 GAN-IA 的有效耦合。

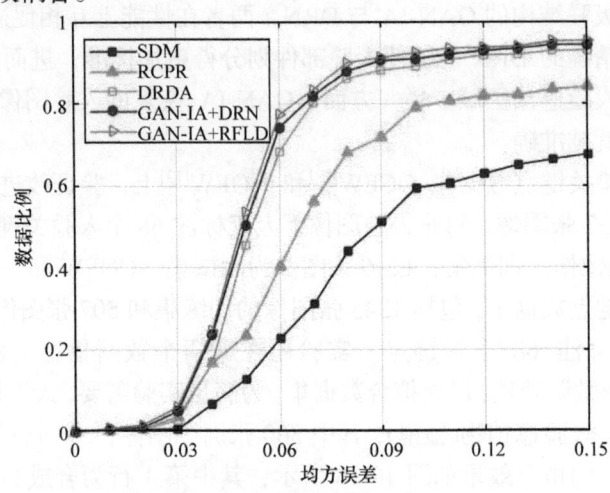

图 10-19　OCFW 数据集上 CED 曲线的比较

　　DRDA 和改进模型的可视化结果如图 10-20 所示。图中第 1 行为原始模型DRDA 的拟合结果，第 2 行为改进模型的拟合结果。可以看出，在不同条件下，面部特征点检测对部分遮挡的鲁棒性明显提高。

　　(2) 数据集 COFW 上的评估

　　为进一步评估改进模型的检测准确性，我们在数据集 COFW 上做了验证，并和其他方法做了对比。对于 RCPR 方法，实验将该模型与遮挡标注一起训练，以在遮挡条件下实现鲁棒的面部对齐，并在 COFW 测试集上取得良好的结果。

　　如图 10-21 所示，在整个 NRMSE 中，RCPR 始终比 SDM 更好。RCPR 显式

地预测遮挡，并利用遮挡信息进行形状预测，增强对部分遮挡的鲁棒性。受益于 GAN-IA 网络，改进模型比 RCPR 和 DRDA 的表现更好，与 NRMSE 为 0.08 时的 DRDA 相比，可以提高约 6%。

图 10-20　DRDA 和改进模型的可视化结果

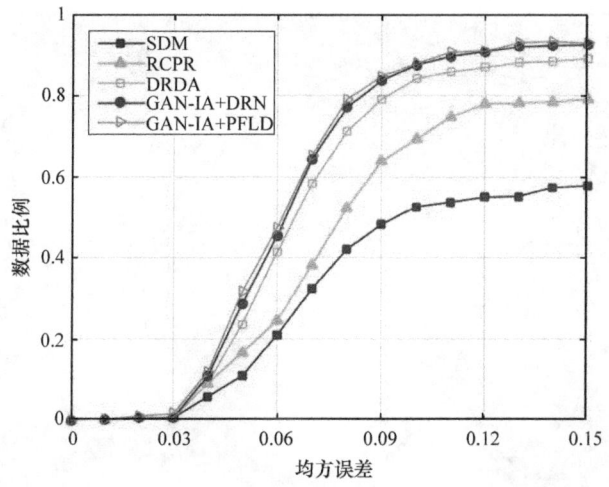

图 10-21　COFW 数据集上不同方法的比较结果

　　改进模型在 COFW 数据集上的实验结果如图 10-22 所示。图中第 1 行显示在遮挡情景下同时具有不同姿势的对齐结果，第 2 行在同时存在遮挡和表情下展示示例，第 3 行显示带有各种咬合的样本。可以看出，改进模型对各种姿势和表情下不同类型的遮挡是鲁棒的。

　　此外，实验还利用疲劳驾驶数据集对模型进行了验证。模型改进前后的效果对比如图 10-23 所示。其中，深色圆点为模型没有使用 GAN-IA，浅色为模型采用 GAN-IA。可以看到，改进后模型的脸部轮廓和眼部轮廓有了良好改善。

图 10-22　改进模型在 COFW 数据集上的实验结果

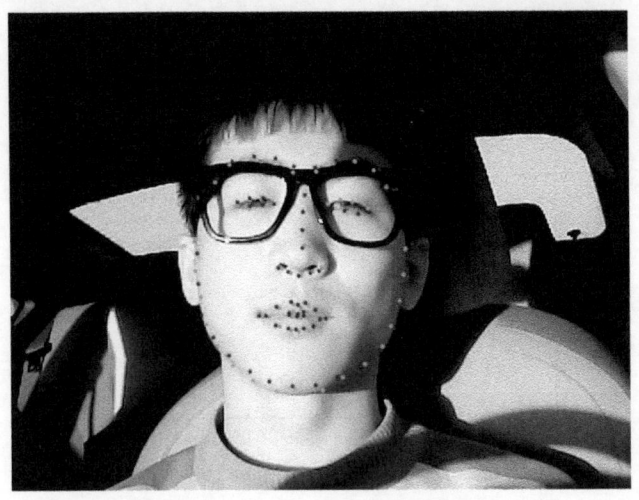

图 10-23　模型改进前后的效果对比

10.3　本章小结

人脸检测和关键点检测是疲劳驾驶系统的基本任务，后续的疲劳驾驶检测都建立在此任务基础上。本章首先介绍 MTCNN 的基本原理及其存在的问题，基于组卷积、逐点卷积，以及 ShuffleNet 中的通道混洗三种卷积，介绍如何改进 MTCNN 模型。然后，介绍用于人脸关键点检测的 DRN 及其目标函数，并基于 DRDA 提出三点改进。最后，基于驾驶员的人脸检测和人脸关键点检测，设计疲劳驾驶检测系统，对驾驶员的疲劳状态进行检测。

参 考 文 献

[1] 孙康, 李千目, 李德强. 基于级联卷积神经网络的人脸检测算法. 南京理工大学学报, 2018, 42(1): 40-47.

[2] Schroff F, Kalenichenko D, Philbin J. Facenet: A unified embedding for face recognition and clustering//Proceedings of the IEEE Conference on International Conference and Pattern Recognition, Boston, 2015: 815-823.

[3] Jain V, Learned-Miller E. FDDB: A benchmark for face detection in unconstrained settings. UMass Amherst Technical Report, 2010.

[4] Yang S, Luo P, Loy C C, et al. Wider face: A face detection benchmark//Proceedings of the IEEE Conference on International Conference and Pattern Recognition, Las Vegas, 2016: 5525-5533.

[5] Long J, Shelhamer E, Darrell T. Fully convolutional networks for semantic segmentation //Proceedings of the IEEE Conference on International Conference and Pattern Recognition, Boston, 2015: 3431-3440.

[6] Iizuka S, Simo-Serra E, Ishikawa H. Globally and locally consistent image completion. ACM Transactions on Graphics, 2017, 36(4): 1-14.

[7] Li Y, Liu S, Yang J, et al. Generative face completion//Proceedings of the IEEE Conference on International Conference and Pattern Recognition, Hawaii, 2017: 3911-3919.

[8] Ronneberger O, Fischer P, Brox T. U-net: Convolutional networks for biomedical image segmentation//International Conference on Medical Image Computing and Computer Assisted Intervention, Munich, 2015: 234-241.

[9] Zhang H, Goodfellow I, Metaxas D, et al. Self-attention generative adversarial networks// International Conference on Machine Learning, Long Beach,2019: 7354-7363.

[10] Guo X, Li S, Zhang J, et al. PFLD: A practical facial landmark detector//Proceedings of the IEEE Conference on International Conference and Pattern Recognition, Long Beach, 2019:1-11.

[11] Lee C H, Liu Z, Wu L, et al. MaskGAN: Towards diverse and interactive facial image manipulation//Proceedings of the IEEE Conference on International Conference and Pattern Recognition, Long Beach,2019:5548-5557.

[12] Xing J, Niu Z, Huang J, et al. Towards robust and accurate multi-view and partially included face alignment. IEEE Transactions on Pattern Analysis and Machine Intelligence, 2017, 40(4): 987-1001.

[13] Burgos-Artizzu X P, Perona P, Dollár P. Robust face landmark estimation under occlusion//Proceedings of the IEEE International Conference on International Conference, Sydney, 2013: 1513-1520.

[14] Xiong X, De la Torre F. Supervised descent method and its applications to face alignment//Proceedings of the IEEE Conference on International Conference and Pattern Recognition, Portland, 2013: 532-539.

第 11 章　视觉智能在驾驶安全中的应用

11.1　行人意图分析

11.1.1　行人意图预测的难点

在自动驾驶场景中，准确预测周围车辆、行人轨迹和行为意图是至关重要的技术。流畅地处理自动驾驶车辆与其他交通参与者的互动仍然是一个极具挑战的课题，比较折中的方案是在交通参与者的安全性和自动驾驶平稳性之间进行权衡。

只有实时对行人的行为进行认知和推理，并及时做出响应，自动驾驶车辆才可以避免碰撞等险情的发生。然而，行人行为意图的产生，以及转换并不是孤立的行为，而是与周围环境紧密联系并实时交互的，需要综合分析行人与周围其他人和物的交互[1-3]。

人类行为具有个体差异性，有的是潜意识行为，有的是有思维控制的主动行为。这都增加了行人意图与轨迹预测的复杂性。同时，人的行为还受周围人车环境的影响，如结伴并行、成群行走、分散避让、避免冲撞等。行人可能有多种互动方式，并且频繁切换状态，因此需要我们使用多种预测方法对这些复杂的交互行为进行建模(图 11-1)。

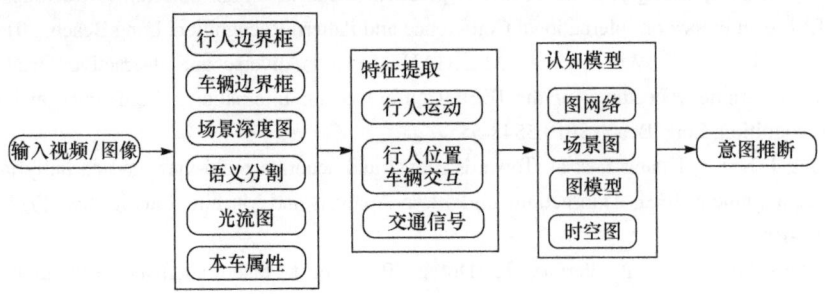

图 11-1　使用多种预测方法对行人意图进行建模

11.1.2　行人与周围环境的交互

为了实现对行人行为和意图的预测，有必要站在行人的角度思考其为了达到顺利行进的目的，是如何在复杂周边环境下与周围固定障碍物、移动目标(包括自我车辆，即自动驾驶本车和其他行驶的车辆)、信号标志(红绿灯、斑马线等交通标志)，以及其他行人不断实时交互的。

　　行人的行为与周围上下文场景高度相关，包括固定障碍物，以及视觉能够触及的多种信号标志提示，如行车道、非机动车道、斑马线和限行标志等。行人通过综合多种上下文信息形成意图与行动来适应物理地形，通过处理周围环境的全局空间信息避开障碍物等物理约束。行人还需要关注环境的重点要素，例如上下坡时，注意力集中在台阶高度上，对其他物理约束的注意力就较为分散。

11.1.3　行人与其他人的交互

　　行人必须对其他人的运动和意图行为进行预期。为了顺利通行、避免发生碰撞，甚至扰乱其他人的个人空间，行人必须对相应的社交规范有很好的了解，以调整自己的行动路径。例如，相向行走遇到对面来人时，应将注意力更多地放在迎面来人避障意图上，而对其他人选择忽略，这一现象称为社会关注。社会关注是混合过程中个人或群体认知过程的重点，指个人活动对社会刺激的取向，既作为对这些刺激的选择性感知，又作为行动的开始。

　　对于个体 A 和 B，该概念有两个主要接受方式，一是 A 关注 B 的所有特征，二是 A 特别关注 B 所关注的方向。非人类的灵长类动物可以根据不同的线索检测他人的注意力方向，例如根据凝视线、头部、体态的方向预测他人注意力。目前的机器智能可以以非人类的灵长类动物智能水平为目标实现预测算法。

11.1.4　行人与本车的交互

　　行人与本车的交互是核心关注点，直接影响安全性和本车行驶的流畅性。这就要求尽早进行本车与行人交互，准确预测行人在本车前方穿越或非穿越行为。行人是否穿越的意图在很大程度上受接近车辆行驶距离和速度的影响，称为本车交互上下文语境。

11.1.5　意图预测方法

　　现有的轨迹预测方法从关注物理环境对智能体路径的影响角度考虑，通过学习限定场景的上下文预测未来路径；基于可解释的路径预测框架，利用智能体行为与其空间环境的依赖关系进行路径预测；结合运动轨迹和视图图像，构造透视式的注意力回归网络，预测智能体的轨迹，能够可视化导航场景中影响轨迹预测的细粒度语义元素。

11.2　车道偏离检测

　　车道线是地面标志中重要的组成部分。精准的车道标记检测不但可以确定车辆和道路之间的相对位置，而且可以对车辆偏移起到预警作用。在实际的驾驶环境中，拟合后的车道线方程具有实际应用价值。根据最终生成的车道线方程的相关参数，车道线方程可以判断当前车辆距离左右车道线的实际距离，从而对当前车辆是否发生偏离做出检测。

本书在以上检测和拟合的基础上，结合当前车位置（car current position，CCP）车道偏离模型，通过判断左右两端车道线与当前车辆位置之间的相对距离判断车辆是否发生偏离，从而给出预警提示，即

$$\begin{cases} \Delta y_l = b/2 + y_0 \\ \Delta y_r = b/2 - y_0 \end{cases} \tag{11-1}$$

其中，y_0 为车道中心线与当前车辆中心之间的相对距离，$y_0 > 0$ 代表车辆向右发生偏离，$y_0 < 0$ 代表车辆向左侧偏离；b 为车道宽度(我国规定的车道线宽度一般为 15cm)；Δy_l、Δy_r 为当前车辆中心点距离左右两侧的偏离距离，若两个数值为正，代表当前车辆正常行驶，没有发生偏离，当 $\Delta y_l < 0$ 时，Δy_l 代表当前车辆距离左侧的偏离量，当 $\Delta y_r < 0$ 时，Δy_r 代表距离右侧的偏离量。

得到偏离信息之后，可通过当前偏离量和设定的偏离阈值进行对比，从而做出偏离预警提示。

第九届"中国智能车未来挑战赛"视觉信息环境认知基础能力——离线测试在中国常熟市举办。这项比赛是国内最具影响力的智能驾驶比赛。离线测试的目的是在大规模真实复杂道路交通场景数据库的基础上，通过机器仿真环境评估无人驾驶车辆在各类不同复杂环境下感知算法的基本认知能力和水平。车道保持状态监测的要求是基于给定不同环境下的交通场景，对测试车辆在行驶过程中的车道保持状态持续监测。考察的方式是计算当前测试车辆距离相对于当前行驶车道的偏离值。

离线比赛车道偏离检测结果如表 11-1 所示。本书方法在比赛中取得第三名，进一步验证了本书方法的可行性和有效性。

表 11-1　离线比赛车道偏离检测结果

参赛队伍	查准率	查全率	调水平均值
国防科技大学	0.983	0.984	0.984
南京理工大学	0.981	0.985	0.983
本书方法	0.963	0.967	0.965
上海 Cargo	0.947	0.945	0.946
中国科学院自动化研究所	0.917	0.916	0.916

11.3　驾驶员疲劳检测系统设计和实现

疲劳驾驶检测系统的检测流程包括 4 个步骤。

① 使用改进的 MTCNN 模型检测摄像头实时拍摄到的人脸区域。

② 在已检测出的人脸区域，使用 DRN 与 GAN-IA 级联模型检测人脸 68 个关键点，根据其中的部分关键点定位眼部和嘴部。

③ 依据部分关键点计算驾驶员头部姿态的俯仰角、偏航角、滚转角。

④ 提取眼部、嘴部和头部的疲劳特征，采用融合多种疲劳特征的策略构建疲劳分类模型，实现对疲劳驾驶的预警。

疲劳检测算法流程图如图 11-2 所示。疲劳驾驶检测系统界面检测结果样例如图 11-3 所示。

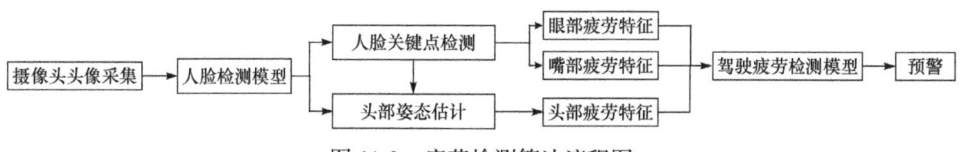

图 11-2　疲劳检测算法流程图

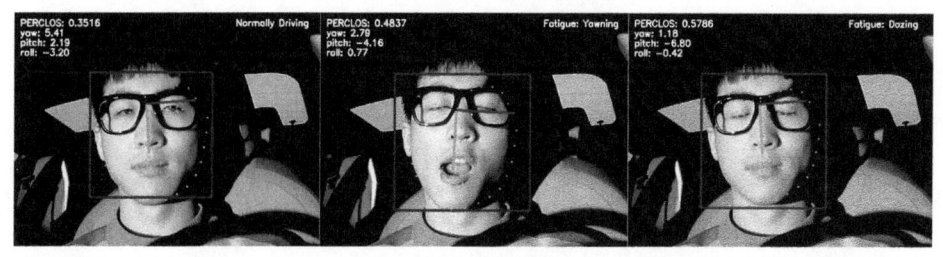

(a) 正常驾驶　　　　　(b) 疲劳驾驶：打哈欠　　　　　(c) 疲劳驾驶：打瞌睡

图 11-3　疲劳驾驶检测系统界面检测结果样例

11.4　本章小结

安全辅助驾驶系统是当前国际智能交通系统研究的重要内容。它利用计算机视觉和传感器技术实现对驾驶员周围环境状态的实时监控，并在潜在危险存在的情况下，及时警示驾驶人或者主动接管车辆的部分功能，从而消除事故隐患。近年来，虽然安全辅助驾驶系统的研究取得了一定的成果，但是随着我国汽车保有量的逐渐增长和车辆速度的提高，车辆交通事故的发生呈现稳步上升的趋势。调查显示，70%以上的交通事故都是人为因素造成的，而安全辅助驾驶系统在提高车辆自身可靠性的同时，可以实现对驾驶人的及时提醒。因此，良好设计的安全辅助驾驶系统能够有效地减少车辆事故，保护驾驶人和行人的人身财产安全，具有重要的意义。

参 考 文 献

[1] 杨怡. 交通场景中的交通标志和行人检测方法研究. 北京：中国科学院大学, 2015.

[2] 赵翔. 基于多传感器的道路交通标线识别和车道级定位方法研究. 上海：上海交通大学, 2017.

[3] 汪凯. 车辆安全辅助驾驶系统简介. 汽车运用, 2009, (8): 33.